# 僕らが育った時代 1967-1973

武蔵73会◉――編

れんが書房新社

# 刊行にあたって

一九六七年から一九七三年までは、日本の政治、経済、文化、芸術等において激動の時代だった。戦後の復興をひとまず成し遂げた日本は、経済的に先進諸国に追いつき、国際的にも認められるようになった。その象徴的なイベントは一九六四年に開催された東京五輪である。東京の街は整備され、東京と大阪を結ぶ新幹線が開通し、日本列島の距離は一挙に縮まった。そして奇妙な安定期に入ったこの時代に、文化や芸術はすでに退廃的な爛熟期を迎えていた。それは来るべき時代への期待と不安がないまぜになった揺籃期だったのかもしれない。いずれにしても、稀にみる「激しい季節」であったことは間違いない。

この六年間を練馬区の武蔵中学・高校で過ごしたわたしたちは、激動の熱風が吹き荒ぶ渦中を生きていたことになる。もっとも当時のわたしたちは、そんな風をまともに受けていたわけではない。受けたとしても、その意味はわからなかった。後になって、いろいろな本や映像などを通じて、改めて認識したにすぎない。だが、その時に感じていた時代の息吹は、五十代半ばを過ぎた今でも、決して忘れることはないだろう。中学・高校の六年間の経験は、その後の人生に大きな影響を及ぼしたことは疑うべくもないのだ。

あの時、日本はどう動いたのか。その時、青少年だったわたしたちは何を見て、何を考えて行動していたのか。それはある世代の共通体験として語りうる何事かを有しているのではないか。

書き残しておかなければならないことがある。今の仕事を始める前の準備期であり、今につながる時間の胎動期――それが一九六七年から七三年までの六年間のことだ。

高校を卒業してから今年で四十年を迎える。しかしあの時体験した余熱はいまだわたしたちの身体から消え去ることはない。この六年間をさまざまな方向から語ることで、あの時代が何だったのかを明らかにしたい。現在のわたしたちの生き方と何らかのつながりがあることを信じて。

僕らが育った時代　1967—1973

目次

## Ⅲ　研究と私



## Ⅳ　学園の風景

## V　クロニクル一九六七―一九七三

# I

# 座談会　われわれは武蔵で何を学んだのか

磯野 彰彦
牛口 順二
宇野 求
岡 昭一
中村 明一
西谷 雅英
前田 隆平

## 本書の始まり

**西谷**——本書を企画した理由について、最初にお話をします。

僕らが中学に入ったのが一九六七年、高校からの編入組の入学が一九七〇年、そして高校卒業が一九七三年。僕が現在関わっている演劇の世界でこの六年間は非常に重要な時代でした。それがちょうど中高生の在学時に当たることに、何か特別な符牒のようなものを感じていました。この時代に出会った友人や先生、本や映画などからどういう影響を受けていたのか、個人的な体験と時代の経験を結びつけて何か語れないか。十年くらい前から、そんなことを考えていました。他のジャンルでもこの時代をどう過ごし、どんなことを考えていたのか。それも知りたいと思った。

演劇の世界にいると、理系の世界や政治、経済などに関わる人に出会う機会はなかなかありません。自分は狭い世界に生きているなと痛感するとともに、他の領域にいる人の意見も聞いてみたいと思った時、多領域に散らばって行った同級生たちのことが思い浮かびました。そこで、かつての旧友たちと一緒に仕事ができないかと考えたのです。

二〇一一年の三月一一日の震災も大きなきっかけになりました。高校を卒業して四十年経ち、これを機に何か残しておくことができないかと、強く思うようになりました。それが今回、皆さんに声をかけて、記念論集をつくってみないかと提案した理由です。あの六年間に体験したことは、折に触れて自分にとっては大きな影を落としている。そのことはみんなにもある部分共通しているんじゃないか。それぞれまったく違う方向に行った者たちが、その共通性や差異を確認することで、今につながる問題を提言できないか。武蔵という空間や時間をクロスさせながら、包括的に話すことができたら面白いな、と思ったのです。

**磯野**――ちょっと補足します。去（二〇一一）年の四月一六日、今井顕くんのコンサートがあって、そのあとホテル・メトロポリタンで二次会があり、西谷と会ったんだよね。そのあと私の職場のある三軒茶屋によく行くということで、今度近くの世田谷パブリックシアターでシンポジウムをやるから情報を送るよ、ということでメールをもらいました。その折、こんなことを考えている、って相談されたのがこの論集の企画でした。五月一〇日、「震災後の演劇を語る」というシンポジウムを西谷が企画して、私も聞きに行ったのですが、その後、本の企画が本格的に立ち上がりました。編集委員として誰と誰に声をかけようか、っていう話になって、このメンバーになっていったんです。

西谷雅英

　私も三月一一日のあとで、人生観が変わった。残りの人生をどうしようかということを考えるようになった。震災の後、ものごとの優先順位をしっかり考えておこうと思うようになった。そこで自分の人生を振り返るのもいいかな、と思いました。私はマスコミにいたから、そういうものをまとめるような仕事だったのもあって、最初に声をかけてくれたのかな。

**西谷**――後になって気づいたけど、磯野くんの顔の広いのにはびっくりした。同期の人たちと本当によく付き合っている。それで、こういう企画が実現していったのだと思う。で、こういうメンバーになったわけだけど、これは偶然に集まったんじゃなくて、よくぞ集まったなという感じだね。

**牛口**――好きか嫌いかで集めたんじゃないの？（笑）

**西谷**――思想だよ思想（笑）。中村の仕事は折に触れ目にしていたし、共通のアーティストもいるので、一度一緒に仕事をしたいと思っていた。同期には音楽家はいるけど、小説家も美術家もいない。表現の領域の人間は絶対必要だと思った。それとは対極に、国家の中枢で活躍している前田みたいな人間には、こんな機会でもないと会うことはない。経済や経営の方面に行った岡のような人間にも今の自分の仕事ではめったに出会わない。遠くにいるからこそ声をかけたいと思った。宇野は建築家の友人が結構いるのでいろんなところで会う機会があるし、牛口も書店業界だから、いわば同業者。磯野は毎日新聞時代に小劇場の取材をしていて、僕の知り合いの劇作家のインタビュー記事を読んだことがある。同期にはまだまだ多彩な人材がいると思うけど、だいたいの領域はカヴァーできているんじゃないかな。

それと肝心なのは、この激動の時代の大きな変化に対して敏感に反応してくれるかどうかということ、そうした問題意識に関して「現役」であること。それがメンバーを選んだ時の最大のポイントだった。ただの同窓会の四方山話ではなく、過去の思い出話を超えたところで文化論的な話をしたかった。同期に有能な人材がたくさんいるのに、仕事を共有できないことがもったいないと思っていた。

## 今の仕事を選んだ理由

**中村**――声をかけてもらった時に、他の人間もそういうことに関心が強い、ということを改めて感じた。前の本(『倍音』)の冒頭、実は一九六八年の新宿騒乱事件から書き始めた。結局この文章はボツになったけれど、あの時代の音楽は今でも、強い光を放っている。ビートルズやジミー・ヘンドリックスなど、後の人が凌駕できないものを、あの時代は出していた。自分もその頃、政治的なものを含めて様々なものを見ていたけれど、大きく転換していった時代だったのではないかと思う。周りの人間が政治的な方向に走っていったのに共感して、様々な本を読んだ。高校に入った一九七〇年代の初めあたりから、学生運動がやや衰え、過激化すると共に、それに対する共感が薄れ、政治に対する興味も落ちてきた。それと同時に自分は、文化的なことに興味を持ちはじめた。文学や音楽にグーっとカーブを切っていった。物を作ったり、お金を動かしたり、政治を動かしたりするのではなく、形にならなくても、良い曲を一曲残すとか、心に残る文章を残すという方がすばらしいな、と思いはじめたのがこの頃だった。ただ自分には、そういったことを職業として選ぶことができなかったので、とりあえず化学の研究所に入ったのだけれど、その時に芽生えた思いが育って、やがて音楽家になったのかなと思う。

**西谷**――中村の展開ってすごく劇的だよね。二五歳の時に、勤めを辞めて、突然「音楽家になる」って言って米国に留学しちゃうんだから。音楽家は、音大に行かないと基本的に職業音楽家になるのは無理でしょう。理系の大学に行った段階で、職業として音楽家は選べない。

**中村**――化学の研究をしていた時と現在では、全く異なった状況にいるので、確かに自分でも劇的だと思う。

**西谷**――次に磯野くんに話してもらおうか。新聞記者になるのは、中・高で決めたって以前言ってたよね。

**磯野**――新聞記者になったのは……中学・高校の頃にそう決めたと思いこんでいたんだけど、日記をひっくり返してみたら必ずしもそうじゃなかった(笑)。高校の後半くらいにそう考え始めて大学の頃にその思いが固まったんだな、多分。当時の学生運動の影響がすごくあって、武蔵でも授業を潰して学内討論とかも

磯野彰彦

あったけど、大学に入ってからもそれが続いていた。学生運動は、「この世の中を変えなきゃイカン」と、どんどん突っ込んでいくんですよ。で、就職するときに、今まで学生運動をやってた連中がどっとサラリーマンになっていった。そういうのを見て、「いやそれは違うだろう」と思い、新聞記者の仕事で世の中に関わっていこうと考えた。こういう考え方の土台は武蔵で出来たのかな。いや大体は決めてたはず。一浪して早稲田の政経に入ったのも、マスコミを志してたからだと思う。世の中を変えるには、官僚になって権力を握るか、外側からチェックするかのどっちかだと思った。で、結果的に官僚にはなれなかったから……いや、なりたいとも思わなかったんだけど……外側から権力を監視するのも重要ではないか、と漠然と思った。こんな話は、現役の頃はしたこともなかったな（笑）。

**中村**――自分もやはり世の中を変えたいなって思っていたけれど、中から変えなければと思っていた。同じ状況にいるのに一八〇度違う方向で考えるところが面白い。

**西谷**――じゃあ、権力の側に就いた前田君はどう考えたの？（笑）

**前田**――高校時代、別に権力の側につきたいとか権力を握りたいとか考えていたわけではないけれど、スケールの大きな仕事をしてみたいという漠然とした気持ちはあった。「お国のために」なる仕事であれば、それなりのスケールの仕事なのではないかと考えていた。「お国のために」なんて自己満足以外の何物でもないかもしれなかったけれど、凡人である限り、自己満足を追求することも許されると思った。それから、あの頃は、政治の世界にも関心があった。当時は官僚上がりの政治家はすごく多かったし、役人になることは、政治の道に進む可能性も残してくれるのではないかとも思った。後々、政治家よりも役人の方がむしろ純粋に社会に貢献できる範囲が広いのではないかと思い、政治への関心は失っていったけれどね。でも、役人になろう、政治の道へ進もうなどというのは、明らかに当時の武蔵の連中の発想とは異なっていたし、これも武蔵生でありながら、地方出身者であったが故の考え方だったように思う。

## 時代の潮目を見ながら

**宇野**――大学入学時に、「ようこそアグネス」っていうエッセイを書いた。タレントのアグネス・チャンが東大の五月祭に来たけれど、それは、東大紛争後、大学生が軽いノリでタレントを呼んでキャンパスでイベントをやった初めてのことだった。安田講堂の壁には、まだ「粉砕」って書いてあった。僕らが大学に入った頃に、時代のパラダイムの大きな転換があったと思う。

在学中の武蔵のキャンパスには旧制高校の名残があり、そこに惹かれる面があった。中二、中三の頃、世間は騒乱状態に入って、僕らの兄や姉にあたる世代が、そこに巻き込まれていくのを見ていた。まだ少年だったので、下から眺めていたけれど、今から思うと随分ませていたんだろうと思う。高一のときに大阪万博があって、関西に親戚が多かったから行ったけれど、六九年の東京の騒乱のなかでいろいろ見ていた高校生が大阪に行くと、そこには、なにか大きな落差を感じた。人類の調和と進歩がテーマだったけれど。自分の中では混乱が起きて、内向し内省したこともあったように思う。

武蔵の外、国外でなにかをやってきたっていう感じの編入生、H君なんかが、高校から入学してきて惹かれた。六七年から七三年の六年間っていうのは、激動のなかにいて、僕にとっては混乱していたっていえるかな。

建築やりはじめたのには、いくつか理由があるんだけど、正門前の踏切近くにあった古本屋で丹下健三の『都市のイメージ』っていう本を高二の時に見つけて、こういう人がいるんだったら是非やってみたい、って思った。東京オリンピックの時にできた代々木体育館とかに小学校の頃からあこがれていたせいもあった。

**西谷**――編入生の話が出たので、そのへんは前田にコメントしてもらおうか。

**前田**――中学から来た連中にとって、編入生はかなり異質に見えたのではないかと思うけれど、逆に編入生には武蔵生はそれ以上に異質に見えたはず。でも、お互い刺激を与え合うことができて、それはそれで良かった。今は編入生を取らないようだけれど、やはり取った方が私は良いと思う。それにしても、あのカオスとも言うべき入学式での武蔵の第一印象は強烈で、「とんでもない学校に入った」と正直なところ、若干心配になったね。ところが、付き添いで来ていた父親が入学式が終わった後、「なかなか面白い学校じゃないか」と言う。比較的物事に客観的な評価をする父がそう言ったので、何となくほっとした気分になったのを覚えている。結果的にはまさに面白い学校だったけれど、面白い学校であるが故に合う合わないは当然あっただろうね。私は大いに水が合ったけれど、編入生の半数くらいは十分なじめなかったかもしれない。

**岡**――私はちょっと異質な道を歩んだ部分もあります。武蔵プラス大学の一年で二十年日本にいて、そのあとアメリカに約二十年いた。四十ちょっと前まで。戻ってからまた二十年。二十年ごとのブロックなんです。自分の中では真ん中のブロックが、社会人としての基礎にはなっている。一九七四(昭和四九)年というのは、ベトナム戦争の終わり頃だけど、世界に冠たるアメリカの力が落ちてきた時代。アメリカの社会が荒れて、逆に日本は高度成長期からロケットスタートし、一時は世界を制覇するんじゃないかというぐらい勢いがあった。日本に戻ってきたのはバブルがはじけた後の九三年。

日本がアメリカにガーッと進出してきている時期に、日本とアメリカの高等教育を両方とも受け、しかも公認会計士の資格を取った希少価値のある人間として、日本のアメリカ進出の片棒をかついでいたんです。その十年前なら日本人の会計士なんて認められない。ユダヤ人はともかく有色人種はそういう仕事に就けない。でも私はそういうものに就いて、かなりのスピードでサーフィンしちゃった。日本の波に乗った。そして潰れた。その波が終わった時に日本に帰ってきたんだけど、私はアメリカの「不良債権処理」的な仕事もしてたんで、日本に帰ってきたらいきなりまたサーフィン。キャリアとしてはラッキーだった。そのベースになっているのは何かというと、ブロックで言うと最初の二十年。

岡昭一

私のバックグラウンドはこれまであまり話したことはなかったけど、祖父が外交官で、親父と親父の兄弟はほぼアメリカとカナダで育っている。戦争が始まって強制的に帰ってきた。親父と親父の兄弟もみんな、帰ってきた時にはほとんど日本語ができなかったっていう状況。だから根本的には日本が大っ嫌い。いじめられつくしたから。だから、私が外に出て行く基盤はあった。

**宇野**——いろんなバックグラウンドの人たちがあそこに集まってたと思うだけど、それを包容・包含するいい時代だったし、そんなことは関係なく少年がのびのびとできたありがたいところだったね。

## 時代の渦中にあって

**牛口**——大学に進学する時は、将来の職業のこととかはあまり考えず、まずは今関心があることを選んだ。当時の家庭の事情とか、あまり生活のことを深く考えなくても選べたっていうのがあの時代だった。大学の後半に、東大創立百周年の記念事業をやろうという時があって、それに対して反対する動きがあった。学生運動が下火になっていった一方で、日本が妙に自信を持ち始めてしまい、全面肯定でバブルに向かっていく時期だったけど、そういう文脈の中で、創立百周年なんて持ち上げられても、それでいいのか。武蔵の時代は、直接は関係せずに距離を置いていたけれど、関心は持ち続けていて学生運動で問い直されていたものが中途半端な形で終わっているという意識があった。そういう動きに関わり始めた中で、武蔵時代には、それほど付き合いの無かった運動の方から来たK君と接点がうまれたりした。

**西谷**──牛口はどっちの側にいたの？　文学青年側？　政治青年？

**牛口**──その間の歴史かな（笑）。運動側の東大文学部の中心になっている人物が同じ東洋史にいた。ちょうどそのころ学友会の委員をやっていたこともあって、否応なしに関わっていった。文学部長室の占拠事件とか、そのあとの不審火とか……

**西谷**──もしかして黒幕？　今だから明かすと……（笑）

**牛口**──（笑）ちがうちがう！　ただ、そう考えた人間もいたかもしれないね。そのことが、一時、大学を離れようと思ったことにも関係してくるから。

その当時は、意識のバックボーンにあるのが武蔵時代だという思いはなかった。むしろ社会に出て行って、自分が当たり前と思ってやってきた行動や考え方のパターンが、世間とけっこう違うことに気づいて、そのルーツはどこなんだろうと考えていくなかで、あの環境で受けた教育が影響してるかなと思い始めた。

**西谷**──僕もあとになって、武蔵ってよかったなって気づいた。文章にも書いたけど、二十代の頃ってあんまり武蔵は好きじゃなかった。育ちのいい坊っちゃんたちが自分の境遇に疑いなく謳歌しているのが気持ち悪かった。一度切れないと、逆に良さも見えてこない。渦中にいる時はわからないし、本当に何を学んだかなんて後になって気づくことじゃないかと思う。

**宇野**──僕もそうだった。僕らが大学に入った頃、学園闘争は終わっていて、後続する世代は「シラケ世代」って言われてた。僕らは大学闘争の当事者じゃないから、いつもその間で宙づりになってる感がある。翻弄されてるっていうよりは、双方を突き放して見てたという感じ。

**前田**──私には兄が二人いて、学年はそれぞれ六つと五つ上なんだけど、彼らはまさに大学紛争の最中に大学に在学していて、一年近く授業もなかった。当時郷里の静岡にいた自分は、その嵐のような大学紛争が終わって、もう東京も平穏になっていると思って武蔵に来たのだが、入学式でいきなりOBが入って来て入学式粉砕のビラをまきだしたのを見て、まだまだ闘争は終わっていないし、自分もその中に置かれて生きていくことを実感した。大学紛争が激しかった時代のようなエネルギーは感じられなくなってはいたが、まだまだ不安定な要素が感じられる時代に揺れている武蔵生も多かったような印象を持った。

**中村**──自分の場合は学生運動は遠いな、という気がしていたけれど、入学した横浜国大が学生運動の拠点校だった。学内でケンカしているな、と思っていたら、翌日その一人が亡くなった。どのようなことが起きているかということは大体知っていたけれど、実際に身近で起きてショックだった。中核が革マルを襲ったと聞いた翌日には、上から下まで包帯ぐるぐるまいた人が何人もいた。ある意味では戦場のような状況。自分としては、こんなことが大義名分のもとにまかり通っているのはおかしい、と思っていた。

**西谷**――横浜国大は大学闘争で一番過激派が集結した。連合赤軍だとか京浜安保共闘につながる人材を輩出している。

**磯野**――僕らの一年上で、武蔵大学の社研に出入りして、内ゲバで襲われた人がいたよね。

**宇野**――東大では駒場寮で間違って襲撃されて亡くなった学生が出て気の毒だった。一方、時代は「おちゃらか路線」にはいっていく。シリアスさとおちゃらかさが混濁していった時代だったけど、暴力への嫌悪は広がっていった。

中村明一

**磯野**――安田講堂陥落の日が競歩大会の日だったんだけど、その時にラジオを聞いてたんだよ。別にニュース聞こうと思ってたんじゃないけどね。そしたら高校生が、「どうなってる、安田講堂？」って聞いてきた。「いや、俺そんなこと関心ないし」って（笑）。そんなことを思い出しました。

**西谷**――中二の時だね。高二、高三にとっては、入試がなくなるかどうかって大きな問題だけど、高校生と中学生ではそれくらい意識の差があった。

**磯野**――中高六年一緒にいるっていうことは大きい。

**西谷**――高校生が一緒にいて、大学入試が間近に迫っていて、他方で競歩大会やっている。あっちはあっち、こっちはこっちで、っていう幅があったのは確かに面白い。

## 両義的な時代の変わり目
## ――一九七〇年

**宇野**――一九七〇年、高一の記念祭で、上の学年がメッセージ性を打ち出した派手なロックコンサートを開催した。そのとき、僕らの学年は、それに対抗して中庭で盆踊りをやったところ、それが意外と受けて、たくさんの来場者が集まった。大学に入ってからの「おちゃらか路線」とも重なるけれど、あの盆踊りあたりが時代の潮目だったんじゃないか。

**西谷**――たしか「イン・ニード」（In Need）ってタイトルだった。当時の記念祭の委員長のHさんの切り口は、それまでの高校の真面目な文化祭や文化運動に対する一種のパロディーだった。それ自体過激な切り込みだと思う。同時にそれはキャンディーズなどの遊びやサブカルチャーにつながるラインでもあった。盆踊りはそれに対するさらなる揺り戻し。複雑な絡みの中で、意識性としてはずいぶん早かった。でもあの頃、そういう記念祭のありかた自体に反感もなかった？

**磯野**――強かったな。理解はできるんだけど、ひっぱられないというか、惹かれなかった。

**西谷**――すごく難しい時代の境目だった。この一九七〇年には、三月によど号ハイジャック事件と大阪万博があり、六月の反安保闘争、十一月には三島由紀夫の自衛隊割腹事件。すごい一年だった。こんな激動の時代に、記念祭っていうイベントで、どっちに向かうんだ、お前らは、っていう突きつけがあった気がする。あの時代、みんなどう思ってた？

**宇野**――記念祭のパンフレットを見ると、広川さんのスローガンが書いてある。「楽しい夏よ」「みんなで、インニードを成功させよう。」三つ目が、「ガールズ、オアボーイズハント」（笑）［31頁参照］

**中村**――あのとき様々な流れがあった。軽薄さへの出発点でもあったし、マスメディアが力を持ってきて大衆の欲望を煽りはじめた時でもあった。一方ではロックがいよいよ市民権を獲得していく。具体的なことでいえば、僕はずっとロックをやっていたけれど、学校側は、音が漏れない、遮蔽されたところでやれという姿勢だった。それが、初めてこの「インニード」のときに中庭でおおっぴらにできた。外から資金を導入し、ヤマハと提携して大きなステージを作り、ヤマハの最高の機材を無料で全部借りてきた。プロのミュージシャンと、我々生徒が同じステージで演奏した。その当時、学校が商業と結びつくなんてとんでもないという時代だったけれど、今から考えるとすごいことをやっていたとおもう。

**西谷**――ひとつ上の学年にはそういう尖ったところがあった。二つ上の学年は学生運動のピークだったし、一つ学年が違うだけで、ずいぶん違っていた。

**宇野**――この時に先輩に反発して、われわれは高一の有志で盆踊り仕掛けた。

**西谷**――それは記念祭に対する批判ということ？

**宇野**――批判っていうより相対化かな。Tが大活躍した、覚えてる？

**磯野**――Tが浴衣着て。

**宇野**――いいセンスしてる。彼は築地の人だったから、下町的パワーもあって、ポピュラリティのあるイベントが打てた。頭でっかちな高校生になかったものが、導入されたんだろうね。

**磯野**――翌年の俺たちの代の記念祭って先代の時に比べるとインパクトは小さかったんじゃないかな。

**前田**――我々体育祭小委員会は、記念祭では模擬店やらされて綿飴ややきいもを売ったりしていただけなので、あまり評価をする立場にないけれど、特に例年と比べてインパクトが少なかったとも思わないなあ。記念祭などのイベントを通じての主張というものは、あらかじめ設定するものでも良いと思うし、実施した後で結果としてどのような主張が為されたかを評価するものであっても良いと思う。もちろん、ある主張と、それに対する主張が、前の年の記念祭の時の方がより明確であったかもしれないけれど。

**西谷**――すると、七〇年から七一年にかけて、ある種の相対化の動きが記念祭を通して浮き彫りになるね。

## 学園の雰囲気

**磯野**――何をやってもいい学校だったね。制服もないし。覚えてるのは、下駄だけはダメだということ。歩く時にうるさいから。あとは髪が長かろうがTシャツだろうがOK。中公新書の『高校紛争1969－1970』（小林哲夫著）によると、「武蔵高校の特例」という章があって、国際反戦デーで逮捕された武蔵の高三生が学校から呼び出されも、処分もされなかったという話が出てくるけど、大坪教頭の意向だったと書かれているね。

宇野求

**西谷**――かなりリベラルな教員が集まっていて、変人かもしれないけど、面白かった。

**中村**――専門家が多かったんじゃないかな、学問の分野で。学者になろうと思ったけれど、様々な事情で教師という職についているという状況で。

**牛口**――みんな大学の研究室と関係を持ってたよね。数学も国語も社会も。

**岡**――実際大学に戻ってった人も多かった。城谷先生と話して感じたのが、そんなにこの子たちをどうしてやろうとか、育ててやろうとか、深いことは考えてなかったね。教師業をやってたんでもないけれど、彼らが持っているインテリジェンスというのを深めながら、伝えてあげよう、と、そこはピュアだったと思う。

**西谷**――教育者には研究者との二側面があって、大学も同じだ。武蔵の教師は、教育者であると同時に研究者でありたいと思ってんじゃないかな。生徒や学生に手取り足取り教えることは一見面倒見のいい、良い教師と思われがちだけど、かえって駄目にすることが多い。悪い教育者の方がいい教育ができる場合がある。とくにクリエイティヴィティを伸ばす時にはね。自分はこんな面白い研究をやってる、この前外国でこんなものを観てきた……という話をした方が、学生は何かを掴んでくれる。武蔵の先生にはそういう感じがあった。一人一人のインテリジェンスに触れられたのは良かったし、今の自分に影響はあった。

**磯野**――城谷さんも、試験の時に日本史は何ページから何ページだから、ちゃんと暗記してこいよと。で、授業はまったく別のことやってた。そういう先生が多かったね。教科書は使わずに、使うのは自分の教材。

**西谷**――英語の副読本で探偵小説とか、『八〇日間世界一周』とかを読まされた覚えがある。

**磯野**――受験勉強はお前ら勝手にやれ、

っていう感じ。
**西谷**――たしかに僕らの頃は当たり前に勉強していたけど、今それで成り立つのかね。受験勉強、自分でやれって。
**岡**――希望としては、そういうスタンスで行きたいんだけど、世の中がそれを許さないだろうね。
**中村**――今でも武蔵はある程度そういった状況？
**宇野**――このあいだ、武蔵に行ったときに掲示板にあった総合学習という科目、ヤギの観察とか、キノコの研究とか、エレキギターを作って弾こう、とかやってるみたい。あれいいな、と思った。自主ゼミっぽい授業で、武蔵らしい。
**岡**――以前、日本経済新聞の「大機小機」で、根津育英会のことが扱われていた。趣旨は、昔は日本の富が（根津さんなりが）お金出して教育していた、っていう話。でも今、日本の富の方向性としてそれがない。それだめなんじゃないかと思う。根津さんが何しようと思ったかというと、リーダーを作ろうと思ったんですよ。本当のエリート教育って、リーダーを作るってこと。リーダーはバカじゃ困る。でも知識だけじゃない。インテリジェンス持ってなくちゃいけない。我々の時代の先生がそう思ってたかどうかは知らないけど、そういう路線が学校にできていて、新しく来る先生が自分のやりたいことをやりながら、君たちに伝えるべきものは伝えるよ、というスタイルでやってたんじゃないかな。
**宇野**――大坪先生は意識していたと思う。戦前は文武両道、戦後は武はダメってことになった。知識に偏重するとよくないというのが文武両道の考え方なんだろうけど、戦後は知識が優位に置かれた。曖昧な知識しかもたなかったからあの戦争に突入したっていう考え方だったんだね。正田先生も、きちんとした知識がないと創造はできない、と生徒たちにことばを投げかけている。
**牛口**――中学のカリキュラムには道徳の時間があった。時間割としては、中学はまだ義務教育だから、文部省に従ってやらなければならない。でもありきたりの徳育を否定していた。で、あみだくじの数理とかやってたな……
**宇野**――校長先生自ら担当してたんだね。前阪大総長の国際的大数学者に、中学一年の子供が教わったっていうのは、今思うとすごいことだった。中高の校長先生をよくやってくれてたよね。
**牛口**――そういう意味では、決めごとがあって、それを教えるんじゃなくて、まずその前提となる知識を教えるみたいなところがあった。それは他の科目でも同じだ。歴史にしたって、学説史みたいなかたちで、ベースになるところはこういう考え方、それから別の考え方を提示する。受験の時に覚えなきゃいけないことは、お前ら勝手にやっとけ、みたいな。それがあったから僕は、歴史をやろうと思ったところがある。つまり決まったことを覚えるんじゃなく、何が真実なのかを探っていく授業。
**前田**――さっきから数学の話になっているけれど、自分の印象としては、数学に関してはかなりレベルの高い授業をしていたと思う。数Ⅰとか数ⅡBとかいうのを無視してごちゃ混ぜにした上で代数と幾何に分けて授業をしていたけれど、教師も研究して体系的に教えていた。加えて試験が難しかった。高一の一学期の中間試験だったけど、四問百分の試験で、これがまた四問ともすごい難問で、試験が始まって三十分間一字も書かなかった試験なんて初めて経験した。案の定平均点は二十点くらいだったね。一方で、国語となると、これまたユニークな授業で、教師が勝手に本を選んで生徒に読ませ、その解説を行うという、まるで大学の授業だった。古文も、高一は徒然草、高二が大鏡と万葉古今新古今、高三が一年間源氏物語、これだけしかやらないのだから、他の高校が見たら驚くだろうと思う。高三の現代国語は、佐藤先生が第一回の授業で、「僕は現代文はできないから古文をやる」と宣言して、絶対に受験には出ない江戸文学を一年間やっていた。さっき受験勉強の話が出ていたけれど、普段の授業がこの調子だから、科目によってはそれぞれが勝手に準備せざるを得なかったと思う。

牛口順二

## 武蔵の教育

**西谷**——理科も社会も破天荒だったね。

**宇野**——高一かな、物理の森先生はニュートンの「プリンキピア」(「自然哲学の数学的原理」、一六八六)の原書をプリントにして、それで力学教えてんだもん。あれは、分かりやすかったし、いまでも役に立ってる。

**西谷**——あそこで俺たちは落ちこぼれたよ(笑)。理科はもう中三で脱落してた(笑)。社会は好きだったけど、理科は手も足もでなかったね。だから一長一短だ。

**岡**——旧制高校はそれぞれ得意な分野で大学にいけるシステムだったから、そっちを武蔵側は是認してた。だけど世の中がそうじゃなくなっちゃってるから、そこでみんな苦労した。

**西谷**——飛び級してもいいようなやつが何人もいた。その反面、落第もあった。中学で落第って、そんなのありかよって。厳しかったね。

**中村**——厳しいよね。中学で落第、そこまでしなくても良いのに、と思った。その後、及第点が取れなければ退学処分も待っていて。

**西谷**——だからゆるやかに健やかに育った部分と、非常にシビアな部分の両面があった。

**磯野**——武蔵に入って安心したからなのか、親にあまりぐじゃぐじゃ言われた記憶がないんですよ。大学どこ行くかじゃなくて、長男が武蔵に入ったのはほんにと嬉しかったね。武蔵に入ったら、一人でたくましく生きていけるだろうな、っていう思いはあった。

**宇野**――自分で考え始めるだろうな、っていうかんじはあるんだよね。

**中村**――ある集団に属していて、その組織の論理から考える、ということをしない。自分があって、ある距離感を持ちながら、多様な組織とも関わる、そういうスタンスの根っこはやはり武蔵の教育かな、という気はする。

**牛口**――自分自身の感覚として納得できないことはできない。思考パターンの根っこみたいなところは武蔵の頃に養われてたのかな。

**西谷**――自分のやりたいことをやっていても、放置してくれるというか、学校側のある意味無責任なスタンスがそういう自立心を生んだのかな。そういうのがすごく居心地よかった。教師に構われたこともあまりないし。でも物事がある程度分かってこないと単なるわがままで終わる。早く子供を大人にするにはいい教育だけど、上手くスタンス取れないと踏み誤る。

**中村**――自分はアメリカの大学と大学院へ行って、教師の態度を見て、武蔵の様だと思った。例えば作曲を持っていくと、教えた項目をチェックして、採点されるだけ。それは、結構大きいプロジェクトだったので、「先生、良いとか悪いとか、好きとか嫌いとか、そういった意見はありませんか」って訊いた。すると、「そんなこと俺は言わないよ」「君、これから日本に帰るんだろう、自分は日本のマーケットのことはわからないし、日本人にとってこの音楽がどういう意味を持っているのかもわからない。もしアメリカに残るとしても、君は君の聴衆を開拓するべきだ」と。武蔵の先生と非常に似たアプローチの仕方。あるところまでは責任持つけれど、あるところからは突き放す。日本の教育は過干渉。

**宇野**――個人を大切にするとともに、他者をリスペクトする、っていうことでしょう、突き放すってことは。それが、みんな一緒、っていうことだと、個性をリスペクトというより、マニュアル通りに皆さん同じようにやりましょうってことになっていく。

**西谷**――日本のアカデミズムにもそういうのがある。僕は学生の卒論指導でも誤字脱字以外は原則として直さない。だって文章を直すってのは、そいつの生き方を自分の枠にはめて強制することになるから。そこは介入できないよ。感想やアドバイスはするけど。

**宇野**――中村の先生と一緒だ。

**西谷**――芸術学科の教師はそういう一匹狼みたいなのばっかりだからいいんだけど、英文科のような、きちんとディシプリンを経ているとこだとそうはいかないね。そういうリベラルな教育の原点は武蔵にあった。

## 放し飼い教育の是非

**宇野**――じゃあ何が欠けてたのか、というところを話した方がいいんじゃないかな？　武蔵のやり方だけでいくと、あまりにも日本社会とかけ離れるから、みんな苦労したんじゃないか。会社行った連中なんかもしばらく大変そうだった。大学はまだゆるゆるやってこれたけれど。

**岡**――麻布、開成、灘と比べると、会社社長や役員の率は少ない。これにはなにかある。たとえば一言多いとかね。また画一性を是とする日本的なものとは合わないとか。

**西谷**――でもアカデミズムの方面に行った人の数は多いんじゃないか。僕らの学年の二割は大学の教師になっている。これはかなりの数字だ。武蔵の典型的なパターンって、理系で、研究室にこもったまま社会に出ることがない学者肌っていうのがひとつある。世間知らずだけど人柄は温厚で、学問的な極め方はすごいっていうのが。

前田隆平

**牛口**――企業から大学に戻ったやつもいる。

**西谷**――世間で上手く渡り合うよりは、自分の好きなことを極めたいという方向でやってたんじゃないか。

**岡**――ここは役所でのぼりつめた前田に……（笑）

**前田**――確かに大学院に進んで、そのまま大学に残る人間は、他の学校に比べて圧倒的に多かったと思う。多分、あまり拘束されないで、自由に自分の好きなことを続けたいと考えてのことだったろうと思う。でも、私の印象では、企業に勤めた者も皆すごく立派にやっている。組織に入るとがんじがらめになって自由がきかないのではないかと思って企業勤めを敬遠した人もいたかもしれない。でも、実際に組織に入れば、嫌な上司がいたりすることもあるけれど、自分の独自の判断でやれる範囲は広いし、武蔵の連中もその中で十分個性を発揮しているのではないかな。正直言って、武蔵時代にあんなに好き勝手なことばかりしていて、企業勤めなんか本当にできるのかなと思った奴もいたけど、意外と皆環境適応能力があると見直した。

**宇野**――きっと、僕らより十年くらい上までは、エリートを育てる学校だったんじゃないかな。昔は、学者にしてももっと見識もあったし、親分肌で人望もある人がいたし。

**西谷**――前田はそういうタイプだよね。

**宇野**――実業家や政治家もいなくはなかった。僕らぐらいから、大衆化が起きたんじゃないか。端的にいうと、普通に育った。それはいい部分もあり、弱くなった部分もあるんだろうね。さっき岡君が言ってたけど、リーダーとしての教育はまったくなくて、いくつか知っておくべきこと、慎むべきこと、セルフコントロールすべきこととか、まったく教わっていない。外の人たちと出会った時に、なんか変なリアクションが起きて、うまくいかなかったという例はいっぱいあったと思う。自分自身もそうだったし。

**西谷**——芸術方面やアカデミズムは、変であることがユニークさで評価されることがある。世間の非常識がこの世界の常識として尊重される。僕らの少し前までは、いわゆる大知識人や大学者がいたけど、僕らの頃から小粒になったんじゃないかな。昔は四十代そこそこで、父兄を感動させる名講演をする先生もいた。六〇年代の大学闘争で知識人が否定されたと同時に、知識人が背負っていた歴史的なものも否定した。

**宇野**——高度成長の波が押し寄せて、日本の人々は巨大な消費社会の中に突入して、僕らは子供の時からその波頭にいたから、その面白さや大切さは充分わかっているんだけど、一方で、それだけじゃあ、まずいんじゃないのという気持ちもあるよね。

**西谷**——そうか、その過渡期を僕らは生きてきたんだ。消費社会って両義的だからね。サブカルチャー的なおもしろさを追求していくなかで、なしくずしになってしまった権威や教養がある。これが再建されないまま四十年くらい来たんじゃないか。

**宇野**——権威は要らないけれど、信頼性は要るよね。それは、作り直さないといけないと思う。リアルなネットワークや現代のコミュニティも作り直さなくてはね。

**西谷**——一番の根っこがなくなって、末梢だけが肥大した感じがする。

**磯野**——さっきから出てくる「放し飼い」っていうのの良さと、限界みたいなのはある。岡が言うように、一部上場の社長の数、ではないとも思う。ただ、なんとなく、中途半端になっているのもいると思う。じゃ放し飼いじゃなきゃよかったかっていうと、あの学校じゃ考えにくいよね。

**宇野**——あの時代として、当時の先生方は最善のことをやってたと思うよ。放し飼いの生徒たちはのん気なもんだけどさ。先生たちの悩みは大きかったんじゃないのかな?

**磯野**——去年大分に行って、城谷先生に質問をぶつけたんだ。お坊ちゃん学校に左翼の共産党バリバリの教師が乗り込んできて、こいつらどうやって育てるかって、すごい思いがあったはずなんだ。先生はぐらかしてたようだけど。

**西谷**——体制側からすれば最大の汚点が大学闘争で、大学生に自由を与え、囲い込めなかったこと。で、あれが終わってから、3S政策などで囲い込みに行く。この四十年間、教育はずっと囲い込みを続けてきた。最後のあだ花はわれわれの時代だったんじゃないか。ゆとり教育の揺り戻しもあったけど、教師が囲い込みの世代だから、うまく活用できない。もっと根源的なところで「抑制された放し飼いの良さ」を主張するものが出てこないといけないと思う。

## 武蔵の環境

**牛口**——大学のキャンパスと同じ敷地で、門は開かれていた。大学と一緒っていうのは大きかった。中高だけだったら違っただろうね。

**西谷**——それはわれわれの学校の特徴だね。中高だけで完結してない。いつでも出入り自由。でかい面して大学の食堂とか行ってた。大学生にびびらなかった。生意気だったな。反省するよ。

**宇野**——キャンパスや校舎など特別に恵まれた環境だったよね。日本中どこ探しても他にないだろうなって思う。少数精鋭、っていってるじゃない。人数が少ないこと、それが特徴であり欠落したところだよね。学年五百人とか千人の学校が世の中にはあって、そういうところには、いろんな人間がいて、いろんなことが起きる。その中でいろんな判断をしていく。母数が大きければ、多様な人間がいるから、誰でもどこかに仲間のグループがいたりもする。母数が小さいと互いに知り合うから、その中でだいたいは仲良くはなるけど、マニアックに気の合う友だちが見つからないような人も出ちゃうでしょ、きっと。僕らは、たまたま居やすかったけれど、いづらい人もいたんじゃないかと思う。

**磯野**——編入生の中には、武蔵の卒業ということを忘れたい、ってやつもいるかも。

**西谷**——勉強だけできればいいや、って割り切って卒業して大学行ったやつもいると思うんだ。逆に、あいつの才能はすごいなと思った一芸に秀でた人が居られなかったという問題もある。高校から入ってきた前田くんはどうだった?

**前田**——自分の場合は不思議と武蔵の嫌な面というものを感じることはなかった。客観的にみればお坊ちゃん学校だし、いけない面もいろいろあったのだろうけれど、自分自身武蔵にネガティブな評価をしたことはなかった。それよりも、皆趣味も豊富だし、刺激を受けることも多かった。その一例として感じたのが、自分の中学の友人とは比較にならないほどの読書量だった。自分も中学の頃から文学はそこそこ読んでいたけれど、武蔵の連中はノンフィクションも数多く読んでいた。小説にしても、五木寛之とか野坂昭如とか時のベストセラーをフォローしていて、これも私の中学の周囲の連中にはないところだった。地方から出てきたというコンプレックスを感じることもなかった一方で、やはり都会の一流の学校はそれなりのものを持った連中が多いと素直に感じたね。

## 何を教わったのか

**西谷**——教師のことを話したいんだけど、何を僕らは教わったのだろう?

**宇野**——定型化したことを整理して覚えさせるなんて意味で、教える気が全くない(笑)。むしろ、大学みたいに今その分野で課題となっていることや分からないことを考えさせるような授業が多かった。

**中村**——驚いたのは、古典の先生の授業で、「サッカーさせてください」というと、「もう怒ったからサッカーしていい」と。

**岡**――それで本人は酒飲んでる（笑）。

**中村**――試験は教えていない範囲から問題が出る。

**西谷**――さっきの物理とは反対に、僕には苦痛ではなかったな。中学の時の大野さんの授業って、いろいろ小説を自分でテープ吹きこんできて授業中にまわして、自分は寝ていた（笑）。こっちはラジオを聞いてるように聞いていた。でも教材で読ませてもらった小説は残ってるね。

**牛口**――菊池寛、徳富蘆花、井伏鱒二に、梅崎春生とか。上原さんの社会、いまでいう公民の副教材で読んだ『楡家の人々』（北杜夫）とか、『激流』（高見順）とかも。

**磯野**――漢文の深津先生もユニークだった。みんな漢文が読めるようになったとかいうけど？

**岡**――普通の人よりは読めるよね。

**西谷**――たたき込まれたかんじはある。ディシプリンというか。

**中村**――でも、このような法則でレ点打つなどという文法は教わらず、ひたすら解釈をやっていた。

**宇野**――四書五経で学問に励んで来た日本の伝統でさ、本当は中国語として学べばいいんだろうけれど、そうじゃなくてひたすら解釈をしていった。それは、それで意味あると今では思えるけど。

**西谷**――写経みたいなもので、いつか気づくとか。そういう訓練（ディシプリン）だと思っていた、漢文は。

**宇野**――今でも五言絶句はいくつか覚えてて、それを中国人の前でさらって書くとびっくりされるよ。中国は古典教育を受けてないからね。

**西谷**――原理を教えて、お前ら類推しろよ、っていうのと、もう一方ではたたき込みと、両方あった。

**前田**――深津先生の話が出たけれど、三年間しかいなかった武蔵で高一、高二と二年も主任だった。高一の一学期に成績をもらいに行ったら、「よく頑張りました。立派です」なんて言ってくれて、こういうタイプの先生は他にいなかった。ある時、休講になった隣のクラスの奴らが廊下でほうきのホッケーをやっていて騒がしかったので、深津先生がドアを開け、「おいうるさいぞ」と叱ったのに、皆ホッケーをやめようとしない。先生もしばらくにらみつけていたけれど、黙って教壇に戻り、「駄目だ。敵が多すぎる」と言い、「君たち、こういう言葉があります」と黒板に「敵多くして君子戦わず」と書いた。この種の楽しい思い出は数多くあって、本当に良い先生だった。それからこれは現代国語だけど、高一の中間試験で阿部先生から百点満点の試験で百十点をもらった。答案を返す前に先生は、「本当に完璧過ぎる答案を書く人っているのですね」と言ったが、これは必ずしも肯定的な言い方ではなかった。この採点には「あなたは百十点に値する素晴らしい答案を書きました」という意味と「私に百十点を付けさせる完璧な答案は必ずしもベストの答案ではありません」という二つの意味があったと思っている。採点一つとってもいろいろなインプリケーションがある。武蔵の先生というのは本当に素晴らしかったね。

**岡**——運動部じゃ教えたのかも知れないけど、あるルールの下に、マナーを守りながら、「勝つ」ということについて、教えてない。敗北主義とまでは言わないけれども、リングにあがったら勝つべきだっていう、そういうものに欠けている。

**西谷**——勝負弱さ?

**岡**——一週間に七日練習をやってる人たちと、俺たちみたいに三日の人と、同じ土俵にあがれるわけがない、という意識があった。それが、今現役が学校でやるサッカーとJリーグの下でやるサッカーが異質なものになってきていて、だからこそ武蔵レベルでも、学校の中のサッカーではけっこうやれるようになってきた。結果論として、その差が縮まっているのはおもしろい。

**西谷**——帝京高校とか、昔は全国レベルの選手を集めてたけど、今は集まらなくなった。FC東京とか、東京ヴェルディのユースに行ってるわけでしょう。だから今の帝京に勝ててもおかしくない。

**岡**——ただ面白いのは、サッカーをやっていても結局色んな人間性とかインテリジェンスとか重要だな、て思うと、大学のサッカーが選手の成長過程で大事になってくる。高校から大学のサッカーに行くのか、Jリーグの下部からJに行かずに大学に行くのか。そのクッションとして、大学のサッカーが大事になっていることがサッカー界で言われている。

**西谷**——教育問題としてサッカーって良いモデルだと思う。昔はJクラブのユースに入るのはサッカーうまいけど、茶髪にしたり躾が悪かった。でも今はけっこう進学校でJクラブのユースに入ってる子がいる。勉強もできてサッカーもできる。高校サッカーでは勝ち残れないような進学校の選手がJユースに入って、大学に進学する。昔と流れが違ってきている。個人なんだね。強豪校の超高校級がそのまま日本代表になってるかというと、意外と少ない。むしろ高校時代は凡庸だったやつがいつのまにか這い上がってきて、日本代表になるケースが多い。本田圭祐とか長友佑都とかね。中学高校ですごくできたやつが、そのまま大学—社会人と順当に行くわけじゃない。何がきっかけでそいつが「獲得」をするのか、これはなかなか解けない謎だ。サッカーでも勉強でも。何が自分を伸ばしてくれたのか?

**中村**——「志」など、根底にある問題意識が非常に重要なのではないか。ここにいる人たちは個人個人が問題意識を持って自分の世界を切り開いている。一方、武蔵の人はなんでもできてしまうので、そういった問題意識が弱いという面もある。どこかに属して良い研究者にはなれるけれど、起業したり、自分で新しい分野を切り開くことが多いとはいえない。

**岡**——中村は自分の世界を創っている。自分の世界を確立して、身ひとつでやってる。すごいなと。

**中村**——大きな会社を引っ張っている岡

には、もっとすごい部分がある。そういった部分は、教えてもらいたい面ではある。

**前田**――自分のように長いこと組織の中で生きてきた人間には、中村や岡のように自分の世界を作ったり、自分でどんどん引っ張っていったりはとてもできないと思うし、うらやましくも思う。一方、組織人にとっても中村が言うような問題意識というものは重要で、もしお前にとってそれは何かと問われれば、やはり責任感かなと思う。終始自分の言動に責任が持てたと思えば、仕事が仮に十分な結果を残せなくても後味は悪くないし、自分は如何なる場合でも責任を取ることができる人間だと自覚できれば、不思議と周囲にも優しくできるように思う。組織人として求められるものはたくさんあるけれど、自分のつたない経験からして、これは間違いなく重要なことだと思う。

## 同窓のつながり

**宇野**――同期で集まるだけではなく、リ・ユニオンというか、世代をこえて集まれたらと思う。ハーバードのビジネススクールでは、卒業五年毎の学年が同時に集まる催しを行っている。その日は、卒業後、五年、十年、十五年、二十年といった卒業生が世界中から集まってくる。卒業生による最新の話題をテーマとするセミナーが開催され、パーティーが続く。世代をまたぐ交流がうまれる仕組み。武蔵も学園創立九十年、あと少しで一世紀になる。その歴史と流れが分かれば、自分たちの過ごした時代についてもよく分かるし、楽しいんじゃないかな。変わらないもの、変わったもの、は何か。そうしたことを自然に話題とできるような交流の機会が少ないから、これからでもそうした機会をつくると面白いと思う。

**磯野**――経済記者が長かったんだけど、東芝の社長や東京証券取引所の会長をやった西室泰三さんとか、武蔵卒業の経済人や官僚のところに行くと、「君は武蔵か」ってなるんですよ。六年間江古田に放し飼いにされた共通の仲間意識はあるよね。

**西谷**――僕も演劇の世界で片手に収まらないくらいの知り合いがいる。

**磯野**――演劇ってそんなにいる?

**西谷**――元朝日新聞の演劇記者で、演劇評論家だけで五、六人いるよ。演劇評論家協会の前会長の扇田昭彦さんが一四年先輩だし、シェイクスピア研究で画期的な成果をあげている河合祥一郎君は六年後輩だ。直接面識はないけど、文学や哲学系の学者は多いね。

**宇野**――建築分野には武蔵の先輩方が多いんですよ。この国の近代建築を作ってきた本流に武蔵の同窓がたくさんいる。以前、学園長やってた太田博太郎先生は、戦争直後に平泉の発掘をしてる。文化庁という役所を作る道筋も作られてる。東大の建築史の大家で、日本建築史をまとめた先生。その学派は今でも大きな影響力がある。技術力のある日本の近代建築を研究開発して定着させた内田祥哉先生（東大名誉教授）もいる。内田先生は、日本学士院会員。他分野の人に分かりやすく紹介すれば……たとえば、今、大手ゼネコン五社のうち三社の社長が内田研究室出身だとか……まあ、これは結果論なんだけど。独自のユニークなことをしながら、大筋を整えていくっていうのが僕らの先輩たちがやってきたことかな。後輩にも、今回の震災復興なんか熱意を持ってやっている人はいる。武蔵出身者には、自分の得にならないことも一所懸命やるところがあるよね。いい面じゃないかな。

**前田**——武蔵のOBの学術分野での活躍は確かに立派なもので、私が法学部に在学している時も、現役で教壇に立っている教授が何人もいた。ところが、この人達の専攻が極めてマニアックなんだね。国際法の髙野雄一、法哲学の碧海純一、ローマ法の片岡輝夫、とにかく憲法とか民法とかメジャーな分野の先生はまずいない。片岡教授は同級生のオヤジなので、彼に「何故ローマ法の権威なんかになったのかね」と訊いたら、「まあ、あれは仕事と言うより趣味だな」って言ってた。今も昔も武蔵は同じノリだなと思った。そう言えば、E君も法学部に残ったけれど、彼の専門もドイツ法だ。研究分野の選び方も豊かな個性の裏返しという感じがする。

**西谷**——同じ学年に文化人類学が五人ぐらいいる。これもすごいよね。文化人類学は七〇年代に山口昌男が出てきてぐっとひっぱられた学問だから、建築にもそういうのがあったんじゃないか。

**宇野**——ポストモダンの議論は、たくさんあったけれど、そこで武蔵のプレゼンスがあったかというと、それはそうでもないかな。さっきの話は、前の世代のこと。戦後十年間くらいの復興期に、現在の建築の道筋を作った人に武蔵の人が多かった。

**中村**——音楽は武蔵の人は少ない。ほとんどいないと言ってもいいくらい。

**西谷**——でも高一、高二ぐらいの時はやたらにバンドが多かったよ。あの音楽の賑わいはなんだったんだろうね。運動部でバット振ってたり、竹刀を振ってたやつ、あるいはゲバ棒握ってたやつが、いつの間にかギターやったりドラムたたいたり（笑）。あれはなんだったんだろうね？

**中村**——確かに。でもその多方面に渡る旺盛な好奇心が、大きな栄養になっているのではないかな。武蔵の人には、学問と、芸術や文化両方を許容するキャパシティがある。武蔵の人で、経済の方面にいった人でもある程度、文化の話ができる。よその世界で経済関係の人に会うと、まったく……という感じの人が多い。

**西谷**——地方の名門高校出身の人と話したんだけど、東大に行くやつはガリ勉。クラスで浮いてるガリ勉が行くわけ。武蔵には、二兎を追いながら大学にも進学するという余裕があった。それが一番象徴的なのが音楽だったなあって。

**中村**——武蔵の人は、多方面に趣味を持っている人が多かった。うちのマネージャーが先日、前田と話して、「いろんな話題を持ったすごい人ですね。国交省の偉い人となれば、さぞ高校の時は勉強一筋で、話題が少ない方かと思ったのですが。逆でした。」（笑）優秀な人ほど、多くのことをやっていたという面はある。

**西谷**——前田の艶話は面白いよね。才能感じる。天下国家の話から下々に至るまで何でも話ができるっていう人格をどこで産み出したんだろうね。

**牛口**——そういう人間じゃないと逆に恥ずかしいという雰囲気があった。あからさまにガリ勉なのは恥ずかしかった。

**前田**——文章でも自分は武蔵では中途半端な存在と書いたけれど、中学時代の三年間皆と全く違った生活をしていたことがある種自分の武蔵における個性につながっていると思う。話題が豊富とか、話が面白いとかすごくポジティブな評価をもらっているけれど、それはむしろ武蔵で刺激を受けたことによるところが大きいと思う。田舎出身の優等生になれず、こんな風になってしまったのは皆のせいだね（笑）。正直言って、武蔵では周囲からいろいろ吸収したいと思ったし、もっと平たく言えばこの連中と早く同類になりたいとも思っていた。それから、自分はガリ勉だったとは思わないけど、勉強は他の連中よりはしていたつもり。それは一つにはわざわざ高校から東京に出してもらっているし、成績は良いものを取って母親を安心させてやりたかった。だから中間試験や期末試験の前はちゃんと勉強した。武蔵の連中は試験の直前でも好きな科目でもないものは勉強しないし、それに比べてこちらの成績が良かったのは当然だと思うね。

**宇野**——ガリ勉の恥ずかしさはあるけど、それも裏腹だよね。教養主義には良さといやらしさと両面あって、一筋に努力してる人の反発を産みだす場合もあるし、難しいよね。

**岡**——さっき麻布、開成、灘と比べると社長が少ないと言ったけど、私は日本のメインストリームの企業で戦ってきたわけじゃなくて、端から銀行とか証券とか見ているわけだけど、役員になる四十代後半から五十代前半になる時の集中力たるや、ガリ勉に近い集中力のいやらしさがある。私なんかそういうもののお手伝いをしてお金を頂いてたわけだけど、あれは、武蔵の人にはできない。しらけちゃう。

**西谷**——競争社会に馴染みにくい体質がわれわれにあったことは認める。ガツガツしてない余裕派だって、昔からよく言われた。

**磯野**——私も三三年間新聞社にいたけど、偉くなるには、「この人についていく」とかやるんだよ。それが最後はうまくできなかった。

**宇野**——そうね。だけど問題は、日本の企業社会が人事的になりすぎてしまったということでしょ。かつては、バランス持った人がしかるべきところにいて、裁量と権限もって、あるいはオーナーシップを発揮しながら経営してたけど、今は勤め人が理論もないままバトルをやってるような、競争状態になっちゃってる。そういう今の企業社会で生き残ったとしても、あんまりいいとは思えないなあ。

**西谷**——日本をつまらなくしてる。……

磯野も最終的に出ざるを得なかったんだ？

**磯野**――居場所がだんだん……でもそこから大学、ってのは思っても見なかった。ちょっとこれは前田にしゃべってもらいたいんだけど、長男が武蔵で次男が開成で、キャラクターの違いがある。奥さんは学芸大附属から東京医科歯科大出て医者やってるけど、彼女は武蔵が嫌いなの。

**西谷**――前田くんは（高校受験で）両方受かって武蔵に来た。そこで比較論を滔々としゃべってもらわないとね。

**前田**――武蔵の方を選んだ理由は割と単純でね。開成の方が試験が先だったので、合格して入学手続きをしに行ったら、玄関に「第五回模擬試験百傑」と、高一から高三まで名前と模擬試験の点数が張り出してある。その後武蔵に行って年間行事予定をもらったら、スキー教室やら何やらイベントばかり並んでいて模擬試験の模の字もない。これはこちらの方が良いとノータイムで決めた。実際に次男を入れてみて分かったが、開成も決して受験校ではなくて、個人の個性が伸ばせるような立派な教育をしている。武蔵ほど自由放任ではないし、いろいろな意味で武蔵と比べていわゆるまともな学校だと思う。それから私の家内ははっきり言って武蔵があまり好きではない。亭主と長男を見て、次男は武蔵はやめようと思ったらしい。明らかに武蔵は母親受けする学校じゃない。父兄会に行っても、例によって教師の対応はいい加減だし、多分真面目にやってくれと言いたくなる母親が大半だと思う。武蔵にいる楽しさは通っている本人にしかわからないし、預けている母親にしてみれば、もう少しまともな学校に入れれば良かったと思うんじゃないかな。

## 武蔵のユニークさ、マイナーさ

**岡**――私は現在の教育との比較で何が武蔵の最大の弱点かというと、持続可能じゃないでしょ。よっぽど確信犯でやらないと。それが受験御三家ではなくなりましたとか。確信犯でいられるためには、頭のいい子を集めなきゃいけない。そうすると、結局、結果をだすこと、つまり東大に入れるという結果を出さなきゃいけない。それで母親を味方に付けなきゃいけない。わけのわからん入学試験をやるリスクのある学校は、受けさせない。塾の教師もそう言ったと。

**宇野**――それについては、まだ先があると思っている。武蔵の高校生はたしか六ヵ国くらいと交換留学やっている。日本の大学はしょうもないから、大学から海外に行こうっていう人が出てきていて、それがこれから効いてくるはず。「なんで私が東大に」という広告がよくあるけど、問題をパターンで解くトレーニングだけをたくさんやる予備校全盛の時代になってて、入る人の三割くらいは、それで入って来ちゃう。そういう人は、クリエイティヴィティとか、チャレンジングな面で弱いのが特徴。だから上級に進んだときに伸びない使えない人が増えたといわれている。人間的バランスにも課題があって、精神的な疾患のある学生は一割ともいわれている。大学がどこではなくて、高校を卒業してその後どう活動するかっていうのは、もう少し長い目で結論を急がないで見ていったほうがいいんじゃないか。いずれにしても、僕らの時代とはかなり違ってきている。

**西谷**――高校の評価は、大学の進学者数だけで判断できない。いろんな要素があるね。苅部直っていう東大教授が東大の学生が一番困ったもんだ、パターン思考しかできないし、独創的な判断ができないと言っていた。

**宇野**――いろいろな分野で競争力が減じている。むしろ研究分野が決まっていろんな大学から東大の大学院に入って来る人たちの方が力がある。

**岡**――じゃ、東大のお三方に聞くけど、東大の時、あなたがたはユニークだったの？

**宇野**――ユニークというは唯一性を持ってるということ？　変わってるつもりはなかったけれど、そして当時あんまり武蔵を好きじゃなかったけれども、地方出身の人から見ると、いかにも東京もんで武蔵ってかんじで、すかしたやな奴だな、と見られてたんじゃないかって思う。教養課程でやるようなことを、すでに高校でやっちゃってるわけだから、全然違うわけで、それがいかにも東京らしいっていうか……。

**岡**――宇野は良くわかるけど、牛口は？

**牛口**――文三で中国語クラスに入ったから、そこでは違和感はなかったけど、サークルとか入ると、東大に入ったことで自信を持っちゃってるやつがいて、それにはすごい違和感があった。「そんなすごいことなの？」って。必要以上に特権意識とか自信持っちゃってるのに対してね。そういうものに対する恥ずかしさはありました。

**宇野**――理工系は、一学年千人以上入るから、文学部みたいにある特定分野を目指して入ってくるところとは、だいぶ事情が違っていた。テストテストで勝ち抜いてきたタイプが半分以上いて、そういう連中とはなにか違いすぎて、こっちがノイローゼになりそうだった。浪人したり私学に行った人の方に仲いい友人が多かったから、正直、変なところに来ちゃったな、と思った。向こうからすると、こちらが変に見えてたんだろうけどね（笑）。

**牛口**――高校から大学では、授業も勉強の仕方も変わるっていうけど、あまり違和感がなかった。自分でやるっていう部分はひきずっていたし。

**西谷**――僕も文学部に行ったけど、そういうことを好きなやつがいっぱいいたから、居心地が良かった。ようやく話が通じる仲間ができたって感じ。まあマイノリティだからね。

**前田**――法学部も一学年六三〇人で、しかも専門になると工学部と異なって、大教室でのマスプロ教育だから、武蔵のような少人数の学校で生きてきた者には、土台馴染めない雰囲気にある。当時の法学部は、司法試験、公務員試験、外交官試験など国家試験を受ける人間が大多数で、四年の時にこれらの試験に合格しないと留年したり、学士入学したりして、もう一度トライするのが通常だったので、四年で卒業するのは約半数だった。武蔵の場合はこのような一般的な傾向に乗っかる人間も少なかった。とにかく役人になる人間も少ない。うちの学年では大蔵省に入ったM君と私の二人だけ。旧運輸省でも、私が一九七七年に入ってから、一九九五年に一人入省するまで武蔵OBはゼロ。権力なんて関心のない人間が多かったし、むしろアンチ権力を良しとする人間もたくさんいたからかもしれない。もっとも実際役所に入った人間からすると、権力は悪でも何でもないのだけれどね。(笑)

◀記念祭パンフレット表紙

**西谷**——岡は大学でサッカーしてたんだろ？　ＩＣＵの時に一年で得点王になったとか。継続性があって大したもんだね。

**岡**——ＩＣＵは体育会だけど、アメリカではクラブチーム。アメリカには、サッカーのプロになるために行ったんじゃないかとか言われてたみたい。そんなつもりは全然ないんだけど。

**宇野**——岡がアメリカ行っちゃって、Ｈも行っちゃって……日本の大学は見捨てられたな、って思ったね。

**西谷**——二年で行っちゃうのは早いよね。「今がこの時だ」と思ったわけ？

**岡**——いや、ＩＣＵもその時期学園紛争でロックアウトだったからね。ＩＣＵは単位を持って帰れるから、帰国子女は学年の途中で親のいるところの大学に行ったりするのがしょっちゅうあった。アメリカが『いちご白書』とかベトナム戦争とかぐちゃぐちゃの時代が終わって、カーター大統領の時代ってのが重要で、インテレクチュアルな人たちが左に振れて、つまり中道の時代になった。学校教育に関しても、多様性を言うようになった。メインストリームのアメリカを押しつけるのではなく多様性がベースになって、アメリカの教育が改善した。多様性を強調すると、「あなたがなに考えてるのか、どうしてそういう考え方なのか、何が違うのか」ってすごく言うようになるから、発言することがベーシックになる。これ、昔からそうだったと思われがちだけど、どうもそうじゃないらしい。メインストリームのアメリカに同化しなさい、っていう教育のなかでは、必ずしもそうではなかった。でも、八〇年代以降のアメリカの教育ってそういう変化があり、今に至っている。一番問題になってるのは、人種のなかで偏りが出てきちゃうこと。優秀な人はアジア人ばかりになっちゃう。もうひとつは、アメリカは多様性を求めるなかで外国人を入れるわけだけど、他国籍の人に対してビザをあげないから、みんなせっかく教育したのに自国に帰っちゃう。結局多様性も守れないということが言われている。

## 素晴らしい環境で僕らは育った

**西谷**——そろそろ時間がきたので、一言ずつ言って締めますか。

**宇野**——キャンパスが独特の所だったと思う。ああいう空間と環境だったから、今日の議論で話題となったさまざまなことが可能だったという面がある。

**西谷**——卒業後もずいぶん江古田には関係は深かった。駅前にストアハウスっていう小劇場があって、そこで演劇講座をいろいろやっていたんだ。唐十郎や佐藤信や別役実らを呼んで対談したりとか。そのことを聞きつけた日芸の先生が、ここまで来てるんだったら、日芸にも来てくれということで教えることになった。

**宇野**——江古田つながりは今でも深いです。武蔵野音大や日大芸術学部や武蔵がある学生街だからね。街は大切。

**西谷**——カルチェラタンっぽく成熟したね。ライブハウスとかもできたし。僕らがいる頃は砂嵐吹き荒れる練馬の田舎の学校というイメージがあったけど、卒業後は小さなカルチェラタンになった。

**中村**——江古田には「バディ」という有名なライブハウスがある。まとめるならば、この時代は僕らの意識に基底のものとしてあった法律などが、一度ゼロになった時代だと思う。学生運動により、本当に無法地帯ができたり。「ゼロ地点」を見た我々は、少し自由になったのかもしれない。その上、武蔵というほとんど規制のないところに居た。時代と学校から精神的な自由をもらったというところかな。勉学の方ではエリート向けだったから自分に向いてたかどうかはわからないけれど、今の仕事に付いてみると、あの多様性が大きな栄養になったのかと思う。

**西谷**——マイナーな科目からの影響が大きかった。数学や英語とかだけではなく。

**牛口**——国語とかもとくにそうだった。

**西谷**——受験に弱いとか言われて、教師も肩身狭かったんじゃないの。そういうマイナーな所の先生たちとのつきあいが良かった。

**牛口**——僕が生まれ育ったのは浅草で、あのあたりのできる子はみんな開成だった。西武線の沿線に引っ越して、中学受験の時、学芸大附属と武蔵の両方を受けて、どちらも受かったんだけど、武蔵を選択した。確かにあの時代っていうことの影響もあると思うけど、じゃ、学芸だったら、開成だったら、って考えると、その後がけっこう違っていたと思う。そういう意味では、仮に東大に入ったところまでは同じだったとしても、そこから先の動きとか、そもそも文学部に入ったことが、武蔵じゃなかったらなかったかもしれない。中学の時は完全に理系志向だった。それががらっと変わっちゃったのは武蔵が影響している。

**西谷**——牛口は典型的な学者肌。なぜ学者にならなかったのか。朝鮮史を続けてたら第一人者になってたと思うよ。

武蔵

発行所
武蔵高等学校中学校
報道班
郵便番号176
練馬区豊玉上1の26
電話（991）1191

◇班員募集◇
年令を問わず
やる気のある人

# 記念祭小委員長
## 祭の会会長として

広川　明

「武蔵」という新聞に、自分の書いたものがのるとは誠に光栄のいたりであるのだが、きょうは何と言ってもクリスマスイヴ。世の中の憩いことは一切忘れ去って、しばしの快楽を味わうべくもうけられた祭の日である。そんな日に一人机に向って、原稿用紙にとりくむ寂しさは何とも言えないものがある。

正直言って、一〇枚も自分の記念祭に対する意見を書く力量もないし、書いてみても始まらないと思うのである。非常に馬鹿々々しくてお話にならない、「長」という肩書きのついた者の「ぐち」を聞いてくれ給え。

選挙で声を大にして言った具体的な面は、省略して、記念祭は祭であるというくだりについて少しばかり書くことにしよう。四月十七日は、我が武蔵の誕生日だそうである。そして、この日の前後に、文化祭をやって武蔵の新しい歩みの区切りや出発点としたいというのがそもそもの、この祭の主旨であったということを伝え聞いている。これは全くその通りであって近年までそういう意見を耳にしたように思う。しかし残念ながら、そういう主旨のもとに行なわれた記念祭は成功とは言えなかった。今回は純粋に祭であるという主旨で行なうのだけれど、これもまた成功するとは限らない。故にここで我が武蔵の土壌について考えを進めていかねばならないのではないかと思うのである。我が、前途洋々、やる気ムンムンの伝統ある武蔵について考えみなければならないと思うのである。

武蔵は旧制高校の端くれで、その確固たる自負をもって、戦後も栄光を求め続けてきたのだ。見給え、諸先輩の暖かい眼差しを！我々がいかに期待されているかを知り給え！そんな武蔵の求め続ける栄光とは一体何か？我々が聞かされてきたのは、「自ら調べ、自ら考える人間を作る」ことを通して進んだ学力をつけるということである。しかしそれは内部的な、美しい言葉であったように思える。いくらうちわで、いい子になっても世間から孤立しては、我が武蔵の立場はかんたんに消滅してしまうのだ。つまるところ、武蔵の栄光は受験校としての栄光であった自らは意識していないのだけれど結果としてそうなっただけのことだというような言葉ではおおいかくすことのできぬ程、武蔵の前途は厳しいものがあったのだろう。「灯台」への進学率に比例して増えるもの好きな親たちは、一体何を意味するのか。

ここで我々はこうした武蔵の生きる道と共に、我々自身の立場も明らかにしていかねばならないように思われる。我々は、あくまでこの武蔵に染まり切った人間であるようだから、でかいことは言えないだろう。我々の愛する、おとっつあんやおっかさんは、汗水たらして働いて？我々ガキ共を高度に教育させるべく武蔵につっこんだのだろう。そのガキ共は初めのうちはしおらしく武蔵の生きる道を守り続けるのだが、どうしたはずみかそのうち、反〇×をとなえる旗が出現する。一方最後までしおらしい連中もいる。しかし、よーく考えて見ると、結局皆、同じような気がする。最後は大学って言う所へ落着く道しかないのだな武蔵というフラスコの中で、ゴチャゴチャやっていた連中は、最後は、フラスコの細い出口から出て行くんだから。フラスコをぶちこわす者はいないのだ。何故って、ぶっこわせば、自分も死んじゃうんダモンネ。

我々はこうして武蔵の生きる道を日々力強く擁護し続けるという輝しい立場にいるのだ。そしてその輝きは、まともにいけば、まあ一生ついて来てくれるだろうっていう有難いしろものだから助かるのだ。しかし反対につらいことはその輝き以外では、まず生きていけないだろうっていうことだ。とにかく我々は、こうした囲いの中で、実に生き生きと、飼育させられて、もう他の所じゃ生きていけないようにおなりにあそばされているので、この囲いをこわす力もないのだろう。時たま空しい抵抗の声が聞こえないこともないけれど、アメ玉でいともかんたんに葬りさられてしまうようだ。本当の抵抗って言うのは、外からフラスコを、イスのかどで思い切りぶち破るんだと思うけれど、ただし外は真空なんだから、宇宙服やその他諸研究が必要だと思うのである。

このような武蔵とその人々の状況を見ると何か非常に空しくなるのではないか。時々、旗ふって、メットかぶっても、ちゃんと帰る所があるんじゃ、やった気がしないだろう。それとも社会の泥にまみれる勇気があるかな。我々は、我々のしかれたレールをとりはずすなんてことは、多分しないだろう。我々には、こうした積り積った不満があるような気がする。これをちょっとフラスコの中で燃やしてみようじゃないのっていうのが、何をかくそう記念祭じゃないかと思うのである。そう、非常にケツの穴の小さいことなんだね。「笑えもしないこっけいな話」というわけで、親切にもフラスコにはちゃんと、浄化装置がついてるので後は何にも心配がいらないという寸法だ。そう、だからせっかく燃やすんだから派手にっていうのが、記念祭は純粋に祭であるっていうことになるのである！

ところで、またフラスコの中じゃ、時々異常な反応が起っているのだけれど、ルシャトリエの原理で、新たな平衡に達するということになっている。

以上のような主旨の記念祭を心苦しくも認めていただきますと、一体どんな風にやろうかということになる。

まず、公約として、いわゆる中・後夜祭の重視をあげたけれどこれは何としても貫徹したい。中夜祭その名は〈In Need〉

In Needを成功させよう。

In Neebは、祭の中心である中心として ぶちかます。"Big Rock and Folk and Jazz and Talking etc. Festival."、会員が集まって、話をして、歌って、踊って……欲求不満の発散の場を作るのだ。空しい何かを少しはふき飛ばそう！その時だけは、一切を忘れて、本能にまかせよう。教師が何でえ、親が何でえ、大学が何でえ、失恋が何でえ、その時、ぐらいは気を大きくしよう！

そして、これはいつも形を巻きわねばならないと思う。諸君は期待されている。

ここで例年、実行不可能となっている事を紹介したい。①3日案 これは一昨年、記念式を含めた形で行なわれたが、中だるみが目立ち反省事項ばかりで去年はまた2日にもどっているものである。毎年、大多数の生徒が支持するにもかかわらず、具体的な3日間の日程がないというので、あっさり教師会で、けられているものである。これは具体案のとぼしさと共に、全生徒の強力なバックアップがないからと思う。すべての生徒諸君！声ある多数として動こうではないか！②模擬店、A衛生面、保健所の許可などでかなりの困難が予想されるのである。B金銭面、もうかった時はいいのだけれど、損した時は？、C教師会の先天的恐怖感などである。これもまた全生徒の声を必要としている。この他にも、制作団体の代表者の消極性等問題はあるけれど追って御報告したいと思っている。すべての生徒諸君！みんなのやる祭であるよ！みんなで困難を切りぬけて楽しくやろうではないか！

そろそろ種がつきて一〇枚に達することができなくなりそうだ。

前にも書いた通り、この祭は悪あがきなりに徹底的に悪あがきにしようとするもので、それには、すべての生徒による、すべての生徒のための、すべての生徒の祭であることがなんとしても必要なのである。みんなで祭をやるのだ。各自、目的は違うだろうし、目的なんぞ、くそくらえっていう者もいるだろう。みんなで、各自の役割りを自覚し、楽しく祭をやろうではないか！

最後にスローガンを……

◇楽しい祭を！みんなで！
◇In Need を成功させよう！
◇G rls Hunt!
◇女の子に負けるな！

それでは、すべての生徒諸君、ならびに、諸先生方に、長ったらしい「ぐち」を書いたことをおわびしつつ寂しいクリスマスイヴを改めてかみしめることにしよう。

一九七〇・一二・二四

# 映

「映画／る。」こ／画監督が／近ごろ／の映画に／つまり、／通点であ／最近では／「明日に／画があっ、／は、あの／しろい」、／しろさだ／ても、そ／もちろん、／を含む撮／監督の演／ろさ」を／ある。た／っていた／うもない／人が言っ／金さえか

# ベートーヴェン生誕二百年を終って

明

昨年はベートーヴェン生誕二百年記念の年にあたった。ベートーヴェンといえば、わが日本ではバッハより有名だそうである。そして毎年年末には、必ずといっていい程、「交響曲第九番『合唱』」の演奏会が行なわれる。そのような理由で、昨年は数々の演奏会やレコーディングが行なわれた。そ

ーが共演。という大演奏家達が集まって出来たレコードもあった。このように日本では、いや、日本だけではなく、世界のいたる所でベートーヴェン二百年記念のための特別な企画が、実行された。もちろん、ほとんどの人が名前位は知っていると思う。そして家には何かレコードがあるだろう。僕は

もめに／日に毎週／にかく、／通って、／う事とな／当日の天／それでは／と思う。／まず、／線は歓楽／て踊りも／川を渡る。

# 本年祭を終って

―通経済のひずみであろうか？―

た。

**牛口**――それはどうかわからないけど、会社に入ってからも、毎年論文書いたり、仲間と『ソダン』ていう雑誌を作ったり、しばらく引きずってはいた。一方で、出版の世界でも、学術情報の世界でも、「流通」って、どこか軽視されているところがあって、ちょうどシステム化、ネットワーク化の中で、「中抜き」対象みたいに扱われることに抵抗があって、天邪鬼だからね。さっきの宇野の「信頼性をコミュニティが作りなおす」という意見があったけど、すべてが直接結びつけられるのでなく、仲介者の役割も重要じゃないかって、ね。でもって、社内のシステム作りに没頭したりした。まがりなりに、今も紀伊國屋が「独立した本屋」でいられることに、多少は貢献したのかな、とは思っている。

**磯野**――親父と叔父貴と兄貴と自分と長男が武蔵にお世話に入った。私は世田谷区立の小学校から行った。受験する同級生なんかほとんどいなかった。学級委員長とかやって、優等生だったけど、武蔵に入ると結構大変だろうなと思っていた。

エリート志向なものが武蔵にあって、漫画の話になるんだけど、『ガロ』や『COM』、こういうものが分かってるぞ、っていう刺激は受けましたよ。あの時代の年表を見てたら、中一の時に『あしたのジョー』の連載が始まってる。テレビだったら『ゲバゲバ９０分』とか。そういう映画、テレビ、コミックに刺激のある時代だったと思う。

**西谷**――そういうことを書いてよ。あとは武蔵の精神史。

**岡**――いろいろ言いたいことは言わせていただいたのでとくに最後の一言はないのだけれども、とにかく武蔵の六年間が今齢六十に届きそうな自分の人生の基盤を作ってくれたのは確かだと思う。

**前田**――武蔵での経験についていろいろコメントしたけど、一言で集約すれば「楽しかった」ということに尽きる。武蔵の同級生ももちろんいろいろな人がいたけれど、これも一言で言えば、私にとっては「面白い連中」ということに尽きる。それと、岡と同じで、武蔵での三年間は私の人生に極めて多大なる影響を与えた三年間だった。

**西谷**――それでは今日はこれで終わりにしましょう。長時間、どうもお疲れさまでした。

（二〇一二年七月八日　新宿にて）

# II 文化・芸術の周辺

# クレバス——時空の裂け目

中村明一

## 1　新宿騒乱事件

真っ黒に焦げていた。ホームは墨を塗ったようだった。見たことのない新宿駅の姿だった。私と友人は毎日新宿駅で乗り換え、中学校に通っていた。しかし、その日私たちが立った新宿駅は、いつもと全く様相を異にしていた。

一九六八年一〇月二一日は、国際反戦デー。新宿駅はベトナム戦争反対を叫ぶヘルメット姿の学生たちであふれ返った。全国で米軍基地撤去・米軍タンク移送反対・沖縄奪還のスローガンのもとに、ベトナム戦争に加担すべきではないと、さまざまなデモが繰り広げられ、防衛庁、米大使館、麹町署などへ押しかけた反日共系全学連各派は夕方新宿駅に向かった。新宿駅を通って中央線経由で、米空軍の横田基地へ送られるジェット燃料輸送を止めようとする実力闘争だった。午後七時頃には各派合計約二千人、一般大衆約二万人が駅周辺に集結、線路、ホーム、駅舎に乱入、機動隊と衝突、一大闘争を展開した。

「新宿騒乱事件」と呼ばれたその次の日だったのだ。すべての蛍光灯が割られ、ホームの上も火炎瓶の焦げ跡で、真っ黒になっていた。壊れた仕切りの向こうに見える歌舞伎町も、靖国通りも黒焦げになっていて、まるで戦争の後のような、しかし妙に静かで平和な部分もあった。

建物などは、ほとんど壊れておらず、蛍光灯の割れた管がそのまま付いており、ガラスの破片は全て片づけられ、きれいに清掃されている。そういったところが、かえってその異様さを際立たせていた。

私はその凄まじい光景を見て、なんとも形容のしがたい不安に襲われた。

「一体今はどういう時代なのだろうか。」、「これから自分たちは、この世界はどこへ行くのだろうか。」

規制、規則などできれいに塗り固められた白い壁の裂け目から、漆黒の中に蠢く大きな力を持ったものの存在に触れた気がした。前にも後にも感じたことがないほど大きく、また恐ろしくもあった。あれは一体何だったのかという問いは、現在まで続いている。

この年が、日本の高度成長のピークであった。当時この状態がさらに上昇していくと誰もが思っていた。しかし多くの分野で、一九七三年の「オイルショック」へ向けて、少しずつ下降して行ったのだった。

## 2　一九六七年以前

それでは、今回テーマにしている一九六七年からの世界の動きは、どういった前提から起こったのだろうか。

一九五六年に「もはや戦後ではない」という言葉が出て、日本は第二次大戦で打ちのめされた状況から、立ち直って来たところであった。一九六四年の新幹線開通、東京オリンピックなどに象徴され、私たちの生活も西欧に追いつくという感覚を皆が持ち始めた時だった。

世界は東西冷戦の中、一九六二年のキューバ危機など強い緊張感の中にあったが、大きな戦争もなく、高度経済成長が続いていた。しかし、依然西欧と他の国々との差は非常に大きかった。一九六五年にはベトナム戦争が始まった。それは一九七三年のアメリカ軍撤退、一九七五年サイゴン陥落まで続いた。

ビートルズは、一九六四年アメリカに進出し、一九六六年来日した。そのころ、倍音が少ないギターの倍音を増加させ、コントロールする、ファズ、ワウワウが出現した。シュールレアリズム宣言、グレン・グールドのコンサート・ドロップ・アウト、コルビュジェ、ガウディ―の死など、文化的にも、この時点で二十世紀における大きなことは既に成し遂げられた感があった。

西洋音楽の発展にはブレーキがかかっていた。西洋音楽はグレゴリオ聖歌のころから常に技法的な発展を遂げてきた。したがって、その発展がさらに続くと多くの人が考えていたのである。しかし、記号化された音では、限界がありその発展が止まってしまったのである。その順列組合せもすべての可能性が尽きたとさえ言われた。

その可能性が尽きた時にまさにその喉元に匕首を突き付けたのが、ジョン・ケージの『四分三三秒』であった。この曲は、ピアニストが、ピアノの前に座り蓋を開け閉めするだけで、ピアノは一切弾かないという曲だった。記号化された音に対してNOを突き付け、人間と音の根源的な関係を提示したのである。

このころのことで、個人的によく覚えているのは、父が元日本史の教師であったこともあり、一九六〇年代を通じて、毎年京都や奈良などの寺社仏閣、仏像、庭園、墓などの史跡巡りをしてくれたことである。これは、後のものの見方に大きな影響があった。

一九六六年までのこの時代は、多くの分野において、一九六七年以降のお膳立てが念入りにされているように思われる。そして、一九六七年は、ジョン・コルトレーンの死から始まる。

## 3　大衆の力

一九六七年以前の大きな傾向としては、体制、支配者側の力が強く、それに対して、大衆、メディアの力は非常に小さかったと言っても過言ではないだろう。しかし、民主化、経済の発展などによって、少しずつ大衆、メディアに力が備わってきたときと考えられる。

この時代までは、憲法、法律、条令、規則といったものは、既定のものであり、それらは、全て作り直すことが困難で、また従わなければならないという感覚が強かった。しかし、この時代に起こったさまざまな事件に遭遇するたびに、この世界に既定のものなどない、という思いを新たにしていかねばならなかった。全く既定のものが崩れ去った、精神的な焼野原に、様々な事件のたびに連れ戻される気持ちがしたのだった。全ての座標軸において、ゼロの地点を見、体験した。このような感覚を持っていたのは、私だけではなかったろう。意識の面で、経済的な面で立ち上がり始めた大衆も同じ感覚を持っていたに違いない。

実際に、フランスの「五月革命」が呼び水となり、西ドイツ、イタリア、日本を始め西側の諸国の大衆が立ち上がり始めた。確立された体制に対して様々な運動が起こった。「プラハの春」のように、東側も立ち上がり始めた。当時大衆は、経済的に一段階上がり、世界が変わるそのステージに登場したのだった。その根底には、哲学、政治思想、文化、芸術などの変革があり、全ての分野で地殻変動が起こっていた。

大衆の無意識の力が多くの分野で頭を持ち上げてきていたのだ。私と友人が新宿駅で崩壊の奥に見たのは、世界中の大衆が作る無意識の大きな力だったのかもしれない。

そして、そこに常に存在していたのは、ベトナム戦争だった。大衆は、アメリカ軍に確立された体制を見、ベトナム人民に自分たちを映し出していた。ベトナム戦争は大衆の運動のシンボルとして、最終到達点として存在していた。この時代は、言い換えれば私たちの中学・高校時代は、体制側が行うベトナム戦争と、それに対峙する大衆に象徴される時代だった。そして皆が様々な状況でその相似形を自らの中に持ち、そこで闘っていたのである。

当時は、メディアも押さえつけられていた。体制、為政者の側の権力が非常に強かったからである。現在のような状態になるまでには、長い歴史が必要だったが、その転換点になったのが、この時代である。少しずつ蓄えられてきた力は、体制も、大衆も動かす力を持ち始めていたのである。

ポジティブな動きとしての経済成長、それに伴う文化の広がり、深化、ネガティブな動きとしてのベトナム戦争、その反行型の中で大衆、メディアが力を持って行った時代といっていいだろう。そして、大衆とメディアの力関係が、唯一幸福な時代だったと言えるのではないだろうか。これ以降、体制、大衆に比して、さらにメディアの力が年々強くなっていったのだった。

そして、これらは私の中学・高校の六年間に同期していた。

## 4 倍音

突然であるが、ここで、倍音というものについて説明したい。一般に一つの音として聞こえるものでも、多くの音が複合したものである。そこに含まれるものが、倍音である。この倍音により、音色は作られる。同じ「ド」の音でもピアノと三味線の音が異なるのはこのためである。

この倍音の高域の成分は、壁に反射すると吸収されてしまう。したがって、石造りの部屋などでは、高域の倍音は聞こえにくくなってしまう。風呂屋で言葉がわかりにくいのはこの為である。

西洋音楽は、石などのかたい材料でできた建物内で、作られ、演奏され、聞かれてきた。したがって、西洋音楽は、世界でも最も倍音を使わない特別な音楽と言っても過言ではないのである。西洋では、音楽から倍音の成分を極小化し、音楽の重要な三要素、音高、時間、音量を記号化した。

倍音を少なくし記号化されたために、より操作性が向上するとともに、普遍化されたのだ。普遍化されたために世界中の誰でもが扱えるものになった。ドイツの作曲家の曲を、日本人がプロフェッショナルな演奏として提示できるのも、このためである。

記号化により、五線譜というその音楽の再現性が高い譜が生まれ、この譜の習得度により階級性が現前した。これにより西洋音楽は、文化的支配の道具としての有用性を発揮していったのである。

西洋音楽は、西洋諸国の世界進出と共に世界に輸出された。西洋諸国が、各国を支配すると共に、体制側の音楽として強制的に浸透させられていった。五線譜を学ぶことができる余裕のある人々から少しずつ浸透していき、各国の伝統的な表現手段を壊滅させていったのだ。それぞれの国特有の言い回し、抗議、反抗、風刺、揶揄、笑いなどの主要な表現は、倍音により表されることが多い。それが押さえつけられたのである。

そう言った傾向への抵抗の第一歩となったのは、ロックの登場だった。

## 5　中学一九六七－一九六九

私は、武蔵中学に入学し、その自然、校内環境、クラブ活動などの素晴らしさに驚き、あまりの嬉しさに、サッカー部、水泳部、柔道部に入部した。

そしてその授業の自由さに更に驚かされることになった。特に印象的だったのは、授業で読ませる本の多さだった。『文鳥』、『夢十夜』（夏目漱石）、『君たちはどう生きるか』（吉野源三郎）、『激流』（高見順）、『楡家の人々』（北杜夫）などを授業で読んだ。また参考書として挙げられた、『ソクラテスの弁明』（プラトン）、『ロウソクの科学』（ファラデー）、『ガモフ全集』（ガモフ）、『現代政治の思想と行動』（丸山真男）などにも興味を膨らませて行った。

その中でも特に印象に残ったのは『君たちはどう生きるか』だった。この本は、何も考えていなかった中学一年生に、社会システムの中で生きているということを強く印象付けた。

街を眺めながら、主人公のコペル君が叔父さんからそのことを教わる場面、そのイメージが強烈であった。四五年以上たった今も、そのイメージがまだ鮮明に残っている。

もう一つの印象深い授業は、数学者であり大阪大学の総長でもあった校長の正田健次郎先生の数学の授業だった。

頭の体操のようなものを解いたが、解法がいくつもある、いくつでも考え出せるという点に強い興味を持った。

当時、欧州共同体が六ヵ国で成立、ASEAN結成、キング牧師暗殺、ロバート・ケネディー暗殺、フランス「五月革命」、ワルシャワ条約機構軍がチェコスロバキアに侵攻(「プラハの春」)、アポロ一一号月面着陸など、世界中で大きな出来事が起きていた。

日本はGNP世界第二位となった。高度経済成長に伴い、政治、経済は安定し、強い力を持っていた。しかしその一方で大きな歪みも出てきていた。公害、公害病の発生、および都市部の過密と地方の過疎が問題となってきていた。自民党の長期政権に対して、批判も集まっていた。美濃部革新都政もそのような中で実現した。

そして、テレビ、電話などがほとんどの家庭に備わっていった時だった。経済的な余裕から、文化的な面にも光が当たるようになり、文化庁も発足した。

オリコン・ランキングが開始された。自分で探した良い音楽を買い求めるのではなく、メディアが示した最も人気のある音楽を買い求める、という方へ向かい始めたのだ。

前述の新宿騒乱事件など学生運動も頂点に達し、非常に激しかったが、そこに未来を託していた人も多かった。

そういった背景の中、毎日が激動の日々であり、そして私自身も自分を見、社会と関わり始める時だった。

学校からの帰りがけに、新宿の中古レコード屋によく行っていた。そこでは見本盤が出回っていて、コストを掛けず、最新の音楽に触れることのできる場所だった。そのころはロックという棚すらない。男性ボーカルというジャンルの中で、パット・ブーン、エルビス・プレスリーなどを眺めている中に、突然飛び込んできたのが、他のレコードと全く違う世界観をもったジャケットだった。それは、ジミ・ヘンドリックス。

踵にひびが入り、サッカー部を辞めた私は、ギターを抱え、友人とフォークソングのバンドを組んだ。そして音楽漬けの日々となっていった。その歌詞でメッセージを伝えるフォークソングに魅力を覚えると同時に、社会を変える力を持っていると感じていた。しかし、音それ自体を強く押し出すロックに強く魅かれ始めていった。自分自身もフォーク・バンドを止め、ロック・バンドを組み、ロックのギターにのめりこんでいった。

ビートルズが世界を席巻し、これ以降音楽市場が世界的なものへとなっていった。R&Bがヨーロッパに上陸、レゲー、スカが誕生するなど黒人の音楽が世界に認知され始めた。現在、世界のポピュラー音楽の主流は、黒人音楽であるが、その種(たね)はこの時期に蒔かれたといえる。

ヒッピーが生まれ、大衆から発生した文化、カウンター・カルチャーが花開いてきた。「ヒューマン・ビーイン」というヒッピーのイヴェントがカリフォルニアで開かれた。ヒッピーの活動が公に社会運動、政治運動化した初めの集会であった。ジェファーソン・エアプレーン、グレートフル・デッド、鈴木大拙などが参加した。

そして「ラブ・アンド・ピース」を掲げた歴史的なモンタレー・ポップフェスティバルが開かれる。ここでは、ジミ・ヘンドリックス、ジャニス・ジョプリンがデビューし、オーティス・レディングが一般的な層にも大きな評価を得た。

その九日後にビートルズが『愛こそはすべて』を歌った。史上初めて宇宙衛星が五大陸を結んだ放送だった。ベトナム戦争を含め、東西両陣営が覇権争いをしている中でこの歌を歌ったことは、世界に非常に強い衝撃を与えた。世界の大衆に対して、同じ大衆の立場から、愛、平和といった、政治的な伝達事項でないことを世界同時に初めて伝えた、歴史上の大きな出来事であった。

その時私がよく聴き、演奏していたのは、前述のビートルズ、ジミ・ヘンドリックス、クリーム、ブラインド・フェイス、ジェファーソン・エアプレーン、ドアーズ、ピンクフロイドなどだった。その中の一つビートルズの『サージェント・ペパーズ・ロンリー・ハーツ・クラブ・バンド』はアルバム全体で統一したメッセージを打ち出す、トータル・アルバムとして歴史的なものとなった。

一九六八年には、歴史的なバンドがデビューした。レッド・ツェッペリンである。リフと呼ばれる、短いフレーズをギターとベースで繰り返す根源的な方法で、ロックの様式の一つを確立した。後のヘヴィー・メタル、ハード・ロックの元祖となったのである。

また、ジョン・レノンは、平和のためのベッド・インを行い、『平和を我等に』をレコーディングした。私も学校から帰ると、ギターを弾きながらこの曲を歌った時があった。

そして、一九六〇年代を集大成するかのように、「愛と平和と音楽の三日間」と呼ばれた「ウッドストック・フェスティバル」が開かれた。ここで、ジミ・ヘンドリックスが多くの倍音を自在に操りながら演奏したアメリカ国歌『星条旗よ永遠なれ』は、既存の体制、社会、芸術、音楽などに対する強い批判を込めていることを多くの聴衆に感じ取らせた。日本中のバンドがこの真似をし、私も真似をしていた。

このフェスティバルは、音楽イベントとしてのみならず、ヒッピー時代の頂点を示す象徴と捉えられている。当時のカウンター・カルチャーを集大成した、人間性回復のための、そして平和を求める集会でもあった。しかし、この数ヵ月後のロック・コンサートで殺人が起こり、幻想は一挙に吹き飛ばされ、この後「ウッドストック」と同様のフェスティバルは二度と行われることはなかった。


音楽というのは人間にとって非常に大きな部分を占めると同時に、社会においても大きな部分を占めるコミュニケーションの一つである。特にこの時代は、カウンター・カルチャーが大きく花咲きかけていた時代だったので、音楽が社会に影響する部分も多く、また社会が音楽に影響する部分も多かったのだ。

このような状況の中で学校に行くと、クラスには中核派に所属している友人も、民青の友だちもいた。その中の一人が教師に言う。「今日の授業はやめて、来る七〇年安保の是非についての討論会に変えたい」、「何月何日は全校デモにしたい」、教師も「それは重要なことだから授業を止めて討論にしよう」と言っている時代だった。

そのような時、社会の夏休みのレポートで、一市民の目から見たナチスのファシズムの台頭について書いた本を基に、一市民の政治的姿勢、行動について書いた。担当の先生は、レポート用紙一枚に細かい字でびっしり真摯に講評を書いてくれた。一市民としての姿勢についても言及されていた。一四〇人のものを読むだけでも大変であるのに、これだけの気力、労力を割いていただいたことに感動し、頭が下がった。一人一人の社会に対する分析力、意識、小さな行動力が大切であるということを教わった。教師としてだけでなく、一市民として世の中を少しでも良い方角へ向かわせるために努力するという姿勢に対しても胸を打たれた。


私達の何人かは、わかる、わからないにかかわらず「朝日ジャーナル」を読み、「平凡パンチ」を買い、私の家庭では父が「思想」、「世界」、「文芸春秋」、「諸君！」などを読んでいた。

周りには常に政治が氾濫していて、親子でも討論するし学校でも討論、通学時には黒焦げの新宿駅を見、テレビではベトナム戦争、学生運動が火花を散らしているのを見ているという時代。

それが日本における私の周りの縮図だった。世界もその当時、様々な意味で混乱していて、それがジミ・ヘンドリックスにも影響し、ジミ・ヘンドリックスもまた我々に、政治に影響を与えていたのだった。

新宿西口広場にギターを持って集まり、歌う「新宿西口フォーク・ゲリラ」も、佐藤栄作政権を揺さぶったとも言われた。そのため新宿西口広場は、「広場」ではなく「通路」であるとして、立ち止まることを禁止された。私自身もギター・ケースを持って西口広場を通ると、警官に「立ち止まるな」と追い立てられた思い出がある。また、音楽の社会性、政治性について言及することの多かった「ニューミュージックマガジン」も創刊された。

ベトナム反戦、ロック、ドラッグを扱い、ヒッピーの新しい生き方を描き、世界中を席巻していたミュージカル『ヘアー』が日本に上陸した。日本の中では、大きな社会現象になった。

ロックはすごい勢いで変遷していた。単純さがその大きな特徴であったロックであるが、現代音楽の演奏家でも困難なことを軽々と成し遂げ、しかもそこに即興演奏するというプログレッシブ・ロックが現れ、その旗手の「キング・クリムソン」がデビューした。

もちろんそのような状況で私も非常に大きな混乱を来していた。社会を良くするということに関心を持ち、一方自分自身では科学者になりたいという夢を持ち、毎日の行き帰りに、『物理の散歩道』、『ガモフ全集』などを一生懸命読んでいた。同時に文学や芸術への興味もふつふつと頭をもたげ、それも抑えることができず、芥川龍之介、夏目漱石、カフカ、カミュなどを読み、ただ何に集中するということもなく、ひたすら振り回されているという状況だった。

世界では、ベトナム反戦運動、公民権運動、ウーマン・リブ、フリーセックス、ドラッグ・カルチャー、民族意識の高揚などによって、若者たちの意識、価値観はこの時期を境に大きく変化しようとしていた。

試験が終わった後は、気晴らしに映画、コンサートなどに友人と良く行った。『勝手にしやがれ』、『気狂いピエロ』、『昼顔』、『欲望』、『真夜中のカーボーイ』、『サテリコン』、『アポロンの地獄』、『イージー・ライダー』、『テオレマ』、『王女メディア』などを見た。これらの中のいくつかは、「アメリカン・ニュー・シネマ」と呼ばれ、「成功」、「夢」といったものの代わりに「新しい価値観」、「ベトナム戦争」、「体制の腐敗」、「人生の無意味さ」、「セックス」、「ドラッグ」、「暴力」といったものが素材となっていた。既成のものを壊し、新しい夢を見るが、最後は挫折するというものが多かった。多くの映画の中でも非常に強い印象を持ったのは、パゾリーニの『アポロンの地獄』だった。オイディプス神話を基にしたもので、自分も人生という運命の崖上を歩いていることを知らされた思いがした。

ジャズでは、まさにマイルス・デイヴィスの独壇場であった。『ソーサラー』(一九六七)、『ネフェルティティ』(一九六七)、『マイルス・イン・ザ・スカイ』(一九六八)、『キリマンジャロの娘』(一九六八)、『イン・ア・サイレント・ウェイ』(一九六九)、『ビッチェズ・ブリュー』(一九六九)といったアルバムを次々と出し続けた。この三年余りに、それまでのジャズの歴史八〇年の進歩よりも、大きな変化を作り出したのだ。通常のジャズ・コンボのスタイルから始まり、『ビッチェズ・ブリュー』の時点では、大編成のエレクトリック・バンドとなった。そしてこの時のメンバーが後のジャズ・シーンを牽引して行ったのだった。

一方フリー・ジャズではオーネット・コールマンが『ラブ・コール』を出し、気を吐いていた。このアルバムに感化され、フリー・ジャズに踏み入った私は、『フリー・ジャズ』などの一九六〇年代前半のアルバムを聴きだした。またピットイン、およびそのニュージャズホールなどにもよく行った。驚いたのは、同じ中学生が、ピットインでフリー・ジャズの天才ドラマーとして、衝撃的な演奏でデビューしたことだった。技術的に及ぶべくはないものの、このような安穏とした中学生活を過ごしていてよいものかと思った。「音楽」、「科学」、「文学」、「社会」など興味は多岐にわたってあるものの、自分の中に蓄積されたものがないということ、どれか一つに集中できないということも含め、疾走する社会の中で強い焦燥感にさいなまれていた。

## 6　高校一九七〇－一九七三

個人的な状況としては、受験もなかったので何事もなく高校に進学した。しかし、世の中は相変わらず激動の時代の真っ只中だった。

世界では、核拡散防止条約、バングラデッシュ建国、ドル・ショック、ウォーターゲイト事件、パーソナル・コンピューターの出現、ビートルズ解散、ジミ・ヘンドリックス、ジャニス・ジョプリン、ジム・モリソン死亡、現代音楽の衰退、ストラビンスキー、ルイ・アームストロング死去。そしてロックが音楽の主流となった。

日本では、万国博覧会、日航よど号ハイジャック事件、三島事件、日米安保自動継続、水俣病、スモン訴訟、光化学スモッグ、環境庁発足、浅間山荘事件、テルアビブ空港乱射事件、沖縄返還、日中国交正常化、ウーマン・リブの最初の集会などがあった。

体制側の歪みが強く出てきたという面と、大衆、メディアの力が強くなってきたということが顕著になってきた年代だった。それらと共に新左翼の運動が大衆から離れ、支持を失うとともに先鋭化していった。新宿騒乱事件以後、一九六九年の東大安田講堂事件から大衆は急速に新左翼の運動から離れて行った。

また、夢のような世界と思われていた、ロック、ヒッピーなどの文化の歪みが顕著になり、その社会的な力は急速に下降して行った。

自分自身、どちらかと言えば新左翼が、世の中を良くする起爆剤になるのではないかという淡い期待を寄せていたが、一九六九年以降新左翼には、全く希望が持てなくなった。それまでは、強く関心を持ち、本を読み、親、友人と討論といったことに、多くの時間を割いてきていたが、方向が少しずつ変わっていった。

世の中では、「物から心へ」と言われるようになった。物質文明が進んだことへの反動が起きてきたのだ。

このころ、急にロック・バンドが来日し始めた。「フリー」、「ピンク・フロイド」、「レッド・ツェッペリン」（一九七一）、「プロコル・ハルム」、「テン・イヤーズ・アフター」、「ジェスロ・タル」、「ディープ・パープル」、「スリー・ドッグ・ナイト」（一九七二）、「イエス」（一九七三）などを聴きに行った。

本格的なブリティッシュ・ロック・バンドとして、最初に来た「フリー」には驚いた。当時日本にはＰＡシステムというもの自体がなかったため、私たちが使っているものと同じボーカル・アンプを使用しており、ドラムは生だった。しかし、その演奏は凄いものだった。一曲終わった時点で、ほとんどの聴衆は、自分たちの体験したことがない世界へ引きずりこまれた。イギリス、アメリカ、アフリカの人類の歴史的な深奥が、彼らの身体、楽器を通じて、目黒の講堂に噴出したかのようだった。

そして、「レッド・ツェッペリン」、「ディープ・パープル」、「イエス」はまさに歴史に残る演奏だった。事実、私が聴いた「ディープ・パープル」の日本での演奏は録音され、『メイド・イン・ジャパン』というタイトルで、世界中に発売され歴史的名盤となった。この時代のこれらのバンドの演奏を超える演奏は、その後の私の人生の中でも、経験することは殆どなかった。この他の「プロコル・ハルム」、「ジェスロ・タル」なども質の高い演奏をしていた。まさに日本のロックと桁が違うところを見せ付けられた状態だった。

後に、世界へ演奏に行った折に、当時のこれらのバンドを聴いたという話をすると、詳しい内容をもっと話してくれと、音楽家から頼まれることが多い。また、同年代の人たちから「この時代のレッド・ツェッペリンを聴いて、人生が変わった。」という話を多くの人から聞く。それほどこの時代のロック・バンドの音楽、演奏は通常の音楽というものを超えたところがあった。ロックはこの時代に、非常に速く、理論的、技術的完成の域に達し、それが時代と化学反応を起こし、臨界点を超え、暴発したかのようだった。この後のロックはこの時代に創られた遺産を再生産していったものとも考えられる。

天井桟敷、東京キッド・ブラザースが海外で大きな反響を得たことがニュースで取り上げられ、強い印象を受ける。このころ小沢征爾を始め、日本人が海外で活躍したことが、たびたびニュースで取り上げられる。私としては非常に小さな針の穴から世界を見ている気がしていた。

フォークソングも好きだったが、言語によって説明していくということに限界を感じ始めた。説明的な歌詞、悲劇的な歌詞がよく見受けられた。特に体制に対して訴え、抗議する歌は、プロテストソングと呼ばれ、特別に見られていたが、そこに病弊があったのではないかと、現在では思われる。

そんな時、あるフォーク・コンサートへ行った。出演者は、RCサクセション、古井戸、泉谷しげるなど、既にスターとして活躍している人たちだった。そこに、新人として紹介された歌手が出てきた。「ああ名前は聞いたことがある。」という程度の認識だった。

舞台に腰かけ、足を宙に浮かせて、たしか『Mark II』という歌を、ギターを弾きながら歌った。がなっているのか、語っているのか、歌っているのか。凄まじい「気」に圧倒された。その「気」と「倍音」がコンサートホールの時空を支配していた。他のスターたちを完全に食ってしまった状況。吉田拓郎だった。

「日本的な語り、歌、発声、倍音」が吉田拓郎の中で混ざり合い、その「気」を基に、フォークソングという様式を被って出てきた感じがした。この状況を続ければ、新しい日本の伝統音楽ができて行ったのかもしれないと思わせるほどであった。

しかし、『結婚しようよ』を大きなレコード会社から出した時から、彼の中にあった「気」、「日本的な語り、歌、発声、倍音」は消え失せて単なる日本のポップスとなってしまった。彼は、ポップスの表現者としては、それほど器用な方ではなかったのだ。実際、日本のポップスの制作者、表現者としてより達者な井上陽水が、その後リーダーとなっていったのである。

一方、一九七〇年にシカゴでテレビ番組「ソウル・トレイン」がスタートした。音楽からダンスに重心が移った瞬間だった。西洋クラシック音楽はその記号化および、複雑化により身体性を喪失した。世界の音楽は、西側諸国の征服により自国の音楽を失い、それと共に身体性を失って行った。それがこの黒人たちの音楽により身体性を取り戻し、そしてその音楽がダンスと共に世界の主流になっていった第一歩だったのである。


このころ私自身、既成政党、新左翼に関わらず政治に対する不信感が強くなった。そして文化などの人間のうちにあるものこそが、本当の革命となり、また世の中をよくする原動力になるのではないかと考えるようになっていった。そんな時、校長であった正田健次郎先生の言葉を聞いた。

「世の中の人は、数学者というものは、割り切れるものだけについて考えると思っている。しかし、数学者というものは、むしろ割り切れないものについて考えている。また、割り切れるか割り切れないか解らないものについて考えること、そしてなぜ割り切れるのか、なぜ割り切れないのかを考えることが重要だ。」

私は、この言葉を聞いて、雷に打たれたように感じた。数学者の素晴らしさを感じたと同時に、科学的に世界のシステムを見る見方を教わったような気がした。この後、大学に行って量子化学を専攻に選んだ一つの要因はこの言葉にあった。また、その後、様々な芸術、音楽、日本の伝統文化などを考える時、仕事をする時、この言葉から出発し、そしてこの言葉に帰るといった考え方をしている。

このころ、松岡正剛が「遊」を創刊。この雑誌は各領域を超越し、境界に踏み込んだ、文化的な面でもとびぬけた雑誌だった。


映画では、『ファイブ・イージー・ピーシーズ』、『哀しみのトリスターナ』、『フェリーニの道化師』、『地獄に堕ちた勇者ども』(一九七〇)、『書を捨てよ町へ出よう』、『デカメロン』、『時計じかけのオレンジ』(一九七一)、『ラストタンゴ・イン・パリ』、『死刑台のメロディー』、『ブルジョワジーの秘かな愉しみ』、『フェリーニのローマ』、『カンタベリー物語』(一九七二)などを見ていた。ルイス・ブニュエル、フェリーニ、パゾリーニはその後も見続けることとなった。

音楽の世界では、バングラディシュ難民救済コンサート、イマジン(一九七一)の発売などがあったが、私としては社会に直接関わる音楽だけではなく、より音楽の本質的な部分、および理論、技術に興味が移っていった。よく聴いていたのは、ロックでは、キング・クリムソン、フランク・ザッパなどだった。そして、ソウル・ミュージック、ブルース、世界の民族音楽、日本の伝統音楽などに興味は果てしなく広がっていった。小泉文夫、小島美子の著作を読み始めた。

受験も近くなり、やや内向的になっていた私は、政治的な諦観、穏やかな絶望感もあり、文化の大海へ泳ぎ出していた。高校三年は学校へ行かなくても良いということだったので、ほとんど学校へは行かず、家に居た。

以前授業で読み、衝撃を受けた『檸檬』の梶井基次郎、太宰治の本を読んでいた。

しっかりした枠組みよりも、その枠組みの間にある微細構造から正鵠を射抜いている類のものに魅かれ始めた。デカルトよりパスカル、孔子・孟子より老子・荘子、キリスト教より仏教、大鏡より徒然草などに興味が移り、それらを読むことで、受験勉強の代わりとしていた。

そして、その当時様々なところで話題に上っていた埴谷雄高、吉本隆明、花田清輝、高橋和己、梅原猛、柳田國男、鈴木大拙、サルトル、ロラン・バルト、手塚治虫、白土三平、つげ義春などを読んでいた。

音楽では現代音楽にも興味をひかれ、バルトーク、シェーンベルク、ベルク、ストラビンスキー、アイヴス、ヴァレーズなどを聴いていた。画ではピカソ、ダリ。そしてルネ・マグリット、マックス・エルンストなどのシュールレアリスムの画家たちのものをよく見ていた。

この時代の素晴らしい文化とその精神は、一九七三年のピカソの死まで山形の曲線を描き、その後、力を失っていった。

## 7 その後

波乱の人生が待っていた。大学に入り、量子化学を専攻した。

「日本にも現代音楽は作られているのだろうか」と思い探してみると、日本の最先端は武満徹だ、ということがわかった。それから武満徹の音楽を聴きだして、『ノヴェンバー・ステップス』に行き当たった。ニューヨーク・フィルの一二五周年記念に委嘱された尺八、琵琶、オーケストラのための曲だ。一九六七年に初演されたものだった。

とにかく最初に聞いたときに驚いたのは、その音楽性というよりも、尺八の音だった。それは、私が毎日毎日ギターでいろんなことをやっていた、その遥か彼方を行く音だった。

しかもその倍音は、時々刻々と演奏者の意識によって思うがままに変えられて行く。当時は言葉にはできなかったが、倍音が複雑に絡み合うその音響に感じ入ったのだ。何と言って良いかわからない感情が湧いてきた。いままでの努力のむなしさも感じたし、遥か上空を飛んでいる尺八への憧れ、尊敬の念も起こった。

すぐに電話帳をひっくり返すと、レコードに記された演奏者の名前を探し、電話をかけた。その後教えを受けることになる横山勝也師との出会いだった。

大学を出て化学会社に入った私は、高分子の材料の研究などをしていた。しかし、物を作れば作るほど公害などを出していく矛盾を実感し、音楽の様に形のないものに心が魅かれていった。二年半ほどで会社を辞め、尺八の演奏家になった。

その後、東京キッド・ブラザースから誘われ、アメリカでの公演を行った。「ヘアー」のプロデューサー、トム・ホーガンに見込まれ、様々な人に紹介された。演奏の評判も良く、NYタイムズなどにも取り上げられ、NYからの作曲、演奏の依頼も来るようになり、良いスタートが切れた。しかし、一流の音楽家たちと仕事をしていると、音楽の高度な知識がないことを痛感させられた。

そこで、作曲と即興理論を学ぶために、アメリカのバークリー音楽大学に入学した。次いで、ニューイングランド音楽院の大学院に入り、作曲と即興理論、サード・ストリーム・ミュージックを学んだ。

その後帰国し、作曲と演奏活動を行っている。海外では、現在までに四十カ国、一五〇都市余で公演。CDはソロ、リーダー・アルバムを十枚以上出した。近年は、「呼吸法」、「倍音」の研究も行っており、本も著している。

この仕事をしていて感じるのは、一九六七—一九七三年に得たものが自分の礎となっているということ。そして、当時本やレコードで会った人たちと、再び会うことが多いということである。それだけ重要な事項がこの時代にはあり、また重要な人たちをこの時代が一挙に輩出したということでもあろう。

最近は、あたかも神なり第三者が、私にこの時代の思い出を辿り、遍路をさせているようにすら思えてくることもある。加えていうならば、この本の執筆と編集もその一つかもしれない。

## 8 この時代の意味——そして現在

それではこの時代は、一体何だったのだろう。様々な面から、その特徴を以下に挙げてみる。一言でその枠組みを言うならば、東西冷戦の緊張感の中、経済と文化の山型曲線とベトナム戦争の谷型曲線に囲まれ、大衆とメディアが大きな力を得、そして皆が未来に夢を持っていた時代と言えるだろう。

アメリカ、ソ連を代表とする西側、東側の対立が強かった。キューバ危機の後でもあり、現在では想像しえないことであるが、第三次世界大戦の可能性もゼロではないと多くの人が感じていた。核兵器も原子爆弾からこの時代に水素爆弾に移り、アメリカ、ソ連、イギリス、フランス、中国が保有する核兵器は、全人類を滅ぼす量をはるかに上回っているといわれた。

そのような中で、形として現れたのが、ベトナム戦争だった。これは、東西の対立だけでなく、体制と大衆の対立という構図でもあり、そこから世界の大衆の運動の指標となったのである。したがって、関心も高く、メディアによる情報が、毎日私たちの下にもたらされた。これらのメディアの働きにより世界中がベトナム戦争と共に生きていたのである。

そして、第二次大戦の復興も終わり、世界的に経済の発展が続いていた。特に日本は一九六八年をピークに大きな発展を遂げ、GNP世界第二位となった。この成長は一九七三年のオイルショックで落ちるまで、山型の曲線を描いたのである。文化も同様の山型曲線を描き、一九七三年のピカソの死まで発展し、深化した。

そして、それまで人類にとって夢のまた夢とされていたことが次々と実現していくほど、科学も大きく発展した。月面着陸、衛星放送、個人用コンピューターの開発など夢のようなことが起きていた。実生活では、TV、電話などの普及がほとんどの家庭にわたり、電化生活が進んでいった。

しかし、当然のことながら良いことばかりではなかった。

政治、経済、文化、科学の発展の陰に大きな歪みも生まれていたのである。また、大衆がその歪みに気付いていったのである。その一つは公害であり、四大公害病がクローズアップされると共に、光化学スモッグの発生などが大きな問題となった。

そして、この時代の大きな特徴は、大衆が力を得て行ったということだろう。これがこの時代の最も大きな特徴と考えられる。歴史上、大衆がここまで大きな力を持ち、そして様々な面に影響を及ぼしたことはないといっても過言ではないだろう。例えば、政治、経済、市民運動、新左翼、公害問題、差別問題、カウンター・カルチャー、ヒッピー、ロック、ファッションなど多くの現象が挙げられる。

政治に関しても、大衆の運動が非常に活発になった。その例が「五月革命」、「プラハの春」である。経済については、大衆の購買動向が重要になり、大型コンピューターを用いたマーケティング・リサーチが活発に行われるようになった。また、大衆の株の売買の動向が、経済の指標とされ、経済そのものとさえ考えられるようになった。

市民運動、新左翼の運動が大きな勢いを得たのも、大衆の力によるところが大きかった。また、そのバックアップがあったからこそ、成立しえた。それを失った時の状態は、新左翼の運動の後半が全てを物語っている。

公害問題などの改革はなかなか進まなかった。しかし、市民の不断の運動により、少しずつ良い方向に向かっていった。環境庁発足などもその結果が表に現れた一つの例である。

都市への集中、農村の過疎化により、伝統的な大衆文化が剥奪された中で、新たな大衆文化、都市文化、カウンター・カルチャーが花開き始めた。ヒッピーの文化も当時は大きな影響力を持っていたが、最終的に大きな変化をもたらしたのは、ロックだった。

それまでの体制側の西洋クラシックから、大衆の側のロックへ移行することにより、文化全体が大きな変化を遂げた。それにより直接、間接的に政治意識、生活スタイルの変革が起きたのだ。さらにロックから、ソウル、民族音楽、ワールド・ミュージックなどへの広がりも起こっていった。

一方、メディアの力は、この時代以降、非常に強くなった。ウォーターゲート事件、後のロッキード事件など、メディアにより政権を追われたといっても良いだろう。おそらく、この時期が、体制、資本、または発信者と、メディア、大衆の力のバランスがとれた良い時代だったのかもしれない。この時代において大衆は、適度にメディアを利用しながら、それぞれの独自のもの、行動を選択していた。例えば本、レコードなども多様なものが、広く薄く売れていた。しかしメディアの力が強くなるにつれ、メディアによって押し出されたもののみが売れる傾向になっていった。大衆が知らない多くのものを紹介することが使命であったメディアが、逆にそういったものを排除する機能を強くしていったのである。

そしてこの時代に見えてきたのは、西洋文明衰微の影である。西洋文明の歪みが現れ、新興国、発展途上国が力を付け存在感を増してきた。西洋的な文化もこの時代までは絶対的なものがあったが、価値観の多様化などもあり、下降線をたどり始めた。特に激しかったのが西洋音楽で、その中でも現代音楽は非常に衰え、現代に至っている。これは、倍音をあまり使用しないという構造的欠陥と共に、ロックという音楽の出現がさらにその傾向を推し進めた。

この時代の特徴としてさらに挙げられる一つの項目としては、世界の距離が縮まったということだろう。実際の移動だけでなく、通信手段、衛星放送など科学の発展により、世界中の人、物、情報の移動が激しくなり、私たちも常に世界のことを念頭に置く考え方になっていったのである。物や文明に憧れ続けていた私たちは、物が溢れ、ある程度文明が発展し、戦争、暴力闘争を見る中で、「物より心」といった観念の萌芽が見られた時代でもあった。

そしてこの時代を生きた人々は、戦争、暴力闘争を見る中で、全てが破壊された状態を見た。そして物だけでなく、法律、規則が既成のものではなくゼロから常に作り直せるものだ、ということを身をもって学んでいた。そういったところから、いつでもすべてをゼロに戻せる、ゼロから作り直せるという考えを植え付けられ、それを実行するという行動をとる傾向にあるのかもしれない。

さらにこの時代の大きな特徴として、人々がその将来に夢を見ていた、未来にかけていたということがある。夢を見ることが可能な時代だったのだ。現在は残念なことに、今という瞬間を消費し尽くすという社会になってしまった。「未来」というファクターは、残念なことに商品価値、投資意欲を生みにくくなってしまっている。

この時代に最も多感な時を武蔵で過ごした私とその同級生は、深い刺激を受けながら、自由を与えられた。それが私たちの一生における大きな財産になった。そして現在に求められるのは、自らの精神の中に、この時代と同じ多感な心、全てをゼロから見、未来へ様々な面で投資する勇気を持つことであると私は思う。

翻って、現在の状況はどうだろう。政治は大衆の力により少しずつ変わってきた。しかし、政治家が大衆の利益を第一としない、という点はあまり変化していないように感じられる。

メディアの力は非常に強くなった。しかし、自立し、思考するメディアとは言い難い面がある。質をオミットし、量のみにより記号化された仮想の大衆からの利益を求め、暴走するメディアの姿が私には思い浮かぶ。

大衆の力も確実に強くなり、世界で多くの進歩がみられた。しかし大衆性が進むことばかりが、全てを良い方向に導くとは限らないということも現れてきた。今後の課題は、未来を見据えた教育だろうか。

音楽はどうだったのだろうか。そう、実は、この時代を境にして、世界は、世界の音楽は、倍音を重要な要素とする音楽へと、不可逆な方向へ大きく転換して行ったのだった。あたかもエントロピーが増大していくが如く。

その大きな要因となったこの時代の背景、不安な私自身の背後には、通奏低音としてベトナム戦争とジミ・ヘンドリックスの音が常に鳴り続けていた。

そして、今、脳の中には、その倍音の響きが……

# 本の周辺

牛口順二

目の前に、一冊の本がある。吉野源三郎著『君たちはどう生きるか』。新編日本少国民文庫というシリーズ名が大きく記載された、そのちょっと時代がかった函入りの装丁の本は、年とともに膨れ上がり壁を埋め尽くしていく我が家の本棚の中でも、常に目につく場所に置かれていた。

あの時期、武蔵中学時代に読まされた本の中で、この本を印象に残る本として挙げる同級生は多いのではなかろうか。一九三七年に書かれたこの本は、読み始めた当初は、当時でも古びた装丁そのままに、書かれている内容、例えば野球中継に登場する選手たち（それでも、原作の早慶戦からプロ野球に差し替えられていたらしいが）の古さに戸惑ったりもしたが、本の中の主人公コペル君の精神的な成長とともに、社会というもの、その中で自分たちがこれから何をするべきか、さらに武蔵の三理想のひとつ「自ら調べ自ら考える」ことの大切さについて考えるきっかけとなったように思う。武蔵の教師たちが、中学に入学したばかりの生徒達に、この本を読ませた理由もそのあたりにあったのだろう。

さて、手元の本の奥付を見ると、昭和三一年に復刊され、昭和四二年（一九六七年）三月、つまり我々が中学に入学する直前に一一刷されたもの。ほぼ毎年、増刷されていたもののようだ。定価は三五〇円である。統計数字をみると、当時の書籍の平均単価は八八三円、出版物の総実売額は三三九〇億円とある。今から見ると、出版界も、まだまだ小さな規模であったように見える。

出版界にとって一九六〇年代というのは、百科事典や全集刊行がブームとなった時代だった。一九六六年には五三五種類、一九六七年には五五六種類もの「全集」が刊行されたという。こうしたブームにのり、大量生産・大量販売を可能とする「出版産業」へと成長しつつあり、出版社の拡張、本社ビルの新築ラッシュが続く。この一九六〇年代後半は、ある意味、戦後の出版界のピークであったのかもしれない。戦後復興の中で蓄積されてきたものが、一気に吐き出された。そして、おそらくはそれらを前提に、これから如何なる文化を作り上げていくのかが問われていた。学生運動の高揚期と重なっていたのも、あながち偶然とはいえまい。まさに日本社会全体が改めて「我々は、どう生きていくのか」が問われていた時期だったのだろう。

残念ながら、この問いかけは一九七〇年代の「高度成長」の中で、肥大化する「金儲けの世界」に飲み込まれていく。出版界もまた同じだった。

武蔵の六年間を振り返りながら、その間に出会った本を辿りながら、その周辺を探っていこうと思う。

『君たちはどう生きるか』をテキストとする授業を担当したのは、社会科の城谷稔先生だったが、彼の本来の専門は日本史。その後、中学から高校にかけて何度か彼の授業を受けることになるが、その授業、とりわけ近現代史の授業は印象深いものだった。普通に、時代を追って授業をすると、時間切れになってしまうと言われる近現代史だが、武蔵では、まずは安土桃山時代からスタートして現代までを学び、そのあとで、古代から室町時代までを学ぶという順序になっていた。現在に繋がる歴史を学ぶことの重要性を認識していたからだろう。その授業は、単に史実を「既にあるもの」として辿っていくようなものではなく、むしろ、なぜそう位置づけられているのかを検証する学説史に近いものだった。

いまでこそ「自虐史観」などと批判するむきもあるが、日本の近現代史を批判的に検証し、近代化の過程で果たしてきた「加害者」としての立場を意識した授業は、新鮮であり驚きでもあった。

こうした「加害者としての日本」という認識は、例えば当時激化していたベトナム戦争に対する反対運動の中からも生まれていた。一九六六年夏、大手町のサンケイ会館で開かれた「ベトナムに平和を！　日米市民会議」の冒頭、小田実は、「私たちは原理的に言ってベトナム戦争に加担している。そういった加害者の立場を私たちはみとめなければならない」と語っている。

一九六八年刊行のベトナム戦争を取材したルポ『戦場の村』に、著者本多勝一は、こんな記述を残している。解放戦線幹部に日本人として何か援助をしたい、何か欲しいものはないか、と問いかける。それに対し、その幹部は「私たちは大丈夫です。……それよりも、日本人が自分の問題で、自分のためにアメリカのひどいやり方と戦うこと、これこそ、結局は何よりもベトナムのためになるのです」と答えた、と。

単なる「戦争反対」ではなく、自分たち自身が「加担している」問題として捉えなければならないとする認識が、そこにはあった。

だが、近代日本にとって最大の「加害」の対象は、やはり中国・朝鮮であった。

城谷先生が、授業中の雑談で、山辺健太郎について話したことがある。山辺は、戦前からの日本共産党員だったが、当時は既に離党していた。独学で語学を習得し、膨大な知識を蓄積し、多くの著作を残している。

その山辺と旧知の城谷先生は、街中で偶然出会い、昼飯をおごられたらしい。金に困っているのかと思ったら、そのあと神田の古本街で、しこたま古書を買い込んだ。「お金持っているじゃないですか」と抗議したら、「じゃあ、昼飯代ぶんだけ本を見せてやる」といわれた、といった内容だったかと思う。「山辺に本を貸したら返ってこない」というのも、関係者の間では有名な話だったようだ。

その山辺の著書『日韓併合小史』は一九六六年の刊行、続く『日本統治下の朝鮮』は一九七一年に出ているから。おそらく高校での授業で紹介されたのだろう。朴慶植の『朝鮮人強制連行の記録』も、一九六五年に未来社から刊行されている。

私が、大学で歴史、特に日本と朝鮮の関係を学ぼうと思ったのも、彼の授業や、それに触発されて読んだ本の影響が大きかったのだろうが、そうした影響を増幅させる個人的な事情もあった。

東京の下町、浅草で生まれ育った自分にとって「在日朝鮮人」は、決して「見えない存在」ではなかった。小学校のクラスの同級生には、「国に帰るため」に「転校」していく子もいた。まさに『キューポラのある街』（原作一九五九年　浦山桐郎監督、吉永小百合主演の映画化が一九六二年）に描かれた在日朝鮮人の朝鮮民主主義人民共和国への「帰国事業」の時代であった。

それ以上に、強烈な思い出もある。当時通っていた台東区立浅草小学校から自宅に帰る通学路を少し外れたところ、浅草寺（いわゆる観音様）の東門にあたる仁天門から、弁天堂（鐘撞き堂）のある弁天山にかけて、「朝鮮部落」と呼ばれる在日朝鮮人が集まって住んでいた一帯があった。小学一年生の三学期の冬の日、学校帰りに寄り道した弁天山で、そこにいたこどもたちと諍いがあった。おそらくは友人のひとりが、在日の子を怒らせるような言辞を吐いたのだと思う。「わあーっ」という声とともに、走り去る友人たちのあとを、事情がわからぬまま走って追いかけていく私。その後頭部をいきなり重い衝撃が襲う。思わず手をやると鮮血が吹き出している。そのまま気を失った。

Kという少年が投げたL字鋼が、私の後頭部に命中したのだった。工事中だった弁天山には、そうした廃材が転がっていた。幸い、その日のうちに退院出来た程度の怪我だったが、あと数センチずれていたら危なかった、とも言われたらしい。警察の聴取も受けた。相手の名前はうろ覚えだったが、不思議と「朝鮮人」であることは知っていた。

それ以来、自分にとって「朝鮮人」は嫌悪の対象であった。だが、なぜ彼らが日本にいるのか、それまで誰も教えてくれなかったし、自分も知ろうとも思っていなかった。

そこへ、城谷先生の授業である。「被害者」のつもりでいたのが、「加害者」だった。だが、そんな強烈な意識転換は、実はあの時代の特徴でもあったのかもしれない。

仏文学者の鈴木道彦は、のちに『越境の時　一九六〇年代と在日』の中で、在日の人権運動にコミットしていく過程を描いている。小松川事件で二人の日本人女性を殺した李珍宇の書いた書簡集に衝撃を受け、さらに、ベトナム戦争での韓国脱走兵金東希の救援活動、ライフル銃を持って寸又峡温泉旅館に立て籠もり、朝鮮人差別を告発した金嬉老の裁判支援に関わった。

大島渚は、小松川事件を題材にした映画『絞死刑』を、一九六八年に発表しているが、クライマックスで検事役の小松方正が、日の丸をバックに、何故、被告が死刑にならなければならないのかを告げるシーンが強烈に印象に残っている。

おそらく戦後の日本で、「在日」をはじめとするマイノリティへの差別や、アジアへの加害という問題が、パブリックな場で認識されるようになった時期であったのだろう。

さて、武蔵では、様々な課目の授業で、教科書として使われたもの以外に、多くの本を読まされた。必ずしも読書感想文を求められたり、試験に出るといったものではなかったが、結構、律義に読んだ記憶がある。

学校側で用意して配られるものもあったが、ほとんどは自分達で買うように指示された。自然と、使う書店の範囲が拡がっていった。地元や学校の近く（江古田の青山堂）から、次第にターミナル駅の書店へ。西武池袋線沿線に住んでいた自分の場合、まずは池袋駅東口の新栄堂書店が行きつけの店になった。いまの基準ではありふれた規模の店に入ってしまうのだろうが、それでも多層階のビルにある書店は、それまで使っていた本屋に比べて遥に多くの本が揃っていた。

やがて、新宿まで足を延ばす。紀伊國屋書店である。一九六四年に完成した本店は、当時としては別格の大きさだった。大島渚の映画『新宿泥棒日記』（一九六八年）には、紀伊國屋書店の店内とともに、社長の田辺茂一も登場する。まさか、後年、彼の下で働くことになるとは、その時は思いも寄らなかったが……。

ちょうど中学三年の夏の大会を終え、一旦、野球部を離れた頃でもあり、同じく本好きだったA君と一緒に書店巡りをしたりする。やがて、神田の古本街も徘徊するようになる。当時はもっぱら安い本を求めて「古本まつり」に行ったりしていたが、そうやって買い集めた本を濫読した。しばらくして、ふたたび野球部に戻っていたのだが、部活動の傍ら、よく時間があったものだと思う。

そんな時代に読んだ小説に、柴田翔『されどわれらが日々』や、庄司薫『赤頭巾ちゃん気をつけて』がある。『されどわれらが日々』は、一九五〇年代後半から六〇年安保に向かう時代の青年群像を扱い、一九六四年に第五一回芥川賞を受賞した作品だったが、一九六〇年代後半にも人気を集めていた。柴田は武蔵二七期の卒業生でもあり、その後の作品も発表されるたびに買い求めた。一九七一年に刊行された『鳥の影』には、新しく中高の校舎が建てられ、生徒集会所も新しくなった当時のキャンパスの様子が描かれている。

一方の『赤頭巾ちゃん気をつけて』は、一九六九年の第六一回芥川賞受賞作であり、当時のベストセラー作品である。庄司薫は、その後も薫君シリーズ四部作を出し続けるが、主人公が通う一九六八年当時の日比谷高校（ちょうど東大入試が中止となった一九六八年の高校三年生という設定だ）の、受験競争の頂点にいながら、あたかもそれには無関心を装う生徒たちの姿が、どことなく当時の武蔵にも通じる雰囲気を感じていたように思う。

一九六九年当時の出版界は、総実売額四〇四九億円、平均単価は一〇七七円、新刊の刊行点数も一七八〇〇点ほどだった。その二年後、一九七一年は、平均単価は一四三六円と跳ね上がり、新刊点数も二万点を超え、総実売額は五〇四四億円と五千億円を超えた。この年、前年の割腹自殺を受け三島由紀夫がブームとなり、一方で高橋和己が人気を集めるという時代だった。

この一九七一年下半期の第六六回芥川賞は、沖縄出身の東峰夫『オキナワの少年』と、在日朝鮮人として初の受賞となる李恢成の『砧をうつ女』だった。在日の芥川賞作家としては第一〇〇回を受賞した李良枝が、同年代ということもあり思い出深い。大学時代から、私は「NHKに朝鮮語講座を作る会」のメンバーが中心になって作られた「鐘声の会」という勉強会に参加していた。会場として『季刊三千里』の発行元である三千里社の事務室（新宿職安通りにあった）を使っていたこともあり、歌舞伎町の在日関係者が集まる店で飲む機会も多かった。そうやって出入りするようになった店に「ファティ」という店があったが、そのマスターの妹が李良枝だった。のちに韓国に留学し、その経験をもとにした小説『由熙』で受賞することになる。（ちなみに、このファティ、梁石日の小説『終わりなき始まり』にも、李良枝をモデルにした女性とともに、実名のまま登場している）

武蔵時代の話に戻ろう。城谷先生以外にもユニークな先生は多かった。例えば、地理の加藤侃先生。定期試験に「江戸時代の捕鯨法を図で書け」といった問題を出して、生徒の度肝を抜くなど、およそ受験とは全く関係ない授業の典型だったが、雑談を含めて面白い授業だった。彼の勧めで読んだ本のひとつが、鈴木牧之の『北越雪譜』。江戸後期に書かれた本で、雪の結晶のスケッチに始まり、越後魚沼地方の生活や産業などを概説していく。加藤先生自身もよく宮本常一のような旅をされていたが、そのルーツはこのあたりにあったように思う。

社会科教員室の書棚に、『忍者武芸帳』が全巻並んでいた、というのは有名な話だが、白土三平も人気があった。その頃、『カムイ伝』目当てに『ガロ』を読む中で出会ったのが、つげ義春であった。つげもまた、旅の人であったが、代表作のひとつ『ほんやら洞のべんさん』（一九六八年発表）に、『北越雪譜』の影を感じるのは私だけだろうか……

一九六〇年代後半はコミック雑誌がブームとなった時代

でもあった。「右手に朝日ジャーナル、左手に少年マガジン」というのは、一九六九年の早稲田大学新聞で使われた言葉らしいが、当時の学生風俗を表す言葉としてよく取り上げられている。

そんな『少年マガジン』に一九七〇年四月から一一月まで連載されていた作品に『光る風』がある。作者は山上たつひこ。後に『がきデカ』で一世を風靡するギャグ漫画家のイメージが強いが、この『光る風』は、差別問題から、ファシズムの再登場する近未来を描いた暗く重い作品で、毎週衝撃とともに読み続けた記憶がある。

社会科のユニークな先生たちとは、また異なった次元で印象に残る先生がいた。国語の松井栄一先生。既に「家業」ともいうべき国語辞典の編集に関わる傍ら、武蔵でも教鞭をとっていた。中学生相手に漱石の『夢十夜』を丁寧に読み解き、高校では、騒然とした校内の状況とは無関係に淡々と進められる国文法の授業に、ある種犯すことの出来ないものを感じていた。

その『日本国語大辞典』は、小学館から一九七二年に刊行が開始され、五年をかけて一九七六年に完了する。改定作業はその後も引き続き進められ、二〇〇〇年の第二版刊行となり、現在も日本を代表する国語辞典である。二〇〇七年からはオンライン版『日国オンライン』としてサービスが提供され、オンライン総合リファレンスサービスである「ジャパンナリッジ」のメインコンテンツとなっている。

一九七二年を代表する出版物は田中角栄『日本列島改造論』。この年の書籍の平均単価は一四九九円、総売り上げ五八〇二億円だった。

それからの出版市場は、拡大基調に入る。平均定価は、一九七四年に二二九四円と二〇〇〇円を超え、総売り上げは、一九七四年、八六五一億円、一九七五年、九七九四億円、一九七六年、一兆六六三億円と、ついに一兆円を超える。その後、一九八二年には、一兆五四三九億円、一九八九年には、二兆一二九九億円と、大台をクリアしていく。

この間、内容も大きく変化していく。一九七六〜七年に始まったいわゆる角川商法は、横溝正史や、森村誠一といった特定の作家の文庫本を集中的に売り出す一方、これらを原作に映画化するといった手法で、話題となった。出版がエンターテインメントに大きく舵を切り、多種多様な嗜好を持つはずの人間が、ある時期に限って同じ本を読む、という現象により、出版は「産業」として成立する要件を手に入れる。

一九七六年は、出版物のうち、書籍と雑誌の売り上げ構成比が逆転した年でもあった。この後、雑誌の構成比は増え続け、雑誌の黄金時代と呼ばれた一九八〇年代を経て、一九九〇年には書籍対雑誌の売り上げ比率は、四対六となる。これに加えて広告収入もある。出版界の雑誌依存体質が強まる。物流すら、書籍の流通が雑誌物流に相乗りする形で、新刊配本中心となる。本来、長期的に販売されるはずの書籍が、一旦、書店の店頭から姿を消したあとは、注文して取り寄せるのに一カ月近くもかかった。（定価販売が原則の日本で成功するはずがない、といわれたネット書店が定着した理由は、この注文品流通の不備を突いた点にあったと考える。）

この頃から、日本の出版界は衰退への道を歩み始めたのかもしれない。既に、町の書店は減りつつあった。しかし、急速に増加するコンビニエンスストアによる雑誌販売が、その減少を補って余りある成長を遂げたため、一九九六年までその規模は成長を続ける。が、雑誌、特に情報誌の類は、次第にインターネットをはじめとする他のメディアにその地位を奪われていく。

書籍の新刊点数が、異常な増え方を示す。一九八二年に三万点をこえたあと、一九九一年にほぼ四万点に達し、一九九七年に六万五千点、二〇〇六年には七万八千点といった具体だ。特に、売上がピークを越えた一九九七年から、売上は減り続けているにも関わらず、新刊点数は一万点以上増えている。売れないから新刊を投入する、それがまた返品となるため、それをカバーするため新刊を、という負のスパイラルに陥っていることは明らかだ。編集者の担当する点数は増え、当然ながら質も低下する。そもそも多くの時間を消費するくせに、読んでみなければ価値がわからない「本」というメディアで、失敗作をつかまされる率が高くなれば、読者、いや「ユーザー」は「本」というメディアから離れていく。それは、決して「電子書籍化」によって解決する問題ではないだろう。

大学卒業後、ひょんなきっかけから、出版流通の世界に飛び込んだ。といっても、実は店頭で一冊の本を売ったこともない「本屋」である。あたかも図書館職員の如く、国立国会図書館の中を徘徊する「お気楽な営業担当」時代を経て、学術情報流通の電子化、ネットワーク化、国際化に対応する仕組み作りを担当してきた。いまは、その延長で「電子書籍事業」にも携わっている。前例のない新しい動きの中に身を置くこと、自分で調べ、考え創り上げていくことに、喜びを感じるあたりは、武蔵時代に養われた感性の故だろうか？

逆に、自己や自社の利益にとらわれず、客観的に物事を捉え、大きな枠組みを考えることに偏りがちな傾向に、つくづくビジネスマン向きではないなと感じてもいる。「本」に関わる仕事だから、企業人としてやってこられたのかとも思う。

二〇一一年四月、一冊の本が出版された。『僕は、そして僕たちはどう生きるか』。梨木果歩によるその本は、主人公のあだ名がコペル君ということからも明らかに吉野の『君たちはどう生きるか』をオマージュしている。

産業としての日本の出版の未来について、ここで、これ以上語ろうとは思わない。が、一冊の本がひとりの人間の考え方、生き方を変えてしまう可能性を秘めたものであることは信じていたいと思う、今日このごろである。

# 僕は、僕たちはどう生きてきたか
## ～パート1「お父さんのノート」

山川彰夫

### はじめに

僕が武蔵中学一年の頃、授業で読んだいくつかの本のうちの一つが『君たちはどう生きるか』（一九三七年、吉野源三郎）だった。担当は社会科城谷先生。主人公は中学二年の「コペル君」で、結構波乱のある彼の学校生活のストーリーに、天文学者コペルニクスからとったあだ名を付けた彼の「叔父さんのノート」が交互に続く構成になっている。僕が読んだのはたぶん兄が持っていた新潮社版だったが、岩波文庫からは丸山真男という学者の人の解説が付いている版が出ていて、それを最近読み直しました。

この文章は、僕の同窓生仲間（コホート）が出版する本の一つの章なので、その意味ではいわば一つの症例報告（ケースレポート）みたいなものだけども、「君たち＝僕の二人の娘たち」への「お父さんからのノート」という形にして、「君たち」の今後の人生行路（ライフパス）に何かしらの足しになればと思いこうして書かせてもらうことにします。

### 読書と人生

僕は、一九六七年春から六年間、従兄や兄も学んだ私立武蔵中学・高校に毎日三十分のバス通学で通っていた。小六の秋に父が心筋梗塞で急死し、その前後の親戚・知人や家の中の様子が当然いろいろと変化したのだけれども、この本のコペル君の設定は、なんだか自分に共通するものが感じられて、振り返ると僕の人生にある種のインパクトを与えた本の一つだと思う。僕の場合は、幸か不幸か「叔父さん」にあたるメンターのような人がいたわけでなく、(学校の友人や先生からは多くの事を学んだのだけれどもね)、「本(読書)」が僕のメンターだったというのが現在の仮説です。「誰とつきあっているかを教えてくれれば、君がどんな人か言う事が出来る」というのは、『ドン・キホーテ』の中の言葉らしいが、僕に言わせれば「どんな本を読んできた」に変えたい。同じ本でも読者の感じ方はいろいろだけれども、その人がどんな人間かはずいぶん分かるはず。今なら「どんなテレビ番組、サイト情報」も入るだろうけれどもね。君たちが持って居るアマゾンの電子書籍リーダーキンドル(と僕がずっと買おうか迷っているファイアー)の名前の由来は、フランスの哲学者ボルテールの"The instruction we find in books is like fire. We fetch it from our neighbors, kindle it at home, communicate it to others, and it becomes the property of the all." (to kindle = 火を点す)から来てるんだが、そもそも個人の思考や言葉は殆どが個人の所属「共同体」の中に既にあるものを少し変えながらの繰り返しだったり、いくつかある「言い方」とか「エクリチュール」を選択する事が多いのだろう。だからその時代に流行っている思想とか、もっとポップなカルチャー領域ではテレビ番組、歌や漫画、アニメ、小説等からの影響は個人にとっても集団にとってもなかなか「抜きがたいもの(イネビタブル ファクター)」なのだ。当時のアニメ・TV番組については、またの機会の宿題にしておきたいので、ここは専ら「本」の方に絞る事にしたい。

　今時は全体に情報過多だし、流行に流される事があるから、時々は立ち止まってすごく好きでなくても他の本とかウェブページとかも覗いてみる方が面白いだろうね。ウェブ・データーベース(「青空文庫」とか)を使えば、今は流行らない過去の文献とか、住んで居る地域やコミュニティでいつもは目に付かないものも読んでみたり、歴史的に有名な本を、図書館に行かないでもネットサーチで探して読んだりする事は出来る。そういう「場」は昔は図書館と書店位しかなかった。

　武蔵は同じキャンパスに武蔵大学もあって、中高の図書室とは別の共通の図書館もあったし、時々はそちらで英字新聞のサッカーの試合結果を見たりクロスワードを解いたりした事もあった。家の近くや学校のそばの本屋通いも楽しい想い出の一つだ。もっとも、僕の父がかなりの本好きだったし、家には本がそれこそ溢れていた。父が亡くなったあとも、母が筑摩の日本文学全集を(兄は文学が僕ほど好きでなかったので、)僕のために買ってくれたし。絵本は別として最初に父が僕に買ってくれた本の『どくとるマンボウ航海記』（一九六〇年、北杜夫）がとっても面白かったのが、僕のその後の本との長い付き合いを決定付けたのかもしれない。それも父が自分に買ったのを小学校低学年か幼稚園児の僕が勝手に読んだのかも。確かあれは初版本だったはずだ。後で武蔵の夏休みの宿題で読んだ『楡家の人々』は北杜夫氏の実家の脳病院や実父の歌人・作家でもある斎藤茂吉など出てくる一代記だけど、僕のお祖父さんも明治時代に森鷗外の下で軍医として働いていたので、彼らとは知り合いだったそうだ。あの一家は文才が優れている上に、みんな躁うつ病ないしうつ病に遺伝的になりやすい家系があるのを自分たちでカミングアウトしているところがすごいね。日本でももっと精神科、カウンセリング、セラピストへの敷居が低くなって、精神疾患へのヘンな否定的感情がなくなってメンタルヘルスが向上していく事が必要なんだけど。僕もがんの研究畑から産業医の方へ仕事の領域をシフトして来ているが、北杜夫やその兄の齋藤茂太先生の本にはかなり影響されているのだと思います。

## 武蔵三大理想と人生

さて、武蔵には一九二二年創立から初め頃の二〇年代に決められたミッション・ステートメンツがあって現在までそれが続いている。「東西文化融合のわが民族理想を遂行し得べき人物」、「世界に雄飛するにたえる人物」、「自ら調べ自ら考える力ある人物」を育成するという「武蔵三大理想」と言われるもの。最初の二つは最近の「グローバル化」の世の中では当たり前のようだけど、時代の先取りともいえるかもしれない。確か城谷先生がなにかの授業の中で「東西文化融合の民族理想」というタームに当時の時代性やイデオロギーを認めうるのに対して、あとの二つはちょっと異質という指摘をされていたのが記憶に残る。武蔵に居た頃日本で流行の兆しが出て来ていた「構造主義」のチャンピオンの一人の文化人類学者クロード・レビ・ストロース（Lévi-Strauss だけどジーンズとは関係ない）は最近満百歳で亡くなったけれども、西欧あるいは中華の「自文化中心主義」を否定したところからスタートしている。六〇年代初めにそれまで欧米で流行していた実存主義の神様みたいなJ・P・サルトルを一撃で「粉砕（ビート）」したと言われる『野生の思考』や『今日のトーテミズム』などはその頃既に出ており、日本でも出版されていた。それらは他の構造主義からポスト構造主義と言われる哲学系の文献で、かなりの部分がみすず書房のテカテカ光る白い表紙で出版されていた。その後『金魂巻』（一九八四年、渡辺和博とタラコプロダクション作品）というバブル経済期のベストセラー本で、「白難（シロナン）（白い表紙の難解本）」と一括して言われていたのだが、僕の高校時代には一部の友人も僕もそれらを結構読んでいたものだった。時代背景もあるのだけれども、沢山あった実存主義やその他のマルクス主義系の書物に対して、解毒剤と言っては言い過ぎだろうが、パラダイムのちがう古くさくない（クールな）思想として受け容れられ始めていた頃だったのだと思います。

六〇年安保世代や「団塊の世代」がその後安保闘争やベトナム反戦活動、三里塚・成田闘争などで活躍していたのに比べて、僕たちはいってみれば「ポスト団塊世代」であった。大学へ行く頃は内ゲバ（＝"violence within student sects"とでも英訳するのか）とかも始まり、「浅間山荘事件」とその後のリンチ殺人事件は結構ショッキングで多くの人にとって決定的だったのかも。それでも周りには、人によってはコミットメントを持続して居た人も多い。僕自身は「日和見的（オポチュニスティック）」に「ノンポリ（＝"an apolitical student"と英訳）」を決め込んで、社会のためにも医学の勉強に打ち込んでいたつもり。この辺りは、おそらく僕たち同時代に生きてきた「仲間（コホート）」の中にも他の多様な症例（ケース）があるのだろう。

文化人類学についていては、高校時代に山口昌男のものを雑誌でかなり読んでいたと思ったけど、初版が出て直ぐ買って読んだはずの『文化と両義性』はWikipediaによると岩波から一九七五年に出たらしいので、記憶が曖昧でむしろ大学に入ってから他のものと一緒に読んだのかもしれない。『時間の比較社会学』（見田宗介＝真木悠介）もWikipediaでは一九八一年出版と書いてあるけど、駒場に入る前に彼氏の本は読んでいたはずだから、この記述が正しいのか、記憶が間違いなのか、不明ではあります。

ちなみに、「黒難（クロナン）」といわれた埴谷雄高の『死霊』も高校の頃出た初版で読んだのだけれども、ドストエフスキーとかを前に読んでおかないと、あの年で良さは分からなかったのかも。その後出た章は日本に居なかった事もあり、まだ読まないで「封印（シール）」しているいくつかの本の一つです。

その他にそのうち暇が出たら読みたいと思っている長編小説に『カラマーゾフの兄弟』、『失われた時を求めて』やジェームス・ジョイスのものなどがあるけど、ジョイスのものは英語でぼちぼち読んでみようかな。でも僕の長いメールへのIzumiの批判じゃないけど、OMG! TL ;_ ;NR (Oh, My God! Too long ;_ ;（スマイルマーク）I will Not Read.)だし。それに隠れた意味が入りすぎてるんだよね、知識人の悪い癖だよ。

他に「封印」しているものには初版を買ってはいるが読まずに実家にそのまま置いてある三島由紀夫『豊穣の海』第四巻『天人五衰』も。初版が出る数週間前に家のそばの新潮社に原稿をおいたその足で、市ヶ谷の自衛隊駐屯地で例のアジ演説をしたあと二人は自決したわけだった。その大分後に筒井康隆『ダンヌンツィオに夢中』を読んで、三島がかなりこのイタリアの国粋主義的作家に影響された事は読んだ。最近になって夏目漱石の『それから』にもダンヌンツィオが出て来て、森田草平の『煤煙』という森田と平塚雷鳥という日本のフェミニストの元祖の心中未遂事件が素材の新聞小説と関連する事を知ったけど筒井氏の本には漱石の事は書いてあったかな？『それから』の登場人物の一人の名前（主人公代助の友人で、三千代さんの旦那）が平岡と言って三島の本名と同じなのが、もしかして三島のダンヌンツィオ好きに影響してないかとか。『誤読』は基本的に読者に許されているはずと開き直って、勝手な夢想をしているんだけれども、何か証拠（エビデンス）はあるかな。そのうち探してみるかも。夏目漱石は英国留学でずいぶん苦労したのだけれど。三谷幸喜の『ベッジ・パードン』（二〇一一年）という芝居でも英語で喋るのが苦手な漱石の姿で出て来ていた。

そう言えば「東西文化」とか「グローバル・スタンダード」とか言われるといつも何か違和感が出るのはこの頃の読書経験からかもしれない。ＵＳＡだってオバマ大統領が二〇〇四年の演説で言ったBlue States（民主党支持者の多い州）とRed States（共和党支持者の多い州）、民主党と共和党との対立は激しく、それぞれの中でのコンサバティブとプログレッシブから超リベラルもあり、タコつぼ的人種起源・宗教的立場・ジェンダー意識の相違もあり。ただそれらの多様性の中で激しく競争したり、時にはコンセンサスを取って行くというのがアメリカンスタンダードだろう。君たちが育ったボストンと今Izumiが居るSwing State（選挙結果を左右する州）であるオハイオ州のオバーリン位との間でも随分違うし、いろんな考えを持って居て見かけも全然違う人たちが住んでいるよね。その意味では、日本で最近格差拡大とか言われるが、多様性の振幅はまだ少ない。日本は昔から外からの移住も島国である地理的特徴と江戸時代の鎖国政策以来の積み重ねで、外国籍住民もまだ二百万人くらいと限られている。それに日本語の言語の壁（ランゲージバリアー）があるから、日本の「グローバル化」の議論には「伝わるための英語教育」が必ず入っているのだ。言語の点で言えば翻訳文化」と言われるくらい教科書や多くの本が翻訳されるし、映画やディズニーのアニメなんかも吹き替え声優が居て、それなりに効率的なのでこれを止めるのも難しいが、「多国語放送」ぐらいならばもっと出来るのにね。

ただ、君たちは英語はもうネーティブ・スピーカーなのだから、「母国語(マザータング)」である日本語（特に漢字・熟語・専門語と読み書き）学習、それにもう一つの外国語（取りあえずうちはスペイン語）をアクセントが少しヘンでも「上手(フルーエント)」になって欲しい。他の若い人たちには"English + One"と言って、英語の他に自分の好きな言葉をもう一つ習うぐらいだと、日本語や英語の単語や言い回しについても理解が深まる事と「自文化中心主義」とか「英米文化中心主義」からの脱却にもつながるのだと思い、折に触れて勧めているのです。

あと言っておくべき事は、近代日本社会は「ムラ社会(ムラ・コミュニティ)」の集まりとも言われていて、決定にはコンセンサス重視が特徴で、「出る杭は打たれる」＋「長いものには巻かれろ」という風にしてとりあえず目立たない方が賢い戦略と言われています。決まり文句(ステレオタイプ)だけど結構当たっているから、君たちが日本で暮らすとき、そのグループや会社・学校によっては、少しその辺に注意しておいた方が良い。最初は様子見の観察だね。もっともＵＳＡはどこでも討論(ディベート)が盛んで押しつけがましい(プッシー)人が多い、というステレオタイプな幻想を日本人が持って居る事が多いけど、実際はそんな事はなくてあまり酷い(タフな)奴らはあちらでも尊敬されないね。先入観を気にしすぎるのは良くない訳。

武蔵の理想の最後の「自分で調べて自分で考える」というのは、三つの中では異質なんだがＵＳＡのしかもマサチューセッツ州の公立学校で育った君たちには当たり前すぎるのかもしれない。

でも、日本には国に文部科学省（昔は文部省）というお役所があって、小学校から高校までは教える内容について「指導要領」とか「教科書検定」制度があり、そこで決めたガイドラインを守る事がかなり厳しく締め付け(タイトアンドストリクト)られています。たぶん今でも武蔵のような私立学校の一部は、独自路線が許されているのだろうが不確か(アイムノットシュア)です。数学も三角関数や解析学はかなり早めに教えて、それが済んでから運動方程式をはじめに物理を教えるから、微分・積分やベクトルなんかで力学や電磁気の世界が記述されることが素直に分かるようになっていた。中高一貫なので、高校一年の終わりくらいにそのあたりはカリキュラムとしては終わっていたのだと思う。僕の場合、中学高校も、あと実は大学・医学部の方も、教科書と参考書に関しては、兄（君たちの伯父さん）の使ったものを再利用すれば良かったから、趣味的な文学や文系の本もかなり乱読出来た訳だね。バス通学の時間も使えたし。最近の仕事はいわば理系と文系の間（"Intersection of Technology and Liberal Arts." スティーブ・ジョブスの好きな言葉だ）みたいな事をグローバルCOEプログラムの企画でやったりしているので、何が後の人生で役に立つのか分からないもの。勿論今までの経験や読んだり聞いたりしたことを仕事の役に立て、他の人のためにもなるようにしているからだけど、何時までも勉強は大事だよ。セミナーやシンポジウムをやると講師だけでなく、聴衆の人たちからも学ぶことが多いし。

僕のオフィスに飾ってある絵の一つに"Aún aprendo.（私は未だに勉強している）"という白髪・ひげもじゃ・杖をついて一人で歩いている老齢のフランシスコ・デ・ゴヤの自画像があるけど、これはゴヤが年を取ってもまだ新しい技法と画材を使ってチャレンジしている様子を表しているらしい。以前東京都老人研にいた時に、良く老人学（ジェロントロジー）そのものやその関係の研究所や学会のシンボルにも使われるものだ。食べ過ぎず太りすぎず、有酸素運動を続け（うちの夫婦ではテニス）、何かしら頭を使っていくのが老化防止に最適であるというのが、現在の医科学の教えるところです。結局日本食が一番のようだが野菜と魚を沢山食べ、お茶かコーヒーを飲むのと共に、君たちや誰にでも自信を持ってお勧めできる。

## 漢文の授業～

『英語より論語を』（文藝春秋、二〇一一）より

## 『論語を英語で』

たぶん高校一年頃に、深津先生の漢文の授業があって、『論語』を一学期で最初から最後まで読み通した。その後の『老子・荘子』は抜粋だったし、『孫子』はもっと後で自分で読んだのか記憶が曖昧。はっきりしているのは、深津先生が「君たちが若い時代には孔子・孟子の儒学を学んで人生に利用するのが良いのだけれど、年を取ってきて（出世とかを気にしないか諦めるとかになったら）老荘思想を読み返すのが良い。中国でも日本でも昔の多くの人（知識人なんだろう）はそうやってきた。」と言う話をされたのが印象に残っています。一方僕の方では自分の経験から"Confucius's Analects"や"Sun Tzu's The Art of War"は英語版で読む事を君たちだけでなく、若い人たちにも勧めて

いるし。

「現代訳」と言われているものは別として、日本語訳はどうしても漢字や熟語などに古い「陳腐で垢の付いた（ウォーンアウト）」意味が付随してしまい、直接作者のメッセージに、現在のコンテキストの中での自分と直接アクセスする事が出来にくい。朱子学でも陽明学でも同様に離れた方が良い。勿論、論語は長年の中国と東アジア諸国の封建体制に受け容れられて居ただけあって、とてもコンサバティブな所も多いし、当時の社会・文化の中で通用していた事なので、そのまま"Yes, Yes, Yes"と肯定できない所も多い。例えば評判の悪い「子曰わく、唯女子と小人とは養い難しと為す。（陽貨第十七の二十五）」なんかだね。でも、論語の中でジェンダー差別に直接関係して、今ならポリティカルコレクトでないのは此処ぐらいだし、ある英語訳だと"Women and worthless men are hard to deal. If you are kind to them, they will be too frank. If you are not kind to them, they will have a grudge against you."になって、「男の家父長が子女を養う」という当時の文化的コンテキストを外して読み直してみると、worthless が women に掛かってはいないし、それほど女性差別の感じはしない。むしろ孔子大先生が家族内の"tough"な女性（日本語の「タフ」とは違う）の説得にいつも苦労していたのかもしれないとか夢想して苦笑してしまう。また"The Master said, 'I transmit but do not innovate.'"（「子曰、述而不作、…。述而第七の一」）も、「イノベーション」が即ち悪でもあった長い時代を思い起こす事ができる。家族については「父母唯其疾之憂」（為政第二の六）。"Mang Wu asked what filial piety was. The Master said, "Parents are anxious lest their children should be sick."と言う事で、自分も親も病気をしないように気をつけるのが今も昔も一番親孝行（かつ双方向的に子孝行）なのでしょう。

## 『文鳥、夢十夜』と松井先生のこと

中学一年の国語の時間は、松井栄一先生という方が担当で、各自大人用の国語辞典を引きながら短編小説を読むという事で、夏目漱石という近代日本文学のトップ作家の一人（少し前の日本銀行券千円札の肖像だった人）の『文鳥・夢十夜』の文庫本を読んだ。松井先生は、お祖父さんの世代からの一種のファミリービジネスで国語辞典編纂の仕事を八六歳の今に至るまで続けられているそうだ。僕たちは武蔵中としては最後の教え子の世代みたい。

『文鳥』は、知り合いからもらった可愛い文鳥のペットが居る生活と、はじめ自分でしていた世話をだんだんお手伝いさんに任せるようになって行き、読んでいて心配になる予想がやっぱり当たって、冬の朝文鳥が冷たくなって死んでしまう。小学校の頃セキセイインコを飼うのが日本で流行り、家でも母が飼っていたのが、時々雛が亡くなったり、増えすぎて、結局は引き取ってもらったりしたばかりだったので、印象に残った。中学の頃飼って可愛がっていたスピッツのシロもイヌにしてはずいぶん長生きしたのだけれども、ある朝亡くなっていて、ショックだった。君たちがボストンで飼っていたハムスターは、友人のハムスターを休み中に預かったら、病気をうつされてみんな死んじゃったな。あれ以来同じ動物を飼う気にはなかなかなれない。

『夢十夜』の方は、百年前に死んだはずの恋人の女性が「また会いに来る」という約束を百合の花に生まれ変わって果たすという第一夜の夢から始まって、時々僕の夢の中などでも思い出すストーリー。最近たまたま「漱石のそれからの白百合」について東大理学部植物学の塚谷裕一先生が本郷の総合図書館でブックトークをされたのを聞きに行った。それもこの『夢十夜』の白百合の話がずっと気にかかっていたからだけど。『それから』は、ママは若い頃に読んでいたそうだけど、僕は初めて読んでそれなりに予習をしていった。白百合が出てくる主人公二人が密かに合う決定的場面でのもう一つの花である北海道の知人からもらったスズランというのが文庫本と決定稿では「スズラン」なのだが、漱石全集では「リリー・オブ・ザ・バレー」となっている。その後の白い「百合」と同じ種類であることは、漱石も意識していたはずだ。欧米では、スズランはキリストが亡くなったときに流した聖母マリアの涙とか、エデンの園から追い出されたときのイブの流した後悔の涙のシンボルになっているらしいが、漱石がそれを意識していたか（それが僕の仮説の一部）は今となっては分からない。この講義はその内にビデオ録画をウェブ公開するらしく、それまでは塚谷先生の新説（一部改定説なのだが）には触れない事にする。『漱石の白くない白百合』（塚越裕一、文藝春秋、一九九三）も手に入れた所でまだ全部は読んでいないのだけど。ウェブ公開録画に私の質問・コメントが入っているか、それともカットされてしまうのか、どちらにしても楽しみにしている。この講座の終わったあとで「スズランと白百合の花や根は、見ると綺麗だけれども猫などのペットや人間でも体質によっては食べると毒になる女性の二重性の象徴では？」という私の仮説や、ダンヌンツィオと平岡－三島の密かな関連への妄想？や、『煤煙』と森田草平と平塚雷鳥のその後のキャリアパスについても塚谷先生とお話しをさせていただいた。「『それから』のそれからずっと現在まで」を知ったあとでの現代の読者の「勝手な読み方」というのは「そもそも読者にはテキストの誤解・誤読を許されている」し、その読み方自体も歴史・社会・文化的に規定されている部分と個人の特殊な部分があるのだから間違いという訳ではなくそれで良いのでは、ともお話しをしておきました。その辺が実験科学や理科系の思考とは違うかもしれないけれども。なにかこのバカボンパパの「これで良いのだ」みたいな考え自体は、もしかして高校の頃読んだ『零度の文学（Le Degré zéro de l'écriture）』（一九五三年、ロラン・バルト）あたりかそれへの批評かの受け売りなのかもしれないが、この言説（ディスクール）自体の起源をいまさら探っても仕方ないかもしれない。この本の僕の文章や僕の同級生の他の文章自体が、現在のコンテキストと離れて後の世の人類学者か歴史家の文化誌的資料になってしまうわずかな可能性も、また避けがたい（イネビタブル）運命だけれども。

## 夏目漱石とPreventable Death Causesの変化

最近僕がいくつかのセミナーで使い回している表（表1）を付けておきます。題目は「日本文学における疾病・死因のトレンドについて」ということです。その昔の飢餓・飢饉や戦乱から、感染症で亡くなるケースが多かったのが、先進国でも開発途上国でも「From Infection to Non-Communicable Diseases（感染症から非感染性疾患へ）」の死因のシフトが起こっている事が、これらの説話・小説やテレビ番組、アニメ等への反映からも見えてくる。最近は難病から更にメンタル系疾患やＰＴＳＤ（Post-Traumatic Syndrome）がプロットに使われる事も増えてきた。遺伝子操作、再生医療、クローン人間や不老不死がテーマになって来ているのは、日本最古の物語『竹取物語』が月からのエイリアンと「不死の山（Mt. Fuji）」伝説につながっている事と合わせて見ると、なにか歴史の繰り返しか、先祖返りのようにもみえる。

ＵＳＡ（Hispanic系住民等で人口増加が続く）以外の先進国と同じように日本社会の少子高齢化から成人・老人病と認知症の個人・家族・社会への重荷（バーデン）がますます重くなっていくのだけれども、まだ「介護や認知症」がそれほどは文学やエンタメの主題にはなっていないが、今後それも増えるであろうと予測をしておきます。その内に自分で何か企画してみようかな？　乞うご期待。

この間のピロリ菌関係のセミナーの時は、夏目漱石が

表1　日本文学史に見る疾病・死因トレンド（飢饉・天災・感染からNCD等へ）

| 時代・年号 | 著者・作者 | 作品 | 疾病・死因等 | 参考 |
|---|---|---|---|---|
| 9世紀以前 | ??? | 竹取物語 | 事故・龍・UFO | 富士（不死）山由来 |
| 1001頃 | 紫式部 | 源氏物語 | マラリア、産褥熱、自殺未遂（宇治十帖） | ヒステリー、祟り |
| 1170-90頃 | 鴨長明 | 方丈記 | 飢饉、餓死、天災、火災 | 大震災・戦乱 |
| 1150-92頃 | 琵琶法師？ | 平家物語 | 熱病、戦死、自殺 | 出家 |
| 1896（24） | 樋口一葉 | （5000円紙幣） | 肺結核（死亡） | |
| 1916（49） | 夏目漱石 | （旧1000円紙幣） | 疱瘡・神経衰弱・胃潰瘍（大量出血） | タバコ＋ピロリ菌＋精神的ストレス |
| 1926 | 川端康成 | 伊豆の踊子 | 孤児・憂鬱・スペイン風邪 | 作者自殺 |
| 1950年代 | 宮崎駿 | となりのトトロ | 肺結核（母治癒） | |
| 1987 | 吉本ばなな | キッチン(1,2),MLS | がん・殺人、事故 | |
| 1991 | 武田鉄矢 | 101回目のプロポーズ | 交通事故死・PTSD | あなたが好きだから僕は死にません |
| 2001～ | 片山恭一 | 「セカチュー」 | 難治性白血病・PTSD | 祖父恋人結核治癒 |
| 2007～ | 村上春樹 | 1Q84 | 殺人、テロ | パラレルワールド |
| 未来の話 | 宮崎駿 | 風の谷のナウシカ | 戦争/公害、遺伝子 | クローン生物・再生 |

（「第10回白金キャリアプラットフォーム」2012年6月21日より改変）

四九歳で胃潰瘍大出血で亡くなった逸話について短い話をしました。胃潰瘍と胃がんの多くの原因は、僕が医学部で勉強したときには、原因は酒・たばこ・ストレス等と習ったものだが、その後オーストラリアの研究者が自分でピロリ菌を飲んで胃潰瘍が出来る事を証明し、今では定説になっている。二人は数年前にノーベル賞を取りました。ナポレオンも胃がんで亡くなったというのが最近の説なのであの大英雄もピロリ菌と軟禁のストレスで胃潰瘍・胃がんへ進んだのだろう。毒殺説もあるのだが……。

第二次世界大戦の終戦（日本には敗戦）後、東大分院とオリンパスの共同研究に端を発する胃カメラ・内視鏡の研究開発のおかげ（それについては『光る壁画』（一九八〇年、吉村昭）がお勧め）で、早期診断や侵襲の低い内視鏡治療の恩恵を受ける人も沢山いる。今ではピロリ菌検査と除菌治療が出来て予防さえも出来る。但し、何でも医科学では最初の発見から実地医療までは、安全性・有効性をヒトでも確認する過程（トランスレーショナル・リサーチ）が必要だし、その為には少なくとも十数年は掛かってくる。その辺を出来るだけ短くするような仕事には僕も日本に帰ってから今でも関わって居る訳なのです。

実は、この前ファイザーさんをセミナーに呼んだときと産業医として喫煙対策の講義をしたときにも、この表を使ったのでした。タバコ病と内服できる新薬の禁煙補助薬（「愛でタバコがやめられますか？」という仲間由紀恵さんと温水さんのモデル家族を使ってファイザーがキャンペーンをしている）に関係していたので。夏目漱石は毎日紙巻きタバコ（あさひブランド）を六十本位吸い続けていたそうだ。その上家族との精神的葛藤によるストレスがあったという事が言われています。英国留学中は「神経衰弱」というがおそらくはうつ病のような状態が続いたようだし。国立大学の安定職を捨てて、朝日新聞社で流行作家の仕事をすると言うのは、今で言えば雇用不安定のストレスが毎日続いて居たはず。東大の英語の講義で学生を叱責したら、その後その学生（藤村操）が遺書「巌頭之感」を残して華厳の滝に飛び込み自殺をして世間を騒がせた事件がトラウマになっていないとは思いにくい。『我が輩は猫である』にも華厳滝の話がでてくるし。なにか彼氏が「歩く近代日本人そのもの」みたいな気がするのは僕ばかりではないだろう。「グローバル人材」としては大学や企業にとっては「使いにくい奴」だったのかもしれないが。そんなこんなを踏まえて、漱石の作品を読んだり、まだ読んでいなかったものを「誤読」したりするのも面白い。一部は英語訳が出ているので、君たちにもお勧めします。まずは ”I am a Cat” からね。

もう一つタバコに関してだけど、喫煙習慣はピロリ菌やパピローマ・ウイルスなどを大きく引き離して、今でも日本の「防げる死因（プリベンタブルデスコーズ）」の圧倒的な首位だし、直接喫煙だけでなく、間接喫煙も肺がんや呼吸器・循環器疾患、胎児発育阻害などの間接喫煙障害を起こす事が疫学的に証明されています。君たちの母方のひいお祖父さんも、ペルーと日本の間の貿易商で、お祖母ちゃんと姉妹数人はリマ市生まれで christian name がある。Hitomi の second name はそれを使わせてもらったね。ひいお祖父さんはその頃の日本男性に多いヘビースモーカーで、肺がんで亡くなったので、僕は写真でしか知らない。聞くところでは、かんしゃく持ちだったけど娘たちには優しいとかは、僕に性格が遺伝しているのかな？

ボストンから君たちが帰ってきたとき一ヵ月ぐらい後にすぐ言った感想が「日本のレストランや駅はタバコ臭い」というのがあった。どうか自分たちやこれからつきあう ”people who you really love（君たちに大事な人たち）” がもし喫煙者だったら、是非禁煙を勧めて下さい。今は良い薬や禁煙外来もあるからね。月並みだがやはり「愛（Love）」

が大事。
もう一つの君たちの感想が「所沢でこの一ヵ月にみた「肥満している人（オビースパーソン）」はたった一人だった」というのもよく覚えている。USAの水準の肥満って本当に前から見ても横から見てもまん丸とか楕円形の人たちで、マサチューセッツでも三割以上の住民はBMAが三十以上だものね。でもその時は気がつかなかったけど、僕も日本の水準としては太っていて、検査をしたら軽いメタボ系パターンだった。この四年くらい、テニスとバドミントンを続けそれにカロリーに気をつけたダイエットに励んだら、体重は六七kgから五八kgまで減り、腹囲は一五cm以上も減った。九kgのバーベルをおなかに付けて居たみたいなのだから、それが無くなった上に少し筋肉が付いて、テニスが上手くなるのは当然なのだと思います。君たちもダイエットと有酸素運動を続けるのだよ。USAや日本以外の所でも気をつけるように。「男子校」とジェンダー・ギャップIssueについても書きたいけど、もうスペースがないし今後の宿題だね。

## おわりに

ここで言及したのはたぶん六年間に読んだ本（教科書・参考書・漫画・雑誌は勿論別で）のうちの数％にも満たないのだと思うのだけど、なんだかやっぱり「僕たちはどう生きてきたか」というより「僕は何を読んできたのか」になってしまったね。僕がアマゾンで中古本をimpulsive and addictive buying（衝動的・依存的に購入）して、家の床が本の重さでかしぎそうになっていて、ママも君たちも嫌な思いをしているのだろう。申し訳ないとは思いながらその罪滅ぼしの一部として、この文章を君たちに捧げます。

To Dear Izumi and Hitomi. From Your Dad. With Love.

**山川彰夫**（やまかわ・あきお）
東京大学医科学研究所特任教授。Academic Administrationがメインの仕事で、研究は専らコラボ。日本経済のバブル崩壊頃にUSA、Bostonのがん研究所に留学し、二〇〇六年に帰国後、JST研究開発戦略センターに二年間勤務。医師・医学博士。

# 武蔵を出てなぜ新聞記者になったか

磯野彰彦

早稲田を出て新聞記者になった。在野の精神を掲げ、マスコミに多くの人材を輩出している早稲田の卒業生としては珍しくもないが、武蔵のＯＢで新聞記者になる者はそれほど多くはない。私がこの道に選んだのは武蔵の六年間が大きく影響していると思う。それについて書いてみたい。

一九七〇年六月二二日。日米安全保障条約が自動延長された。「武蔵七十年史」によれば、この日、「安保問題についての全校集会を学校として認め」、翌二三日には「交通混乱を予測して中一、中二を休講。中三以上は学年ごと討論会の後、一部有志大学生と合同で校外をデモ行進」とある。その時高校一年だった自分が何をやっていたのか。記憶がはっきりしないが、討論会には参加したが発言はせず、デモには加わらなかったと思う。

落ち着かない気分だったことは覚えている。同級生の中には「教室でじっとしている場合ではない。街に出て安保反対の意思表示をすべきだ」と演説する者もいた。高揚している。それはそれでいい。でも、ちょっと違うんじゃないか。そんな感じがした。

六月一八日の日記に「学校ではこのごろ安保がよく話題になる。今日も昼休みに高一だけの討論会があった。昼休みだったが、Ｄ組の教室に五十人くらい集まった」とある。続けて「話し合っていることは幼稚だと思う。幼稚ではないにしてもまとまっていない」。自分が何を幼稚だと思ったのか。何をまとまっていないと思ったのか。日記にそれについての記述は見当たらない。「こいつら勇ましいことを言っているが、いつまで続くのかね」という思いではなかったか。

彼らは今はかっこいいことを言っているが、長続きはしないだろう。地に足がついていない。自分は勇ましいことを口にはしなくとも、じっくり取り組んでいく。社会を変えていくというのはそういうことだ――。ついていけないことへの言い訳もあったとは思う。が、漠然とそんなことを考えていた。

実際、一週間もすると「もう安保の話もあまり出なくなった」(六月二九日の日記)。七月初めには期末試験が迫っており、試験をボイコットするとか、校舎をバリケード封鎖するとか、そういう熱気はなかった。

政治の季節が終わりかけていたのだと思う。武蔵には中核派の下部組織である反戦高協や革マル派の反戦高連、あるいは第四インター(四トロ)に所属する者、さらに過激な黒ヘルを被る者もいたが、次第に校内では活動をしなくなっていった。いつだったか、中庭でアジ演説をしようとしていたヘルメット姿の同級生が、武蔵の新校舎の名物ともいえる階上からの水爆弾を受け、血相を変えて階段を駆け上がっていこうとした。水を投げたのは中一か、中二だろう。そんなに怒ってもしょうがないのに。

赤軍派と京浜安保共闘が合体して連合赤軍を結成し、管理人の妻を人質にとって軽井沢のあさま山荘に立てこもり、自壊したのはそれから一年半後の一九七二年二月。授業があったはずなのにずっとテレビを見ていた気がする。

一九六八年の国際反戦デー(一〇月二一日。「じゅってん・にいいち」と呼ばれた)の新宿騒乱事件で権力の横暴さを目の当たりにし、これでいいのかと考えた中学二年生も、このころ(高二)になると総括と内ゲバに突き進む学生運動に未来があるなどとは思わなくなる。同級生の多くが「少しは自分の将来を真面目に考えよう」と気持ちを新たにしたのがこの時期だったのではないか。

昔の日記をひっくり返していて「先生は授業中に、中三ぐらいで自分がなにになるかを考えなさい、あるいは決めておけとおっしゃった」という記述をみつけた。敬語を使っているところがわれながら純朴だと思うが、ここに出てくる「先生」は社会科の上原一郎先生のようだ。先生の授業を受けて、自分は何かをよく考えるようになった。頭の中でいったん自分探しの旅に出ると、なかなか戻れなくなった。

将来の職業について日記の書き込みで整理したのはそれから少したって、一九七〇年の八月末。高一の夏休みだった。書き出しで「小学生のころの単純な願いではなくて、切実な問題として自分の職業を考えてみたらどうだ」と自問している。「小学生のころの単純な願い」とは何を指すのか。

この時代誌の原稿を書く前は、自分の新聞記者志望は小学校高学年以来だと思い込んでいた。六年生の時に学級新聞の編集長のようなことをやっていたし、文章を書いて人に伝えることも好きだった。なので、卒業文集には将来なりたい職業として「新聞記者」と書いていたはずだった。ところが、本棚の奥から引っ張り出した文集の「夢と希望」の欄には「小学校の教師」か「宇宙方面の科学者」とある。同じクラスの三人までが「新聞記者」や「ジャーナリスト」と書いているのに、だ。記憶など当てにならない。おそらく後づけで思い込んだのだろう。ともあれ、武蔵に入ったころは「教職」か「研究者」を目指していたことになる。

高一の夏休みの職業選びの日記に戻る。まず、「スポーツ選手」と「芸術家」を挙げて「×」印がついている。理由は「才能がないから」。わかりやすい。それから、専門的な職業か、一般的な職業か、という分類や、世のため人のためか、自分のためか、といった分類が書いてあり、具体的な職業が並んでいる。「政治家」は「カネがかかるからだめ」、「企業の経営」は「資本がないからムリ」、「一流会社のサラリーマン」は「なんとなくイヤ」。サラリーマンの前に「一流会社の」とあるのに笑ってしまう。「官庁」は「〇〇が行くと言っているからあまり行きたくない」。実際には〇〇は官僚にはならず、民間企業に行ったのだが。

「ジャーナリスト（書く仕事）」にも「×」がついている。ただ、理由のところに「僕に才能があればやるんだが」とあり、未練がましさがにじみ出ている。「結局これかぁ」と書いていたのが、「自分でしかできない何か専門的なこと」。でも、これは職業ではない。一方で「又は教師」という書き込みもあった。まだ揺れている。

それから半年後、「ふとジャーナリストになりたいなどと思ったりしている」（一九七〇年二月六日）という書き込みをみつけた。なぜそう考えるようになったかはっきりしないが、武蔵の同級生から「お前は何になりたいんだ」と追求され、つい口走ってしまったようだ。日記にはだれだれにこう言われた、だれだれはこういうやつだ、といった書き込みが多い。マイペースで生きてきたつもりだったが、武蔵の同級生の行動や言質を気にし、影響されていたことがわかる。

その年の三月の日記では新聞やテレビの報道ぶりを批判している。具体的には連合赤軍のリンチ殺人報道について。あさま山荘から一カ月がたち、犠牲者の数は十数人に増えていた。「狂気だの何だのと極端な言葉を使って彼らを特別な人種扱いし、いくら治安を強化しても、何ら問題の解決にはならないのではないか」「僕が報道機関に期待するのはプロセスをもっと多く取り上げることだ」「問題はできる限り客観的に報道すること。そのうえで、ある考え方を提供して、人々に影響を与えればいい」。特異な事件についてマスコミがセンセーショナルに取り上げるのは当時も今もそう変わらないが、「自分だったらこう伝える」という考えが、このころから頭の中を占めるようになった。「巨泉・前武のゲバゲバ90分!!」や「木枯らし紋次郎」など、相変わらずテレビのバラエティやドラマ番組もよく見ていたが、ニュースにも関心を持つようになっていた。

武蔵はエリートの学校である。恵まれた人たちの、と言ってもいい。当時、卒業生の三分の一くらいが東大に進学していたし、良家の子弟が多く通っていた。授業料は私学の中で最も高い部類だったはずだ。今では考えられないが、生徒の名簿には生徒本人だけではなく「父兄」の氏名も掲載され、その職業(勤務先)までが載っていた。一部上場企業や銀行、官庁、大学、医師、弁護士などが並ぶ。多くはないが、NHKや朝日新聞、毎日新聞なども出てくる。武蔵に在学する兄弟を記入する欄もあった。それだけ「兄弟で武蔵」(私もそうだったが)が多くいたわけだ。

私の父親は一九四二(昭和一七)年に東大法学部を出て、日本製鉄に入社した。戦後、八幡製鉄と富士製鉄に分割されて富士に移り、一九七〇年に再び一緒になって新日鉄が誕生した。新日鉄では専務取締役名古屋製鉄所長を最後に退職し、グループ会社の社長になった。遺伝子の面でもそうだが、経済的にも私は恵まれていた。

出身はどこの高校かと聞かれて「武蔵です」と答え、「あ、私立のほうです。江古田にある」と注釈を加える。都立武蔵ではない。麻布、開成と並ぶ私立男子校「御三家」の一つなのだと。ホンネは自慢したいのだが、堂々とは自慢できないというような、複雑な心境。鼻持ちならないエリート意識の裏返しだったかもしれない。

そういう恵まれた資質、恵まれた環境を何のために使うのか。自分のためでいいのか。高給取りでいいのか。趣味に生きていいのか。そんなもやもやした気持ちがあり、一方で自分のやりたいことをやりたい、好きな道に進みたい。そういう気持ちもあった。新聞記者はその両方に折り合いをつけられる職業だったように思う。

もうひとつ、新聞記者の道を選んだのは武蔵の三大理想の三番目「自ら調べ自ら考える力を養うこと」も影響している。新聞やテレビを批判するなら、自分がその仕事をやるしかない。武蔵にいる間に「自ら調べ自ら考える」姿勢をたたき込まれた。洗脳された、と言ってもいい。他人の言うことを信用できないなら、自分で調べればいい。マスコミがおかしな報道をしているなら、自分が記者になって取材した情報を伝えればいい。自分の目で見、耳で聞いた確かなことをニュースにし、それで世の中が良い方向に変わるなら（もちろん、自分が考えるところの「良い方向」だが）満足ではないか。かっこよく説明すればそういうことになる。

世の中をよくするには、政治家や官僚の道もあるだろう。しかし、権力には誘惑があるだろうし、「権力は必ず腐敗する」という思いもあった。現役で東大文Ⅰと早稲田の政経（政治）に挑戦してあっけなく敗退し、一浪して「お前の成績では文Ⅰは無理だ」と言われながら再び文Ⅰを受けたのは、将来の官僚の卵たちと一緒に勉強し、官僚機構を外部から監視（チェック）したいと考えたせいもある。結局、文Ⅰは通らず、早稲田の政経（政治）に進み、新聞記者になったのだが。

サラリーマンになるというのは組織の歯車になるということだ、と考えていた。新聞記者もサラリーマンだし、歯車の一部なのだが、ともかく当時はそう考えていた。就職活動は一般企業を一切回らず、マスコミに絞った。父親からは「お前は作家になりたいのか。文才があるとは思えないが」と言われた。父親の世代からすれば、記者イコール作家だったのかもしれない。

早稲田では英字新聞会（「ザ・ワセダガーディアン」）に所属した。時事英語の勉強サークルではない。実際に取材し、英語で記事を書いた。当時の早稲田の日本語の学生新聞は革マル系か、勝共原理系、元反帝学評系の文芸紙、スポーツ紙だったので、迷わず英字新聞を選んだ。英字新聞を発行する主力は一年と二年で、三年生になると一応現役を引退する。就活までやることがないから、ＳＥＮＡ（Student English Newspaper Assosiation of Japan）という大学間の横断的な組織を再結成し、その関東部門の編集長を務めた。関西支部との合同合宿では面と向かって「早稲田の客観報道」が批判された。「なぜ早稲田は主義主張を掲げないのか。関東の連中は腰が引けている」というのだ。

その場では強く反論しなかったが、声高に主義主張を唱えて世の中が変わるとは思えなかった。主義主張を掲げるのは比較的容易だ。しかし、それをいつまで続けられるのか。学生の間だけのモラトリアムではないのか。バンバンの『「いちご白書」をもう一度』(一九七五年八月)の歌詞(荒井由実作詞)ではないが、就職が決まって長い髪を切り、不精ひげを剃って、「もう若くないさ」と言い訳はしたくなかった。一九七〇年六月の安保自動延長の時に武蔵で考えたことと共通している。

新聞記者になれたのは運もあったと思う。当時のマスコミの入社試験は四年生の一一月に行われ、軒並み不合格だった。留年を覚悟し、久しぶりにジャーナリズム論の授業に出たところ、教授から「毎日新聞が三年ぶりに採用することを決めた。この中に受けたい者はいるか」と言われた。毎日新聞は経営が悪化し、負債は旧会社に残して新会社が新聞を発行していた。三年も新卒を採らなければさすがに業務に支障が出ると考えたのだろう。こうして一月中旬に入社試験が行われ、新旧分離後の一期生として二五人の仲間(記者職だけの人数)と共に毎日新聞の一員となった。その後、毎日新聞には三三年間在籍した。好きなことを言い、好きなことをやれたのだから、幸せな記者人生だったと思う。

私の不勉強もあるかもしれないが、武蔵の卒業生で新聞人、マスコミ人として名を成した人はあまりいないようだ。毎日新聞には赤松大麓さん(二一期)という先輩がいて論説委員長をやったが、その人くらい。肩で風を切るようなやくざな新聞記者はいないし、ハンターのように特ダネをとってくる記者も少ない。だからといって記者に向いていないとは思わない。

武蔵生は群れない。付和雷同もしない。百万人行けども我行かず、といったところがある。そういう教育を六年間受けたことで自分の見方、考えを大事にするようになった。これは記者向きである。みんなが右と言っている時に、左じゃないかと言う。へそまがり記者も時には重宝される。

最初、政治記者を志したが、福島支局五年のあと、東京本社社会部に配属され、その後、経済記者が長かった。取材ではあちこちで武蔵の卒業生にお世話になった。初めて大蔵省(現財務省)を担当した時の大蔵大臣は宮沢喜一さん（一一期）だった。通産審議官やジェトロ理事長を務めた畠山襄さん（二九期）にはガットウルグアイラウンドの舞台裏を取材したし、三井物産副社長から日本ユニシス社長、住宅金融支援機構理事長を歴任した島田精一さん（三〇期）はバレー部の先輩だ。鉄鋼担当の時の新日鉄広報室長は武蔵の先輩で、日産自動車の広報はバレー部の後輩。切りがないのでこのくらいでやめるが、わが同期の四七期生にもそれぞれの専門分野の話をいろいろ教えてもらった。巻頭座談会で西谷編集長が「磯野の顔の広いのにはびっくりした」と話しているが、顔が広いというより、仕事柄みんなの動静を気にかけていたということだろう。

二〇一一年四月からは昭和女子大学で仕事をしている。毎日新聞は五六歳で選択定年退職した。新しい仕事は常勤職員としてキャリア支援センターで学生の就職相談に乗ること。二〇一二年四月からはメディア論と経済の授業を持たせてもらっている。毎日新聞では編集局のあとデジタルメディア部門を担当し、新聞社の将来の収益部門をどう育てていくかについて知恵を絞った。また、最後の二年は記事審査と第三者委員会の事務局の仕事をしたので、それらの経験はメディア論の授業に役立っている。「新聞記者は天職」と考えて生きてきたが、第二の人生に踏み出してみると、教えることも案外自分に合っているのかもしれないと思うようになった。

再び武蔵の話を。前に、自分は恵まれていたと書いた。東京の三鷹で生まれ、小学一年までそこで暮らし、父親の転勤で二年、三年は岩手県釜石市で生活した。小学校の高学年で習う漢字を少しは読み書きもでき、担任の女性の先生には可愛がられた。釜石は企業城下町だ。社宅も一般社員が住む長屋から高台の所長社宅まで格差がある。私が住んだのは鉄筋コンクリート四階建ての課長社宅だった。体育館での朝礼だったか、いきなり突き倒された。「課長の息子だと思って」と言われた。標準語を使い、冬でも半ズボンの転校生はいじめの対象だったのだろう。

小学四年で世田谷の区立小学校に転校した。三歳年長の兄が武蔵に合格したためで、父親は単身赴任となり、母と兄、私は祖父母（母の両親）と暮らした。相変わらず運動神経は鈍かったが、成績はまずまずだったので学級委員にも選ばれた。六年生になると生徒会長もやらせてもらった。

中学は武蔵と教育大付属駒場（現在の筑波大付属駒場）を受けた。教駒は落ちたが、あまりがっかりはしなかった。

父と叔父、兄の母校でもある武蔵に入りたかったからだ。進学教室にも通ったが、今でいう「お受験」に勝ち残れたのは母親の熱意のたまものだったと思う。その後、私の長男も武蔵に入ったので、磯野家は三代五人が武蔵でお世話になったことになる。

そうして入った武蔵には、元生徒会長がごろごろしていた。中にはまったくと言っていいほど勉強をせず、成績が悪くても気にしない（ように見える）強者がいたが、反対に、勉強をしている様子もないのにトップクラスの同級生もいた。正直、かなわないなぁ、というのが実感だった。高校で編入生が一クラス分入ってくると、さらにその思いが強まった。中学からの一握りのトップ集団がいて、その次に編入生が位置し、私の成績は約四十人分、そのままドスンと落ちたのだ。

武蔵では学期ごとに成績の順位が発表される。私は中三の一学期が二八番で、二学期に一〇三番まで急降下し、三学期でまた二四番に返り咲いた。何をやっているんだか。編入生が入ってきた高一の一学期は九三番、二学期一三三番。本人の能力不足、努力不足もあり、あとは卒業までこの近辺を推移した。

武蔵生には、成績は悪くても、どこか余裕を見せようとするところがある。いや、少なくとも私はそうだった。三年上に兄がいたし、中高一貫教育なので中学時代から高校生のまねごとができた。背伸びをしていたのだと思う。

「COM」という月刊コミック誌がある。正確には、あった。手塚治虫の虫プロダクションが一九六七年一月に創刊し、創刊号は二〇六ページで一五〇円。副題は「まんがエリートのためのまんが専門誌」とある。「エリート」という言葉にそそられたのか、私は熱心な読者となり、手元には創刊号から十号くらいまでが残っている。

創刊号の巻頭は手塚治虫の『火の鳥』。続けて永島慎二の『シリーズ黄色い涙　青春残酷物語』、石森章太郎の『ファンタジーワールド　ジュン』。評論家の尾崎秀樹氏も編集スタッフとして参加していた。白土三平の『カムイ伝』が看板の雑誌「ガロ」も熱狂的なファンを大勢抱えていたが、「COM」はそれに対抗するような存在だった。「お前がガロなら、おれはCOMだ」というような。

「COM」は新人の発掘、育成に力を入れたが、長続きはしなかった。今回、都市出版の「東京人」二〇一二年九月号の特集「一九七二年　政治の季節から荒井由実へ」を読んで、この雑誌が一九七二年には活動を休止し、虫プロ倒産と共に一九七三年に廃刊となったことを知った。それから、創刊は私が武蔵に入る前の小学六年の一月だったこと。私にとっては「武蔵イコールCOM」という思い出だったので、意外だった。

まんがの世界では少年チャンピオンに連載された『ドカベン』（一九七二〜八一年）や、ジャンプの『ハレンチ学園』（一九六八〜七二年）などが人気を集めたが、武蔵ではあまり読まれていなかったように思う。あるいは、読んでいても、あまり公言しなかったのではないか。少年マガジンで一九六七年に連載を開始した『あしたのジョー』は別格で、大学生にも人気があった。

まんがは若者のカウンター・カルチャーの一角を占めていたはずだが、武蔵ではあまり話題にならなかった。というか、「COM」の話題を出してもかみ合わなかった。自分自身、イラストレーターのまねごとくらいはしていたが、まんが家になりたいというほどではなかった。武蔵卒のまんが家もいなかったのではないか。苦労する割にはもうからない、という計算が働いたのかもしれない。

武蔵では、背伸びしていたのだと思う、と前に書いた。では、どの分野で背伸びしていたのか。成績はだめだったから、趣味で背伸びした。あるいは酒、たばこ、女。年齢制限があるものから書けば、高二の夏には武蔵の同級生数人で新島に旅行し、酔っ払って二日酔いになった。たばこは記念祭小委員をやった中三の時に、喫茶店で先輩の委員から勧められたのが最初。頭がくらくらした。高二で奈良や京都に修学旅行をした時にはまわりもたばこを吸うのが当たり前になっていた。一六歳で原付バイクの免許を取ったが、ペーパードライバーだった。女は、背伸びしたかったが、背伸びし切れなかった。

音楽は三年上の兄が音楽部に所属し、家族そろって音楽が好きだったのでよく聞いたし、楽器も手にした。親にせがんでウッドベースを買ってもらったのが中三の夏。家に届いたのが七月二一日で、その時にテレビではアポロ一一号の人類初の月面有人着陸（一九六九年七月二十日）を流していた。値段は確か二万八千円だった。

ウッドベースを弾いたのは武蔵の同級生と組んだPPM（ピーター、ポール＆マリー）のコピーバンドだった。そのころウッドベースを持っている生徒は少なく、声をかけられて音楽部ジャズ班に所属した。『A列車で行こう』や『ブルーロンド』『モーニン』などスタンダードな曲が多かったが、それほどジャズの素養があるわけではなく、実はついていくのがやっとだった。というわけで、ジャズもやっていたが、記念祭などで演奏し歌うのはフォークソングが多かった。五つの赤い風船や岡林信康。あるいは一九六九年の第三回ヤマハ・ライト・ミュージックコンテストでグランプリを争った赤い鳥やオフコース、チューリップなどのファンだった。中二の時、バレー部の練習に行ったら、一年先輩が『帰ってきたヨッパライ』(フォーク・クルセダーズ)の話をしていた。自分が知らない話をされると、意地になって別の知識を入手して、ひけらかすようなところがあった。オールナイトニッポン、パックインミュージック、セイ!ヤング。眠い目をこすりながらラジオの深夜番組を聞いて、翌日、その内容を披露しあった。なんだったのだろう、あの生活は。

音楽好きは大学に入っても変わらず、ただ、武蔵を離れて肩の力が抜けたのか、なんでもやった。神田神保町で安いエレキベースを買い、ビートルズやローリングストーンズのコピーから、エリック・クラプトン(ドアーズ)、かぐや姫の『神田川』、井上陽水の『夢の中へ』、友人のオリジナルまで「何でも来い」状態だった。

それから約二十年が経過した二〇〇二年の夏、AERAなどいくつかの雑誌に掲載されたヤマハ大人の音楽レッスンの一ページ大の広告に、カジュアルな服装でエレキベースを手にする自分が登場した。当時、毎日新聞の経済部副部長(デスク)。大学時代のバンド仲間がヤマハに勤めており、そこから声がかかったのだが、広告に出たのはなんとなく仕事が煮詰まっていたこともある。ふだんとはまったく違う私の写真を見て、新聞社の同僚は一様に驚いたが、武蔵の仲間には違和感はなかったと思う。

武蔵の六年間の日記には当時読んだ本や映画の感想も書き連ねている。例えば、一九七一年、高二の一二月には、高野悦子の『二十歳の原点』を購入したとの記述がある。立命館大文学部生。彼女はその二年前の一九六九年六月二四日に二十歳で鉄道自殺した。「ベストセラーを買うことに何かしら抵抗を感じる」と書きながら、孤独を理由に自ら命を絶つというのはどういうことなのだろうと想像している。私の〝読書ノート〟(日記の一部)はそこから原口統三(一九二七~一九四六年。詩人)の『二十歳のエチュード』に飛び、さらに岸上大作(一九三九~一九六〇年。歌人)を取り上げている。ポール・ニザンの『アデン アラビア』の冒頭の一節『僕は二十歳だった。それがひとの一生で一番美しい年齢などと誰にも言わせまい』も出てくる。
自殺願望があったわけでもなく、ただ、自分はそれほど長生きしないのではないかと思ったりしていた。若者にありがちな、考えだったかもしれない。現実には五八歳になり、武蔵の思い出を頭の隅に置きながらしぶとく生きている。

〝読書ノート〟にはほかに、元毎日新聞外信部長の大森実氏が書いた『虫に書く』や、武蔵の先輩でもある柴田翔氏（二七期）の『されどわれらが日々』なども。武蔵は古典を読ませる学校だったのでそういう文学がたくさん出てくるが、マスコミ本や大学生活を思い描くような本にも手を出していた。

記念祭。毎年、創立記念日（四月一七日）の直後に開催される武蔵の文化祭はわくわくする行事の一つだった。バレー部では勝てそうな学校を選んで招待試合を行い（それでも負けた）、仲間とバンドを組んで階段型の視聴覚教室の舞台に立った。友人と企画して出展した高三の記念祭は、教室を暗くして、父親の八ミリ映写機を持ち出し、ニュース映画を流した。皇族が国内を回っている場面があったように思う。バックグラウンドミュージックは小室等と六文銭のスローテンポの曲。催しのタイトルは「屁糞曼荼羅」とした。顧問を漢文の先生にお願いしたところ、心配そうに何度か覗きに来てくれた。

見かけ倒しだったと思う。この部屋（教室）を使ってもっといろいろなことをするつもりだったが、私が記念祭小委員会の仕事が忙しかったこともあり、なんだかよくわからない場の提供に終わったと思う。部屋には天地真理（あまちまり）のポスター（ファーストアルバムの付録のほか、若者向け音楽雑誌にもついていた）をたくさん貼った。武蔵生がほとんど見向きもしないような当時の「アイドル中のアイドル」で、無性に好きだった。背伸びの話をしていたつもりが、まったく背伸びをしていなかった話になった。

武蔵を卒業して約四十年。この本の編集委員でもある岡君に引きずりこまれ、現在、同窓会の財務企画委員会の委員長をやっている。委員は運動部ＯＢばかりで、同期はサッカー部の岡君とバスケット部の桑水流君（彼は財務企画委の副委員長と、新設のメディア委員会の委員長を兼務。ＫＤＤＩ）と私。恩返しというわけではないが、少しは母校や後輩のために何かしたいという気持ちが出てきたのかもしれない。二〇〇九年一一月にはバレー部ＯＢ会（武蔵バレーボールクラブ、ＭＶＣ）の六十年史の編集責任者も担当した。バレー部には大学一年の時に中学のコーチ（監督）としてかかわったが、練習中に指をけがしたこともあり、その後はほとんど顔も出さなかった。それが今では毎年九月のホームカミングデーに参加し、体育館でバレー部の現役とＯＢの練習試合を観戦したあと、江古田駅近くの「お志士里（しどり）」で開かれる懇親会の常連でもある。

二〇一二年七月一三日の毎日新聞朝刊に、中高一貫教育をテーマにした特集記事が掲載された。取り上げられたのは麻布と雙布と武蔵で、梶取弘昌武蔵高校中学校長（われわれの二期先輩。音楽部）は「本校の教育の基本は『本物教育』と『自調自考』です」と発言している。われわれが武蔵にいたころは「本物教育」という言葉は聞かなかったように思うが、「本物に触れ自ら調べ考えるため、原資料、原典に当たることを社会、国語などの授業で行います」と言われると、確かにそうだったと思う。もうひとつ、この特集の中で梶取校長はＯＢの社会人や大学生が講師を務める「キャリアガイダンス」を紹介している。私自身、四年前にこの特別授業に呼ばれ、新聞記者の仕事について話をしたことがある。われわれの時代にはなかった講義だが、どの大学、学部、学科を目指すかを決める前にこういう話を聞けるのはいいことだと思う。

武蔵四七期生による本書が発刊されるのと相前後して、創立九十周年を記念して武蔵学園後援会の拡大幹事会が「武蔵クロニクル」を出すことになっている。そこにも書かせてもらったが、武蔵についてひとことで言えば「いい学校」に尽きる。もちろん、私にとって、だが。なんとかのひとつ覚えのように唱えていた「自ら調べ、自ら考える」は、その後の人生の大きな指針になったし、中高六年間（人によっては三年間）過ごした仲間とは一生の付き合いになった。どこの大学に入れたかというより、生涯の友ができたことが一番の財産と考えている。

このところ書店で「本当に強い！中高一貫校２０１２」（週刊東洋経済二〇一二年四月二一日号）や「決定版中高一貫校高校ランキング」（週刊ダイヤモンド二〇一二年五月一九日号）などの特集記事を目にすると、ついつい手にとってしまう。もはや麻布、開成と並ぶ「御三家」と称されることはないし、「開成、駒場東邦、巣鴨、桜蔭など、しっかり勉強させるイメージの強い学校が志願者数を伸ばし、麻布、武蔵、桐朋など、自主性に任せるタイプの学校が敬遠された、二〇一二年の中学入試模様。不安な時代を生きる親の気持ちをストレートに反映したものとなった」(東洋経済)などと書いてあるのを読むと、そんなものかねと皮肉りたくもなる。だが、「自主性に任せる学校」と論評してもらうだけでもありがたいと思うべきかもしれない。

今年二九歳になった我が家の愚息はまったく結婚する気配もなく、少なくとも私の系統では「武蔵四代」は容易ではないだろう。まぁ、それはほかのOBにお任せするとして、あと何年生きられるかわからないが、われわれを育んだ武蔵がいつまでも武蔵であってほしいし、そのためのお手伝いを少しはやらせてもらうつもりだ。

# 武蔵の時代——親子関係のひずみ

今井 顕

現在私は音楽家として生計を立てている。音楽大学でも教えているので定収入が約束されたサラリーマンだが、定年退職後の自分自身の生活にもさほど大きな変化はなさそうだ。通勤こそなくなるが、日常の思考や行動パターンはおそらくそのままだろう。

音楽家でなければ何になっていたか、と考えてみたことがある。公立の小学校から武蔵中学を受験したそもそもの目的は、音楽家とは違うもっと「堅実」な職業に就くためだったはずだ。両親もそれを考えたからこそ、私学の学費を負担し続けてくれた。医者？　大企業の社員？　教育者？　いろいろ考えてみたものの、具体的なイメージは浮かばない。武蔵に入学した当時も、将来の夢はまだ固まっていなかった。

## 両親のこと

父は研究畑の人間で、国立の大学で難聴児教育に携わっていた。「耳の不自由な子供への教育はいかにあるべきか」という課題に心血を注ぎ、とりわけ聴覚障害を持って生まれた新生児、つまり「音」を経験したことがなく、これからも望めない子供にどのようにどんなコミュニケーション手段を与えていくか、ということを研究していた。福祉教育の面で日本より進んでいたヨーロッパの状況を視察し、それを参考にいろいろなことを試していたらしい。日本製の補聴器の開発にも積極的に関与していたが、これらはみな地味で儲かる仕事ではなく、なかなか出世できずにくさっていた時期もあったようだ。最終的には国立研究所の部長職をつとめ、それまで「追いつけ、追い越せ」と追求して得た研究成果をその頃まだ発展途上のアジア諸国に伝達する役目を担っていた。

母は音楽家だった。上野音楽学校（現在の東京藝術大学）のピアノ科を卒業し、演奏活動も行っていた。しかし演奏から生活収入を得ていたわけではなく、主たる活動は自宅で開いていたピアノ教室での指導だった。昭和三〇年代から四〇年代への時代は言わずと知れた高度成長期である。「追いつけ、追い越せ」だった。すべてが右肩上がりで、たとえ粗製濫造と誹謗されようとも、物もピアノも作れば作っただけ売れた時代だ。生徒も増えて当たり前。名のある音大出身であれば誰にでもピアノ教室は簡単に開設でき、たとえ満足に弾けなくても（たとえば歌科の出身者など）ピアノの先生になれた、というあきれた時代だった。特に募集などしなくても、この時代のピアノ教室に生徒はいくらでも集まった。多くは近所の子供たちである。母が設定していた月謝の額は世間並みだったと思われるが、毎月の収入総額はおそらく父の月収を上まわっていたに違いない。

そんな中で私の私立中学受験路線は定められていった。私自身、幼い頃から「趣味のピアノ」は続けており、それなりのレベルには達していた。しかしプロの音楽家の現実がどれほど厳しいかは、母自身が身にしみてわかっていた。演奏家には、なりたくてなれるものではない。街のピアノの先生という選択肢にもそれなりの収入は見込めたが、「目指して達成する男の職業」として誇れるものではなかった。音楽以外で身を立てられるよう、ひとり息子の教育に母親が熱心になるのは火を見るより明らかだ。自分の収入がその教育環境を維持している、という自負もあっただろう。こうしてすべてが母親中心にまわる家庭となり、外で働く父親の存在はあまり目立たなかった。

母親はひとり息子に夢を託し、支配した。母の胸中には無償の愛が渦巻いているだけだったのだろうが、私には母に従う以外の選択肢がなかった。まず、母親は私のピアノの先生だった。九才頃からは母以外の先生に習っていたが、すべて母の思惑通りに運んでいた。また日常生活が受験体制にシフトされる前には、母の提案によってピアノ以外にも絵画教室、習字、英会話など、習い事だけでも結構忙しい毎日を送っていた。小学校高学年になってからは受験の準備が始まったが、その切り盛りも母親が行った。当時まだ今日のような塾はなかったものの、日曜日ごとにテストを受け、成績のランキングが発表される進学教室が流行していた。そのテスト会場への送迎担当は母だった。週一回自宅に家庭教師を招き、合間にやるべき宿題や参考書のドリルの正誤チェックも母親がやっていた。こうした習い事のマネジメントに加え、母は私の母親としてもファミリーを仕切っていたのだ。

母の指示を守らなければ頬を打たれた。当時、親による体罰はあたり前だったが、「なんでこんなに頬を打ちたがるんだろう」という思いは胸の内にあり、どんな時も母親の顔色を気にしてしまう子供だった。そんなある時、受験勉強のための練習問題の正解を問題集巻末の回答例から転記してごまかしたことが露呈し、母親は激怒した。「なぜそんなことをするのか、そんな風に育てた覚えはない」となじり始めた母親に嫌気が差し、「要は叩きたいんでしょ、ほら」と自発的に頬を差し出した私の前で、母親は泣き崩れたのだ。

今考えてみれば、この瞬間はとてつもなく大きな岐路だった。「うるせえ、このババア」と私が逆上し、それ以降の家庭内暴力が勃発してもおかしくない瞬間だったのだ。しかしそれにはまだ私は幼く、あまりにも従順すぎた。そこには「すべてを取り仕切ってはばからない母親と、存在感の薄い父親」という家庭の構図があった。そして、ひとり息子である私。「両親の愛情を一手に身に受けて」といえば幸せな家族の縮図のようだが、今あらためてふり返ってみれば、複雑な思いがわきあがる。小学校で鉄棒のさか上がりができないとなると、校庭にあるような鉄棒を自宅の庭隅に設置して練習させる母親には、友達の手前も恥ずかしく、内心では閉口していた。しかし、なぜそれが迷惑なのかを論理的に説明することはできなかった。経済的に不安はなく、社会的にも安定し、外見は申し分のない家庭と家族だったが、親子関係における潜在的な危険水位はかなり高かったに違いない。しかし私自身にそれを感じる余裕もなかったし、反抗する術も気持ちも不足していた。

今ここで私が語ろうとしている時代より十五年ほど後の一九八〇年に「金属バット事件」[1]が勃発し、社会問題の一端としてクローズアップされた。その事件とて、実は「起こるべくして起きた」ものだったのだろう。おそらく私自身も家庭内暴力や引きこもりからそれほど遠くないところにいて不思議はなかったのだが、実際にそこまで追い詰められてはいなかった。その当時の日常には、それなりに満足していたのだ。

一九六〇〜七〇年代の一般的な親子関係にまだそれほど切迫感がなかった背景には、何があったのだろう。それはおそらく「昭和三〇年代の記憶」ではないかと思う。西岸良平の漫画『三丁目の夕日』や、それが映画化された『ALWAYS 三丁目の夕日』に描かれている世界だ。上を目指しながらもまだ「敗戦の挫折とその後の満たされなかった時代」の記憶が鮮明だったこと、そしてそれが親以上の世代全員に共通した実感だったことが、競争の極端な先鋭化を抑止していたように思われる。以前はあこがれに過ぎなかったものが手の届くところまで降りてきて、それをあと一歩で具現できそうな期待、理想を単なる夢と終わらせずに実現できそうな気運と可能性が社会的に内在していたことによって、多くのフラストレーションが解消されていたのではないだろうか。多くの人が「中流意識」を持っていたあの頃[2]、私のような家庭は珍しくなかっただろう。母は自分と同じような考えを持つ母親仲間に事欠くことはなかったし、おそらく自分の生活と、その中での自分の役割に絶大な自信と確信を持っていたに違いない。

## 武蔵の受験

そうこうしているうちに受験の日を迎えることになった。結果はあまりかんばしくなかったが（補欠二番手としてぎりぎりセーフだった）、入学は果たせた。そして今までとはまったく違った環境の中での生活が始まったのだ。男子校であることに思ったほどの違和感は感じなかったが、今までのように「成績に関しては（体育だけはからきし不調だったが）一目置かれているのかも」といった自意識過剰な感覚はまったく無用となった。「ピアノが弾ける」ということも、どうということはなかった。本来は実力を発揮できたかも知れない音楽の授業（泉先生）とて、武蔵でのそれは驚くような内容だった。「音楽的行為としては唯一校歌を覚えて歌うだけで、あとは作曲家の生涯を追いながら作品を鑑賞するのみ」という授業では、私の出る幕はなかった。

中学二年の最初の中間試験における幾何（鎌田先生）のテストで生まれて初めて零点をとったことも、今では懐かしい思い出だ。なおこの時に零点をとったのは、幸い私ひとりだけではなかったように記憶している。自由気ままな武蔵の校風は私にとって貴重な息抜きとなり、「東大合格が射程範囲にある受験校であるからには、かなり気合いを入れて勉学に励まなくてはならないのだろうな」という緊張は無用のものとなった。もし中学以降も引き続き競争に翻弄され、結果を求められていたら、その後の青春時代はどのようになっていただろう。もっと「金属バット」に近づいていたかも知れない。

「さし当たって結果を出す必要がない」という武蔵の環境は、それまでとは異なった不思議な空間だった。一方で「こんな楽な状況が続くことはあり得ない」と予感しながらも、実際の日常はいたってのんびりとして切迫感がない。しかし不思議なもので、一見無気力そうに暮らしていて[3]も、武蔵の建学の精神のひとつである「みずから調べ、みずから考える」[4]ことは自然に身についた。しかし武蔵にいる限り、そこから導かれる結果について問われたり評価されることはなかった。「結果」よりも「そこに至るプロセス」が重視されていたからだろう。同じく「世界に雄飛する人物たれ」[5]に関しても、「成功しろ」という尻たたきとは違った、もっと大きな自由を感じさせるものだった。

当時の実社会で普遍的だった成功像とは、まだ旧態依然とした「東大を筆頭とするメジャーの国立か有名私立大学を卒業し、大会社か大手銀行に勤め、それなりの地位（部長クラス?）まで登りつめて勇退すること」だったように思うし、また婚期を迎えた女性の花婿候補にはそういった人物像が歓迎されていた。性格よりも家柄、そして「大企業の社員」「国家の省庁に勤めるキャリア公務員」という肩書きが、その人物の評価により客観的な価値を与えていた。海外留学には「経歴に箔をつける」という意味合いが大きく、留学しても数年で帰国し、海外の大学のカリキュラムを修了することは、必ずしも求められていなかった。

そんな、ローティーンの少年にはある意味まだ自由すぎる環境にいたのだが、当時の武蔵は開成と麻布に並ぶ「御三家」と称され、高い東大合格率を誇るエリート校のひとつだった。大学受験体制は高校の頃から次第に現実味を帯び始め、「選択授業」という形で少しずつ人生の進路が具体化されていくことになる。私の成績はあいかわらずかんばしくなく（と自分では思っていたし、事実そうだったはずだ）[6]、なるべく楽そうな授業ばかりを選んでいたところ、いわゆるエリートコースからかけ離れたところにいる自分にふと気づいた。「こんなことで、自分は将来何になれるのだろう」といった不安を覚え、閉塞感を感じ始めていたのである。

その後高校一年の時に「ピアニストになるべくヨーロッパへ渡る」という思いもかけぬ進路転換が降って湧き、高校二年で武蔵を休学（その後中退）してウィーンに行くことになるのだが、その話題に移る前に当時のクラシック音楽界の状況をかいつまんで紹介しておこう。

## 当時の音楽界

一九六〇〜七〇年代の日本のクラシック音楽の状況も、「エコノミックアニマル」[7]という言葉が流行していた産業界と同じく「追いつけ、追い越せ」の世界だった。「クラシック音楽の実践において日本人はまだまだ未熟で、本場は何と言ってもヨーロッパ。日本にまっとうな西洋音楽が根づいて繁栄し、人々がそれを普遍的な文化として享受できるような環境は存在しない」と、音楽を愛してやまない崇拝者たちは信じていたのである。

また当時のヨーロッパはまだ「ドイツ系」「フランス系」「イタリア系」といった十八〜十九世紀以来の伝統として存在していた地域文化圏の差が、各所にまだ色濃く感じられる時代だった。この感覚は残念ながらその後どんどん希薄になり、現在では「その人となりのお国柄」は失われたに等しい。ドイツ生まれの先生だからベートーヴェンへの造詣が深い、などと思ってはいけないのだ。グローバリゼーションによって失われてしまった貴重な遺産のひとつだろう。

「外国の音大の先生は、外国の音大の先生であるがゆえに偉い」といった妙な思い込みもあり、外国人でも無能な先生はたくさんいるにもかかわらず、ほとんどの日本人留学生はどんな先生にも無批判に従っていた。質と成果はどうであろうと、そうした勉強を一〜二年続ければ日本用のキャリアに箔をつけるには充分だった。堅実とされていたパターンは、たとえば「東京藝大、あるいはその大学院を修了した後、ほんの数年海外で研鑽を積む」というものだ。「研鑽」がどの程度充実しているかは人によって千差万別だが、こうすれば日本に戻って先生になり、運が良ければボスにもなれる前提条件を手に入れることができた。

ピアノ以外の演奏家の場合はそうした「将来の日本での生活のため」を考えるのではなく、日本の演奏環境と就労環境に見切りをつけて海外のオーケストラ入団を目指す流れがあった。入団できれば、それがどんな田舎のオーケストラでも輝かしき功績として一目置かれ、自己の音楽家としてのプライドも満たせるステータスとなったのだ。そういう人たちがつぶやく「日本みたいに、あんな余裕のない、文化への理解が希薄なところで本物の音楽なんてできるわけがない」という見下したものの言いぐさもそれなりの影響力を持ち、多くの人が「そんなものかなあ」と自国の西洋音楽事情に自信を持てずにいた。

そんな中で一九八一年、その年からウィーン国立音大で教鞭を執ることになった恩師バドゥーラ＝スコダのアシスタント待遇とは言え「音楽の都ウィーンの国立音楽大学のピアノ専攻科で日本人初の講師となり、オーストリア人のみならず世界中から集まる若者に西洋音楽の奥義とウィーンの伝統を伝授する」という立場になった私にも、それなりの注目が集まった。言ってみれば外国人が日本の伝統芸能の師匠になったようなものだ。ヨーロッパには今でも強烈な人種差別意識が存在するのは言うまでもないが、それを超えてこの地位を与えられたという経緯は、その後の私の活動における大きな支えになった。

## 日本の音楽大学

話を武蔵の時代に戻すが、その頃の日本で音楽家を育成する教育機関の頂点は上野にある東京藝術大学（国立）で、次席は桐朋学園大学音楽学部（いわゆる桐朋音大）、それを武蔵野音大と国立(くにたち)音大（すべて私立）が追いかける、という構図だった。「白い巨塔」[8]ではないが、こうした大学の教授たちのプライドは相当なもので、まさしく「泣く子も黙る先生様」だった。

こうした「偉い先生」の指導を仰ぐために必要となる資金も半端ではなかったが、まず求められるのが「絶対服従」だった。その先生の系列に属さない教師の指導を受けることなどはとんでもないことだし、「あなたは水曜日の二時に自宅レッスンに来なさい」と言われたら、たとえその日に運動会があろうと遠足があろうと、学校の行事を休んでもレッスンに馳せ参じる義務があった。「それぐらい音楽に軸足を置いた心構えでいない限り音楽を学ぶ資格はないし、上達も見込めない」というのがその理由だ。音楽大学を受験するにはそこに至るルートがあり、下っぱの先生から順々にランク上の先生に紹介してもらい（「レッスンを受ける」という形になるので、そのたびに礼金が必要）、最後はピラミッドの頂点に居座る教授に「ご挨拶」しておく必要があったのだ。受験に合格するには本人の実力もさることながら、こうしたルートをきちんと踏襲したか、ということも影響した。入学を目指す大学で指導している先生へのコネなしで受験するなどということは、ドン・キホーテ並みの暴挙だった。試験では「教わったとおりに一音も間違えずに弾く」ことがまず評価され、のだめ[9]のように才気ほとばしる自発的な演奏は論外だった。

合格すればしたで、またまた「お礼」の献上が必須で、音楽の勉強には相当な資金が必要だったが、みな何とか工面しながらこうした社会構図を支えていた。たとえば福岡在住の高校生が東京の大学を受験したいとなると、毎月数回あるレッスンのために東京まで飛行機で往復し、交通費のみならず高額のレッスン代を負担することになる。アップライトピアノで練習していたのに、先生に「音を磨くためにグランドピアノを買いなさい」と命令されれば、従わざるを得ない。「医術も芸術も勉強には同じぐらいお金がかかるが、医者は将来その経費を回収できるのに対して、演奏家はまず不可能と覚悟すべきである」と言われていた。それでも何とか皆こうした出費に耐えられた背景に、ひとつは夢、それに加えて今日の一般家庭が直面している現実とはまったく異なる経済状況が存在していたとしか考えられない。これも「中流」の為せる業だろうか。

## 留学に向けて

本来の音楽性を評価するのではない、こうした「受験音楽」に孤高の異を唱えておられたのが、その昔母が師と仰ぎ、武蔵時代には私も師事していた瀧崎鎮代子（しずよこ）先生（故人）である。第二次世界大戦勃発直前の一九三八年から三九年にかけて単身ドイツに留学し、「こと文化に関しては、すべてにおいてドイツに勝るものはない」と心の底から信じ、それを主張してはばからない実にユニークな先生で、当時としてはめずらしく誰に対しても自分の意見をはっきりと発言する、背筋の伸びた女性だった。

留学地ドイツで瀧崎先生が出会い、その後の戦渦をくぐり抜けてめきめきと頭角を現した現地の中堅ピアニストたちは、程なく本格派の演奏家として来日するようになった。日本では誰もが一目置いた芸術家たちを、瀧崎先生は「昔の仲間」という気安さから自宅に招き、自分の生徒の演奏を聞いてもらう機会を作っておられた。当時としては他に例のないことだった。

そんな「高名な外国の先生」のレッスンを受けられるチャンスが中学時代に何回かあった。音大を目指していたわけではないし、だいたい「音楽家になるために日本の音楽大学を受験する」ことは、入試の評価基準の不透明さやそこに至るまでの教育内容の不自然さから、本場ドイツの音楽を身を以て体験された瀧崎先生が禁じていたことでもある。疑いようもない「趣味のピアノ演奏」であったにもかかわらず、私はこうした、ふだんは欧米で演奏家として活躍し、日常から次世代のコンサートピアニストの卵たちを指導しているような高名な先生たちに、なぜかいつもほめられたのだ。「素質がいいのか?」「もしかしたら才能があるのか?」「なぜこの子だけ?」と、親と先生にとっては疑問符だらけの体験が続いていた。

私自身も、ほめてもらうのは気持ちが良い。どうせなら何を言われているのかを自分なりにもっと理解したいと思うようになり、中学三年の時から自発的にドイツ語の勉強を開始した。武蔵を通じて紹介された先生は今にも朽ち果てそうなお婆さんだったが、その昔は武蔵で大坪先生なども指導したという通称「鹿子木（かのこぎ）の婆さん」というポーランド系ドイツ人の先生だった。生まれは一八八九年、鹿子木は海軍軍人だったご主人の名前である。亡くなったのが一九七〇年だったから、私は鹿子木先生の最晩年、おそらくは最後の生徒だったに違いない。そうしたさなか、私は当時「ウィーンの三羽烏」と称されていたピアニストのひとり、パウル・バドゥーラ＝スコダとの出会いに恵まれ、これが私にとって「運命の邂逅」となった。

話が前後するが、私が外国の先生のレッスンで評価されたのは、決して技量が優れていることではなく「言われたことにその場で反応して演奏を変化させられる」という点だった。まだ腕前が不充分で闊達に弾けないところは仕方ないにしても、先生の真似をしながら音楽の表情を即座に変化させることが、何の苦もなくごく自然にできたのだ。ガチガチの「言うことを聞け」方式のスパルタ指導が普通だった世相の中、私はそうした「鍛錬」から無縁のところにいたため、演奏においても何らかの自由を謳歌できていたのかも知れない。

また音楽を奏でる上で欠かせない「抑揚」への理解も、当時の日本では不足していたものだった。海外では「日本人ピアニストはミシンのようにピアノを弾く」という評判で、歌い、語るように自由に抑揚をつけて弾くことは、とりわけピアノ教育の中で欠落していたことでもあった。そうした抑揚の機微を即座に難なく吸収できた私の存在は、他の「いくら言ってもできない不器用な学生」に少なからず辟易していた先生たちにとって新鮮に映ったのかも知れない。

日本の一般のレッスンでは通常「言われたことを自分なりに考え、次回のレッスンまでに仕上げてくる」ことが求められ、言われたことがその場でできることは期待されていなかった。しかし「その場で上手になる」生徒が目前にいることは、教える者にとっては喜ばしき状況だ。演奏家として来日する先生は、自分自身の演奏手腕は棚に上げて口先だけで指導する多くの日本の先生たちとは大きく異なっていた。「言葉は通じなくても弾いてみせればすぐそのように反応し、演奏表現が刻々と変化していく」ところが私の魅力だったのだ。

真似が得意なことは、それまでの語学の学習の時にも感じていた。海外視察のために「通じる英語」を勉強せざるを得なくなった父は、私がまだ幼稚園の頃から自宅にアメリカ人の先生に来てもらって、英語の個人レッスンを受けていた。英語を「読める」ことと「会話ができる」ことの間に雲泥の差があることを痛感していたのだろう。その時に私も今で言う「ネイティブの先生の指導」を体験した。"Stand up!" "Please go to the door!" といったフレーズを耳で聞いて実際に行動することから始まって、英語の口まねも始めた。その後小学校に入学してからも別の先生のもとで英語の勉強は続けていたが、こと発音に関してはかなり優秀だったらしい[10]。言語であれ音楽であれ、「耳で聞いたままを、理屈で解釈・変換することなくそのまま再出力する」という能力に長けていたのだ。音楽家として有利な耳(聴力)を持ちあわせていたのだろうか。ただし「すぐできる」ということは「身につかない」ということと同じだ。苦労なくできてしまうため反復練習を怠り、自分の技術として定着しない。

## バドゥーラ=スコダのこと

閑話休題、当時飛ぶ鳥を落とす勢いで活躍していたバドゥーラ=スコダ(父と同じ昭和二年生まれで、二〇一二年現在まだ活発に世界を股にかけた演奏活動を展開している。以下スコダと簡略表記)のレッスンを受け、またまたほめられた。そこでとても人当たりが良く、瀧崎先生にとっては年代的にも後輩となるスコダに相談を持ちかけたのだ。いわく「こんな大それた事は本気で考えているわけではありませんが、もしこの子が真剣に音楽を勉強したいと言いだしたら、どうしてあげたら一番良いでしょうか」というもの。その時のスコダの答えは「音楽を本当に勉強したいのだったら、いずれかの時点におけるヨーロッパでの研鑽は欠かせないでしょう。でも男の子としての将来を考えれば、日本の大学はきちんと出ておいた方が安心だと思います。いずれにせよ今日のレッスンだけでは判断できないので、もう一度演奏を聞いてみたい。何か別の作品を準備して宿泊しているホテルに来てください」という、期待を大きく上回るものだった。保護者たちとしては「夢としてはすてきですが、まだまだアマチュアの演奏ですから高望みはしない方が良いでしょう。今からの勉強でプロになろうとするのは無謀です」程度のことを予想していたに違いない。

追加レッスンのために丸の内のパレスホテルに出向き、短時間ではあったがかなり専門的な指導を受けた。受講曲はショパン作曲のスケルツォ第二番。その時は私ひとりで行った（と思う）のだが、当然のこと私が何を教わってきたかを知りたい瀧崎先生と母親の前で、後日その結果を披露することになった。

特別指導の成果は驚くべきものだったらしい。瀧崎先生の指導ではとても到達しえないような演奏が、たった一回のレッスンで実現したのだ。「この子には、もしかしたら自分たちには計り知れない能力が隠されているのかも知れない」と思うのは、当然だった。しかし、日本の音楽教育事情や音楽界の現状などを考えれば、今から音楽志望の進学路線に乗り換えるのはもう不可能に近い。いろいろな思惑が交錯したが、結論は「どうせ外国に行くことを避けられないのならば、一日でも早く行かせた方が得るものも多いだろう。日本の音楽大学を目指して受験用の不自然な音楽がたたき込まれると、この子の才能がつぶれてしまう確率の方が大きい」となったのだ。また音楽の勉強に関するすべてをスコダの判断に委ねることにもなった。

スコダにとっては迷惑千万な話だったに違いない。素人の高校生が突然「ピアニストになる！」と言って押しかけてくるのだ。しかしスコダは限りなく寛大だった。何と「そこまで真剣ならば協力しましょう」と言ってくれたのだ。私はまだ未成年だったのでさまざまな局面で保護者の同意が必要となる。そんな時にはスコダが親代わりになってくれることにもなった。また師は演奏活動が忙しくて規則正しいペースでの指導が不可能なため、ウィーンの音楽大学に入学した上でふだんは別の先生に就き、整ったカリキュラムに沿った勉学にいそしむべきことも指示された。当初はスコダがArtist in Residenceとして籍を置いていたアメリカのウィスコンシン大学に行く計画もあったが、結局はウィーンを目的地とすることに落ち着いたのである。

## 留学に向けて

そんなことが矢継ぎ早に起こり、武蔵どころではなくなってきたのが高校一年の頃である。自分の進路がはっきりしない閉塞感を感じていた時だったから、何となく行くべき道が見えてきたような感覚もあった。当然担任にも相談した。しかし担任の深津先生は漢文の先生で、西洋音楽の世界のことは説明したところで通じない。だからと言って他の先生に相談したところで大同小異だったに違いない。しかし、さまざまな先生からの理解と暖かい眼差しは本当に嬉しかった。授業は「もういいや」とさぼっていても、武蔵のキャンパスはこの上なく居心地が良い。武蔵の先生たちはそれぞれ強烈な個性の持ち主で、人間としておもしろい人物ばかりだった。授業から離れて生徒と会話をする時に「先生」という仮面をかぶっている人は誰ひとりとしてなく、みな生身の人間として本音で発言していたように思う。まだ幼く生意気な高校生を見くだすことなく、対等な目線で話してくれた。

最終的には高校二年の一学期を終えた時点で休学手続きをとり（ウィーンに行って挫折した場合のセーフティネットである）、渡航した。その後はおしなべて順調に展開し、今日に至っている。

「せっかくの武蔵を袖にして、音楽の勉強のためにウィーンに行く」という決断は、当時いろいろな反響を呼び起こした。「もったいない」「無謀きわまりない」という否定的な評価もあったに違いないが、耳に入ってくるのは励ましの言葉ばかりだった。「ピアノを勉強しにウィーンにひとりで行く事を決心するなんて、すごいですね」「ご両親の決断力も並みではないですね。ひとり息子なのに良く手放す覚悟を決められた」「それだけ才能に恵まれていて、うらやましいです」「その年齢でよく決断できましたね」などなど。私自身も「多少なりとも自分には音楽の才能があり、音楽が好きで、だからウィーンに行きたいのだ」と信じていた。ヨーロッパに行こう、というエネルギーは音楽への情熱から生まれているもの、と思い込んでいた。しかし、それはまったくの見当違いだった。それがわかったのはずっと後、一九七一年から二四年間にわたる海外生活に終止符を打ち、一九九五年に帰国してからのこととなる。

## 当時の海外渡航

当時の海外旅行は今日のように手軽ではなかった。米ドルの為替は三六〇円の固定制、海外へ持ち出せる外貨には制限があり、国際電話は電話局に申し込んでから小一時間待たないとつながらなかった。留学地ウィーンへの旅路に利用した飛行機はアンカレッジ経由、北回りのDC－8だった。まだジャンボジェットも格安チケットも存在せず、SASのノーマルチケットを購入した。北極点を越えると「北極点通過証」というA5ぐらいの厚紙が機内でプレゼントされた。SAS機が到着するのはコペンハーゲンだったが、極東からの北回り便が到着するのは早朝である。

ヨーロッパ各地への乗り継ぎ便の出発までは時間があるので、乗客には「市内にバスで行き、早朝サウナに入り、高級ホテルで朝食を食べて空港に戻る」というサービスが無料で提供されていた。しかし入国手続きの際に「ご希望ですか?」と聞かれるのみで、チケットが配られるわけでもない。とりあえずあやつれた英語で「九時半の飛行機に乗るのですが」と聞くと「まったく問題ありません」との答えが返ってくる。何がどう問題ないのかはわからないままに、「じゃ、行きます」と答えた。

まだ薄暗い早朝、石畳で舗装された路地をバスで走り、着いた先は本格的な北欧サウナだった。「女性はご遠慮ください」ということで、男性のみへのサービスである(女性にはバスによる市内観光が提供されたらしい)。今思えば北欧のサウナでは混浴もあり得るわけだが、あの時代(一九七一年)はまだ保守的だったのだろう。私は sauna という単語は知っていたが、何をどうするのか、どこまで裸になるのか、タオルは持って入るのか、何が起きるのか、など何もわからなかった。だいたい山積みにしてある白いタオル地のガウンは北欧サイズでバカでかく、はおっても引きずりそうだ。バスタオルも布団の如くぶ厚い。すべて初体験でうろたえながらも何とか人の真似をしながら無事汗を流し、ふたたびバスに乗った。

次はシティホテルでの朝食だ。窓からコペンハーゲンの町並みを見下ろせるホテルだった。すべて無料、ということをきちんと理解していなかったため(というか、ふつうは想像しないだろう)「換金する暇もないままバスに乗せられたのでトラベラーズチェックしか持っていないが、これで朝食代は払えるのだろうか」とドキドキしていた。ナイフとフォークで目玉焼きとトーストの朝食を食べ終え、何も請求されないままバスに乗ると本当に何の心配もなく空港に戻れ、乗り継ぎ便までも充分な時間があった。前もって知っていればもっと楽しめたのだろうが、そんな情報は誰も教えてくれなかった。

次に到着したウィーン空港は今とは違って実に簡素なもので、駐機場から二階建ての建物までは屋外を歩かされる。知人の迎えがあったはずだが、記憶はあいまいだ。とにかく生活を開始するために前もって確保しておいてもらった下宿に到着し、荷を解いた。

慣れぬ海外旅行であり、飛行機に乗せられる荷物も「手荷物も含めて二〇キロ」という規定をつゆとも疑わず必死に調整したものだ。その頃の国際線の乗客には航空会社のロゴ入りショルダーバッグがもれなくプレゼントされ、それを活用した。荷造りは、もちろん母親も手伝ってくれた。その時の母の仕草がまだまぶたの裏に残る、きれいに詰められたスーツケースから物を出す時だけはさすがにほろりときたが、目が潤んだのはその時だけだった。その後はまったくホームシックにもならず（もちろん、甘えた文面の手紙は出したに違いないが、その書簡はもう残っていない）、平穏無事に勉学の日々は明けていった。

最初の三年間は帰国しなかったが、別にどうということはなかった。その後一時帰国したとき、また両親がヨーロッパへ遊びに来たときなどは、最初の数日こそ和気あいあいとするものの、ほどなく鬱陶しい雰囲気になるのが常だった。「親には感謝しなければならない」「親孝行するのが当たり前」と理屈ではわかっているものの、それが素直に表現できない。我ながら不可解に感じていたが、一緒にいる時間は限られたものだったので、その本当の原因を見極めることなく、時だけが流れていった。

## 親子関係の破綻

問題が顕在化したのは一九九五年、ウィーンでの職を辞して私が帰国してからである（家人と愛犬は前年に先行帰国していた）。就職のあてはまったくなかった。帰国直後は肩書きこそ立派でも（元ウィーン国立音楽大学客員教授、後に名誉教授）現実は定職もないフリーのピアニストで、経済的にはその日暮らしの自転車操業だ。住居に関しては両親が準備してくれていた東京のマンション（上階に両親が住み、その下に私どもの居住部分、そして地下に母親と共有の音楽専用の防音スタジオ）があったのが幸いだったが、親子関係はすべてにおいてうまくいかなかった。

私はウィーンで出会った妻（同じ大学でピアノを勉強していた）と一九八三年に現地で結婚したが、母親は自分の意に沿わず、関与できなかったこの結婚に大反対で、私たちが駆け落ち同然の結婚を強行して以来、仕送りは途絶した。海外で奮闘しながらもまだまだ生活が苦しかった息子夫婦を経済的に追い詰めることによって、息子を自分の影響下に呼び戻そうという、母親最後の賭けだったようだ（もっともこの経済封鎖がきっかけとなって、その後は自活できるようになった）。また結婚後、とりわけ帰国してからの妻への圧力や要求も、とても正気の沙汰とは思えぬ非常識で理不尽なものばかりだった。それに耐えて今もなお私を支え続けてくれる妻には、感謝あるのみだ。心から、ありがとう。

母親とのコミュニケーションが成り立たないまま、あげそれは「私は母親が大嫌いなのだ」ということに尽きる。「そういうことをされたら、それがたとえ肉親であっても嫌いになるのは当然です」という専門医の言葉に、深い安堵を覚えた。なぜそうなったかも理解でき、すべてが氷解した。自分が今まで無意識にとってきた親への反抗的な態度や行動などは、すべてここにルーツがあったのだ。これで百%自分の今までの行動や言動のつじつまが合うようになった。

高校生だった私を外国に駆り立てた源泉は「母親の支配から逃れたい」という本能的な欲求だった。それが可能ならば、方法は何でも良かった。ピアノでなくても良かったが、その時はそれしか利用できるものがなかったし、一番自然な流れでもあった。これで地球の裏まで逃避できるとは、何と理想的だったことか。

武蔵以前からそうだったに違いない。子供の頃は「嫌い」まではいかなくても「特に好きではない」という感じだ。小学校以降は手をつなぐのも嫌だったし、食べ物を同じ箸やスプーンで食べるのも、分け合うのも絶対に嫌だった。家族旅行の時に同じ部屋に寝泊まりするのも抵抗感があった。しかし「そう感じるのはいけない、間違っている、そう思う自分が普通ではないのだ」と、誰にも打ち明ける

くの果てに母親が「ここから出ていけ、住まわせてやっているマンションは売り飛ばす」と言い放つところまで事態は切迫した。父親はこの期に及んでも「ママは顕に出ていって欲しいと言っているよ」と伝書鳩のようにメッセージを伝えるだけで、自分の意志をはっきりさせない、情けなくも頼りなく、影の薄い存在だった。親の世話にならず自立することにやぶさかではないものの、住まわせてもらっているマンションの住み心地はなかなかのもの。そこで、さし当たっては実利をとって詫びを入れることにした。

しかしそれと同時に、なぜいつもこのように波風が立ってしまうのかを解明するために精神科医のカウンセリングを受けてみよう、と思い立った。

ほぼ一年間にわたってカウンセリングを受け、今まで気がつかなかった自分の心の中が見えてきた。「これほどまで奉仕してくれた母親に感謝できないのは、まっとうな人間の姿ではない」という道徳観念は胸中にあったものの、実際に母（と父）に対して素直に感謝できたことは、正直ただの一回もなかった。「お母さん、ありがとう」などとは単なる台詞として口にはしても、心はまったくこもっていなかったし、こもらせたくもなかった。それはなぜか——その答えが見つかったのだ。

ことなく悩み続けていた。

「母親が嫌いだ」という感情が決して私の異常心理ではないことがはっきりし、それに向き合ったところから、遅ればせながら母の受容が始まった。父のことは母より好きだったが、母の暴走を止めなかった、あるいは止められなかったという点から、純真無垢に受け入れることはまだできずにいる。だが、考えてみれば当時の両親は今の私よりずっと若かったのだ。完璧であれ、と要求すること自体に無理があろう。

## そして

その母も先日八二歳であっけなく逝去し、父ひとりとなった。「嫌いだ」という感情は薄れても、生前の母を私が好きになることはなかった。それでも、母のことを許せたのだろうか。まだわからない。しばらくは時の流れに身を委ねることにしよう。

あの時代、みなそれぞれ良かれ、と思い、ベストをつくしてきたはずだ。武蔵という環境がなかったら、今のような人生は歩んでいなかったと思う。武蔵は私の人生に確実に大きな影響を与えた。あの時一緒に成長した友を宝と思っている。音楽家ではない友人たちの存在が何よりも嬉しい。

[1]一九八〇年一一月二九日、神奈川県川崎市の二十歳の予備校生が、両親を金属バットで殴り殺した事件。受験戦争やエリート指向が背景にあったといわれている。

[2]一九七〇年から内閣府によって行われた調査によれば、一九七〇年代の日本ではほぼ九割の国民が中流意識を持っていた。

[3]金属バット事件が起きた頃には「無気力、無感動、無関心」という若者における「三無主義」の世相がしばしば指摘されていた。

[4]武蔵の三理想（建学の精神）のひとつ「自ら調べ、自ら考える力ある人物」

[5]同、「世界に雄飛するにたえる人物」。残りひとつ（実は三理想の筆頭に掲げられているもの）は「東西文化融合のわが民族理想を遂行し得べき人物」。

[6]中学二年の時に成績の問題で母親が担任（二見先生）と面談したことがあった。留年の宣告か、との不安を抱いて赴いたが特に叱咤激励されるでもなく「ま、何とかなるでしょう」といった感じだったらしい。

[7]国際社会で日本人が利己的に、経済的利益ばかりを追求

するさまを皮肉った呼び方。一九六九年の流行語になった。

[8] 一九六三年から山崎豊子によって「サンデー毎日」に連載された長編小説。当時の医学界の腐敗が題材となっていた。

[9] 二〇〇一〜二〇一〇年に女性漫画誌Kissに連載された二ノ宮知子による漫画作品「のだめカンタービレ」の主人公、野田恵。クラシック音楽がテーマとなっており、テレビドラマとしても放映された。

[10] 一時ラジオの英語番組に出演するとかしないとかいった話が持ち上がったことがあったように記憶している。実現はしなかったが…。

**今井顕**(いまい・あきら)

一六歳で渡欧、ウィーンで研鑽を積み、コンサートピアニストとして国際的に活躍する。ウィーン国立音大で教鞭を執り、一九九五年オーストリア政府より名誉教授の終身称号を授与された。現在は国立音楽大学大学院教授。

# Ⅲ　研究と私

# 日本の工学に関する一考察

田浦俊春

## 1　工学の動機

今日の技術の発展には目をみはるものがある。コンピュータ、航空機、ロケット、自動車など、先端的技術と呼ばれるものは数多い。本稿では、これらの技術開発を支える学術を工学と呼ぶことにする。

若干大きな話題になってしまうが、本稿では、工学の果たすべき役割について、筆者に関係の深い機械工学を中心に私見を述べたい。結論からいうと、工学はその動機を工学の外に置いてきた、そのために、工学の取り扱うべき最も重要なことをなおざりにしてきた、ということを指摘したい。そしてこの指摘が、筆者が昭和の四〇年代のまさに高度成長時代に武蔵という一風変っている（と思う）中学高校で学んだことと無縁でないということを述べたい。

工学の研究では、必ず「それは何の役にたつのですか?」と聞かれる。逆にいうと世の中の役にたたない研究は工学ではないと言われる。しかも、とりわけ企業活動に貢献することが期待されている。端的にいえば、企業の役にたってこそ工学なのである。現在、大学の教員は、企業との共同研究あるいは企業からの受託研究を行うことが奨励されており、その金額は教員の業績評価にもつながる。筆者のように、一時期企業で働いて、それはそれで極めて有意義だったが、その後、学術をしたくて大学に移った人間は、「大学は、大学しかできないことをすればいいではないか」と思うのだが。

さて、工学がその動機を工学の外においてきた、とはどのようなことなのだろうか?　これは、「何の役にたつか?」

という問いにおける「何の役に」が「だれ」によって決められているかを考えると理解できる。「企業のために役立つ」ということを述べたが、そこにおける「企業活動そのもの」は、どのようにして決められているのだろうか？　じつは、開発や設計を実際に行っているエンジニアが決めていない場合が多い。製品開発にしろ、技術開発にしろ、何を開発すべきかは、それを開発するエンジニアではなく、別の人間が決めている場合が多いのである。たとえば、製品の基本コンセプトは、会社の企画部門が創案する場合がある。では、その企画部門はどのようにして製品コンセプトを決めているのかといえば、いわゆるマーケッティング（市場調査）をして決めていたりする。マーケッティングで決めるということは、製品コンセプトの源は利用者の有する潜在的なアイデアに期待する、ということである。このように、「だれ」が新製品のコンセプトを生み出しているのだろうかと突き詰めてみると、多くの場合、工学に携わるエンジニアや研究者ではなく、社会が暗黙裡に決めているという説明に行き着くのではないかと思われる。すなわち、工学のすべきことを判断する根拠や基準は、工学自身のなかにはない場合が多いといえよう。

それがいいか悪いかは別にして、多くの工学研究者あるいはエンジニアが自らの活動の動機をその外に置いてきたことは、事実であろう。そのことが工学あるいは現代技術の特徴ではないかと思える。動機を外に置いたことにより、工学研究者あるいはエンジニアの主たる仕事は「効率よく」「正確に」与えられた課題を解くことになった。工学研究者あるいはエンジニアのよりどころとする知識は、多くの場合、自然現象に関する知識である。工学は、システム工学的手法を用いて、それを効率よく正確に活用することに全精力を費やしている、と言っても過言ではない。このような工学は、社会の求める方向がいわゆる「効率化の向上」を指向してきた時代には、社会に極めて相性良く適合し、その能力を如何なく発揮した。しかし、その一方で、問題点も露呈しつつある。

## 2　正しいとはどういうことか

前節で述べたことに関連して、いわゆる「正しい」あるいは「間違っている」とはどういうことを意味するのか、考えてみたい。学校で習った「正しい」あるいは「間違い」とは、どういうことだったのだろうか。次のような問題があるとしよう。「私には二歳の妹がいます。私の年齢は妹の四倍です。私は何歳でしょうか？」当然、「正解」は八歳である。しかし、次のように答えた生徒がいたとしよう。「私の妹は三歳です。ですから、この問題はおかしいです。妹の年齢を四倍すると一二歳になります。でも、私は今一〇歳です。この問題は、むちゃくちゃです」。先生は、多分、こういうであろう。「これは、仮りの話です。仮に、二歳の妹がいると想定してください」。しかし、生徒はますます分からなくなるのではないだろうか。「仮に、ってなんですか?」。実は、学校で習う勉強のうち、算数や理科のほとんどは、「仮に」の世界のことであるということができる。算数はそうかもしれないが、理科は違うのではないか、実験もするし、と思うであろう。しかし、この場合も、仮に、と表現するのが妥当な場合が多いのである。それは、問題が仮りの姿なのではなく、考え方そのものが「仮に」なのである。たとえば、「質点」というものを物理で習う。「質点」とは、質量はあるが体積を持たないものと習う。この「質点」の考え方をベースに、工学で使われる「力学」という知識体系が成立している。しかし、そもそも、質量はあるが体積を持たないもの、は想定し難い。つまり、「質点」とは、「このように考えよう」という「仮に」の世界なのである。このように、「仮に、このように考えましょう。そうすると、現実の現象をよく説明できますよ。」というように習ってきたことが「工学」の基礎になっているのである。しかし、人間には変な習性があって、事実をよく説明するものであると、その「仮に」の姿を「正しい」と思い込むことがある。たとえば、小学校で行ったフックの法則の実験を思い出してみよう。バネばかりにつるすおもりの重さと、バネの伸び代の関係を測定し、それが直線に並ぶ、ということを確かめるものである。しかし、実験をしてみると、なぜだか、直線に並ばなかったとしよう。そうすると、「その実験は正しくなかった」と思ってしまうのではないだろうか。これは、直線に並ぶはずだ、という先入観が先走りして、実験結果を否定してしまうからである。しかし、実験そのものはまぎれもない事実である。その意味においては、その実験結果は、「正しい」はずである。さらに言えば、直線にならんだとしても、厳密に直線上に並ぶことはあり得ない。我々は、直線からのずれを「誤差」という。つまり、誤った差、と表現する。これは、暗黙のうちに、直線と差がないことが正しく、差があることは間違いである、という意識があるからではないだろうか。しかし、その差が生じたこと自体は事実であることからすると、その意味においては、まぎれもなく直線とのずれも「正しい」のである。

以上に述べたように、事実をよく説明するということと、それが真実である（正しい）ということはよく混同され、すり替えられるのである。確かに、地動説の方が天動説より説明能力は高い（より簡潔により多くの現象を説明できる）。だからといって、太陽が地球を廻っているように見えるのは否定できないことであり、その意味においては、天動説も「正しい」と言ってよいと思う。

普通は、何をすることを「正しい」と教えられるのだろうか？　それは、「事実をよく説明し得る仮の世界における手続きの正確さ」である。足し算の手続きを正確に行うことやバネの伸び代を正確に計算することを繰り返し訓練され、その手続きに誤りがなければ、問題を正しく解いた、と評価されるのである。

ここで留意すべきことは、「内容」は問われないということである。実際に妹がいようがいまいが、そのバネがどのような状況で何に使われようが関係ないのである。

本稿では、以下、他に問い合わせなくても、理解したり伝えたりすることのできる（つもりになれる）手続き的な知識のことを、「形式」と呼ぶことにする。一方で、他に問い合わせないと理解したり伝達できない（と感じられる）知識のことを「内容」と呼ぶことにする。実は、「形式」と「内容」は、哲学において、深く議論されてきたテーマである。本稿は、その議論を正確に再現することが目的ではなく、「工学」の抱える問題点を、筆者なりに展開する上でのフレームワークとして、これらの術語を用いることにする。

## 3　内発的動機と内容

動機を外に置くことと、内容ではなく形式でものごとを理解することは密接に関係があるように思われる。内容をもっともよく理解できるのは、その内容と真剣に関わっている本人だからである。逆にいうと、動機を外に置くことによって、ものごとを形式としてとらえることができる。つまり、「他人（ひと）ごと」で済ますことができるようになるのである。

実際に、工学は、普通は「形式」についてのみ責任をとる。なんらかの事故が起きた場合、エンジニアに責任を問われるのは、構造計算上の過ちなどの手続き上のミスである。計算をするためには前提条件が必要であるが、その前提条件は、一般的には外から与えられる。その前提条件が正しいかどうかはエンジニアの責任の範囲外とされるのである。実は、このことは、形式論理学の考え方に共通している。形式論理学では、偽の命題から何かを推論することは、真としている。つまり、導かれた命題の真偽に関係なく、偽の命題から別の命題を導くこと自体は真と考えるのである。

では、その前提条件はだれがどのようにきめるのであろうか？　それは、ある手続きに基づいてきめられる場合もある。しかし、その手続きにも、また、前提が存在する。これを繰り返していくと、最終的には、もはや手続きが存在せず、内容として決めなくてはならなくなる。

たとえば、自動車というものについて考えてみよう。自動車は、エンジニアが設計し製造している。しかし、そもそもどのように自動車はあるべきか、というようなことは、だれがどこで議論しているのだろうか。自動車は便利なものだが、同時に、多くの事故も引き起こす危険なものである。では、そのような危険性について、どの程度の危険性ならば許容されて、どれほど危険であれば作るべきでないという線引きはどのように決まっていると考えたらよいのだろうか？　事故の発生率を推測する手続きはあるだろう。また、事故が発生した際に、どの程度人を守れるかを推定する手続きももっているだろう。では、どの程度であれば、自動車を社会が受け入れてよいか、ということを決める手続きは、我々は持ち合わせているだろうか。それは、内容として決まっていると しか考えようがない。社会において、自動車を利用し、一方で起きてしまった事故を反省する、というサイクルを繰り返すなかで、いつのまにか受け入れている（ように見える）ということではないだろうか。このように考えると、危険ではあるが便利な自動車をつくるという、自動車の究極の内容は、社会に暗黙のうちに存在する、ということになる。

一方で、工学は、その範囲を形式に限定することにより、目覚ましい発展を遂げてきた。具体的には、いわゆる「問題解決フレームワーク」のなかで自己増殖的に発展してきたと言えよう。「問題解決フレームワーク」とは、なにかの問題が生じた際に、その解決策を考える、という意思決定のあり方のことである。たとえば、雨が降ってくることに備えて、傘を作る。これが、問題解決である。当たり前ではないかと思うかもしれないが、実は、これは、人間の行動としては必ずしも当たりまえではないのである。なぜかというと、「問題解決」では問題が生じなければなにも起きないからである。雨が降らないところでは、傘は作らないのである。日本の工学は、この「問題解決」には極めて長けていると言われている。たとえば、災害が発生すると、その復旧のために、すばらしい能力を発揮する。問題を解決するなかで、新たに生じた問題を解決する、そしてその過程で生じた更に新しい問題を解決する、というように、自己増殖的に行動の範囲を拡大したり深化したりする。つまり、問題解決フレームワークの中には、自らを発展させるべき原理が埋め込まれていると考えることができる。

では、「問題解決」ではない行動とはどのようなものだろうか？　それは、「問題発見」と言われることもあるが、筆者は、「理想追求」のようなことではないかと思っている。[1] なにかのあるべき姿は、だれから言われるまでもなく、自分で考えることがある。そして、その場合は、それを行う動機は、自分の中にあると考えられる。

以上に述べたことをまとめると、要するに工学とは、とりわけ日本における工学とは、その動機を外に置き、形式の知識に特化して問題解決を行ってきた、ということができるのではないだろうか。

それには、長所もあるが、短所もあると思われる。

よい点としては、上述したように、このことによって、飛躍的に、ものづくりが発展したことが挙げられる。それに加えて、もうひとつ長所（と思われていたこと）がある。それは、技術あるいは工学の暴走を防ぐことができるということである。技術や工学は、人類に利益ももたらすが、一方では、危険なものである。よく切れる包丁は、料理に役立つが、同時に、凶器にもなり得る。技術や工学が、包丁の使われ方（内容）にまで深く関わらないことによって、その使われ方（内容）を外部から制御することが可能になるのである。原子力や遺伝子組み換え技術などは、まさに諸刃の剣である。このような便利だが危険きわまりない技術や工学を監視していくためには、技術や工学は外からいわれたことだけをするのが賢明であると言われてきた。

それに関連して、技術や工学には特筆すべきもうひとつの特徴がある。それは、失敗から学んできたということである。自動車や航空機の安全性は、事故を教訓に向上してきたと言っても過言ではない。実際に使われるなかで不具合などの問題が生じると、それを即座に解決してきた。そして、それらの一部分は、形式として表現される知識に直接フィードバックされてきた。また、一部分は社会に内在する「内容」を形成してきた。しかしながら、原子力発電所のように、使ってみて発生した問題を解決する、という従来型の方法が通じない場合が生じ始めている。問題があまりに大き過ぎて、一度失敗すると、取り返しのつかない程のダメージを受ける危険性があるからである。

一方で、明らかな短所としては、形式に特化した問題解決型の知識は、他から真似され易いということがある。形式は、他に問い合わせなくても、理解できる知識だとした。たとえば、三足す二が五であることは、だれも疑わないし、どうしてなのか、という疑問もわかない。さらに、形式で表現される知識はコンピュータで操作し易いので、自動化につながる場合がある。昨今のコンピュータの目覚ましい発展とともに、従来は不可能であった計算が瞬時に行えるようになってきた。それに伴い、形式で表現される問題解決型の技術や工学は、他との差別化が難しくなってきている。すぐに真似されるからである。形式の知識を最初に創った会社は、効率化を実現し、しばらくは優位にたてるであろうが、すぐに追いつかれる。そうすると、更なる高効率をもとめて、開発をしなければならない。その際に、再び問題解決型の開発を行うと、いわゆる競争のための競争が永遠に続くことになる。より廉価に、より迅速に製品をつくることができるようにはなるが、逆にいうとそれだけのことにしかならない。つまり、アリ地獄のようなもので、一旦この世界に入ってしまうと、ただひたすらより高い効率を追求し続けるしかなく、そこから出ないからには、走り続けないといけないのである。技術や工学の外にいる人にとっては、「なんでこんなに安いの？」と思えほど廉価に製品が手に入るので有り難いことではあろうが、やっているエンジニアや工学研究者にとっては地獄である。効率化の追求は自分で自分の首をしめるようなもので、自分を優位にたたせるために行っている行動によって、瞬く間にそれがために自分が窮地に追い込まれるからである。

## 4　なぜ英語を勉強するのか？

私が武蔵中学に入学し、英語の最初の授業のことである。一時間かけて「なぜ英語を勉強するのか？」ということを問われた覚えがある。それはたしか次のようなことであった。「たとえば、八百屋さんがいるとする。彼は、一生海外に行くこともないだろうし、外国人が野菜を買いにくることもない。つまり、一生英語を使う機会はない。このような場合、彼は英語を勉強する必要があるか」。実は、そのときの先生（清水邦利先生）の解説は正確には覚えていない（申し訳ありません）のだが、その授業のことが、卒業後の今日まで強烈に印象に残り続けた。この問いは、本稿の文脈からは、勉強をする動機がどこにあるかを問うていることになる。英語を勉強する目的として、最近は実用性が重要視される。要するに、役に立つ英語を教える必要がある、ということである。また、英語に限らず、学校で勉強する動機は、よくその外に置かれる。中学生は、高校に進学するために勉強し、高校生は大学に進学するために勉強し、大学生は、社会で役立つために勉強する、というようなことである。

さて、先ほどの問いの答えは、「英語を勉強するのは、英語を勉強したいからだ、それ以上のものでも、それ以下のものでもない」ということではないだろうか。では、「勉強したい」とはどういうことだろうか。これは、いい点数をとりたい、というようなことではなく、英語を勉強すること自体に興味をもつということであろう。たとえば、気障な言い方をすれば、「心を豊かにする」ということであろう。英語を勉強することにより、「そうか、イギリスのひとはこんな言葉を使っているのか？このように表現しているのか？日本語と同じようなことわざがあるのは、なぜだろう？」とか思いを巡らせることによって、世界観が広がるような気がする、（もちろん、中学の時はそのようには思っていなかったが、今になって考えると）そのようなことではないだろうか？と私は思う。つまり、英語を勉強する理由には、英語自体を学びたいという自分の心の内にある動機もあるはずだ、ということなのであろう。なお、このことは、動機を外に置くことと矛盾しない。実際に英語が通じればより深く英語の文化を知ることができるからである。しかし、違うのは、英語を勉強する動機を英語の外に置いていると、動機を内に置くことをなおざりにしてしまう場合があるのに対して、逆に、動機を内に置いていると、その結果として、外の動機にも対応できることである。英語そのものが面白いと思って勉強していると、結果として、会話も上手になるだろうし、入学試験にも合格できるのに対して、入学試験のためだけにしか英語を勉強していないと、入学試験が終わると英語と縁を切ることになる。

さて、この英語の話と、工学の話は共通していると思われる。工学における動機を英語を学ぶ動機に対応させることにより、それらが相似の構造を持っていることが分かる。

筆者は現在、大学の工学部で学生の指導にあたっている、工学部では、普通、四年生のときに卒業研究というものをする。また、修士課程では、修士論文を書く。その際、学生とのやりとりのなかで私がもっとも嫌がっているのは、学生から「これでいいですか？」という質問を受けることである。なぜ嫌かというと、私がだめと言えばするのか、いいと言えばやめるのか、と考えてしまうからである。研究にはゴールはない。やればやるだけやることが増え、更なる目標が見える。どこまでやるかは、自分で決めるしかないのである。「研究する意味を研究自体の中に自分で見出して欲しい」、そのように思うからである。

## 5　心の底にあるもの

二〇一一年、アップルコンピュータの創始者であるスティーブ・ジョブス氏が亡くなった。最近、彼のスピーチが話題になっており、私も共感を覚えるフレーズがいくつかある。彼は、「自分は、心の底 (deep feeling) にあるものを表現しただけだ」と言っている。[2] 一般的な製品開発においては、ユーザーの目を気にする。顧客のニーズを調査し、それにあわせる、というのが製品開発の常道である。しかし、スティーブ・ジョブス氏は、製品開発の動機を外には置かずに彼自身の心に置いていたのである。

　では、彼の心の底にはなにがあったのだろうか？　私どもは、人が創造的なデザインをしたりなにかを見聞きして感動を受ける際に、心の底はどうなっているのだろうか？ということについて興味をもち、細々であるが、研究をしてきている。[1] もちろん、心の底は見えない。また、あなたの心の底にはなにがありますか、と直接聞いても、答えを得ることはできない。言葉で表現するのは難しいであろうし、よく分かりません、という答えしか返ってこないだろう。そこで、我々は、若干無謀であるが、コンピュータによるシミュレーションのようなことを試みている。いいアイデアを思いついたときの思考プロセスの様子や、なにかを見ていいな、と思った時に受ける印象の様子を、連想のプロセスとしてシミュレーションしてみたのである。その結果から、いいアイデアが出たときや、なにかを見ていい印象を受けたときは、連想が複雑に絡み合いながら膨らんでいくと推察できるようなデータが得られたのである。嫌いなもの（たとえば、ゴキブリ）を見たときには、汚い↓不潔、で連想はおしまい、であるのにたいして、好きなもの（たとえばペンギン）を見たときには、かわいい↓歩き↓泳ぎ↓えさ↓のように連想が続き、しかも、歩きからは、歩き↓転ぶ、などのように枝分かれもすれば、また、合流する、というように連想が絡みながら膨らむ状況がシミュレーションされたのである。もちろん、人間は、明示的にこれらの連想を行ってはいない。その大部分は無意識的に行われていると思われる。

　以上に述べたことより、心の底にあるのは、製品のアイデアの芽や種のようなものではなく、連想の広がりや複雑さに反応する仕組みのようなものではないかと我々は推察している。よく心に響く、という表現をするが、この連想の広がり方が心に響くということなのではないか、あるいは、この連想の広がり方に心が響いているのではないかと考えたりしている。このように考えると、自分の心がなにかに響く様子を、耳を澄ませて聞く、という態度が重要だということになる。

　人からやりなさい、と言われたからやる、これを勉強するといいところに進学できるから勉強する、というように動機を外に置いていると、自分の心の底に耳を澄ませる余裕がなくなるであろうし、またその必要もなくなる。心を豊かにするとは、自分の心の底を響かせる、ということであり、逆にいうと、心の底が響くことが、心を豊かにするということではないかと思っている。

## 6　では、工学はなにをすればよいのか

今日まで、工学は、物理現象を巧みに用いて種々の工業製品を作ってきた。そこでは、物理現象を的確に理解し、それを上手に応用することが行われてきた。このような物理現象に関する知識は、その多くが形式で記述される知識である。そして、コンピュータを用いてシミュレーションされる。自動車の構造しかり、建物の耐震性能しかりである。

しかし、工業製品を作ったり使ったりするのは人間である。そこでは、内容が関わってくる。その製品はどのようにあるべきか、という問いは究極的には内容として議論される。工学は、内容に無感覚になってはいけないのではないだろうか？　とりわけ、失敗の許されない場合は、そのものをつくるとはどういうことなのか、そのものについて最もよく知っているはずの工学こそが考える必要があるのではないだろうか？　一方で、上述のように、形式を指向すると、アリ地獄にも陥る。昨今のものづくりにおいては、なかなか、他から真似され難い新しいコンセプトがでない、と言われる。それは、内容まで踏み込まないからである。

かりに、工学が内容に踏み込むとしたらどうしたらいいだろうか？　本稿の文脈からいえば、エンジニアの心の底にある内発的動機をたよりに、これまでは失敗を含む試行錯誤を通じて社会が暗黙裡に決めてきた「内容」を、先取りして表出するということになる。創造的なものづくりを目指して、最近、種々の試みが提唱されている。実際、教育現場では、大学においてさえも分かり易く学生の興味を引く授業が求められる。たとえば、映像を使って視覚的に訴えることや、コンテスト形式でやる気を出させることなどが実施されている。これらの試みの多くでは、外部から刺激（あるいは報酬）を与えることによってやる気を起こさせているように思う。しかし、これらの方法は、逆効果になる心配はないだろうか？　学生は、さらに強い刺激がないと満足しなくなり、ますます自分の心をみなくなる心配はないだろうか？　つまり、ますます心の響きを鈍くすることにはならないのだろうか？

工学は、内容にアプローチするのに、物理現象を形式化したのと同じ方法をとろうとしているように思う。これは、誤りのように思う。そうではなく、別のアプローチが必要で

はないだろうか。そのためには、「工学の動機」とはどうあるべきか、そして「内容」にどのように関わるべきかを真剣に議論する必要があろう。そのことによって、工学の有り方、ひいては工学教育の有り方も見えてこよう。

とりあえずは、どうしたらいいだろうか？　たとえば、内発的動機をもって内容まで踏み込める人間を教育する方法として唯一考えられるのは、人的および物的な環境だけ整えて、あとは、ある時期放ったらかす（見守る）、ということではないかと私は思い始めている。面倒見がいいと、人は自分を見ない。放ったらかされて、時によっては否定されて、初めて自分を見つめることになるのではないだろうか。

## 7　おわりに

武蔵は、いわゆる受験教育をしない。つまり、教育の動機を内にもっていたように思う。本稿では英語の授業について紹介したが、それ以外にも多くの授業がその科目自体の面白みや意味を伝えようとしていたと思う。そして、大学の合格者数を公表しない。要するに、教育に対する世の中の一般的な価値観に迎合しない。別の言い方をすれば、世の中を超越しているように思える。今の世の中は、閉塞感に満ちている。このような時代には、超越的な視点が必要なように思われる。アリ地獄に近寄らないアリを育てるところがあってもいいのかもしれない。

最後になるが、本稿は「工学」を話題としているものの、筆者の知り得る範囲の一部の工学を断片的にしか論じていないことを補記したい。

「参考文献」

[1] Toshiharu Taura and Yukari Nagai: Concept Generation for Design Creativity – A Systematized Theory and Methodology -, Springer (2012)

[2] Walter Isaacson: STEVE JOBS, Simon & Schuster, (2011)p.570

**田浦俊春**（たうら・としはる）

製鉄所において圧延設備のエンジニアリング業務に九年間従事した後、研究者に変身しました。この間の実務および研究を貫くモチーフは、「設計、デザイン」です。最近は、「Design Creativity（設計と創造性）」をテーマに国内外で活動しています。

# 社会学の螺旋

松本康

## 武蔵高校歴史学研究会

私が高校に進学したのは、一九七〇年、日米安保条約の固定期限が切れる年である。六〇年安保の再来かと思われたが、状況はもちろん、ずっと複雑であった。豊かな社会のただなかで、六〇年代の末には学生反乱が先進諸国を席巻していた。われわれの世代は、それより少しあとになるが、大学とキャンパスを共有していた武蔵高校では、時代の雰囲気をもろに受けていた。一年前に中高用の新校舎が建設され、校門も大学とはべつになったものの、大学の雰囲気から中高生を隔離する助けとはならなかった。入学式は、相変わらず大学キャンパス内の講堂で執り行われ、中学からの在校生がやりたい放題のことをやって、高校からの「編入生」に精神的なショックを与えていた。新築の校舎もあっという間に泥だらけになった。

この年の五月頃、二回ほど、清水谷公園のベ平連（「ベトナムに平和を！　市民連合」）の集会に出かけていった記憶がある。ベ平連の集会は、自由だが統制が取れていないぶん、危うさも感じられた。固定期限が切れる六月二三日は、武蔵の歴史学研究会のビラを見て、代々木公園に行くことにした。代々木公園では、社会党・共産党・労働組合など「民主勢力」（いまでは死語になった懐かしい言葉）が集結する。やはり本流はこちらだろうという思いがあった。これがきっかけで、二つ上の学年が中心であった武蔵の歴史学研究会に参加することになる。歴史学研究会といえば、運動団体の別名のように思われるが、この二つ上の学年は歴史研究のレベルが高く、少なくともそのうちの二人はその後、大学の歴史学の教授になった。こうして私は、「安保」をきっかけにマルクス主義史学に触れることになった。

歴研に参加してみると、武蔵の教員にも「同志」がいることがわかってきた。歴研の顧問は、当時まだ若かった東洋史が専門の太田先生で、やがて大学の教授になっていった。日本史の城谷先生は、筋金入りのコミュニストであった。それまでは、悪さをする生徒に激高して平手打ちを食らわせる「暴力教師」という印象が強く、意外だったが、私も含め歴研の生徒たちにとって精神的な支えとなる存在だった。こんなエピソードを伺ったこともある。あるとき、例によって「うるさいヤツ」を殴ったところ、その父親が面会を求めてきたというのだ。さしもの城谷先生もまずいと思って腹をくくっていた。ところがその父親に「いまどきの先生としては、めずらしく気骨がある」と感謝され、冷や汗が出たという。戦前の軍隊式教育と勘違いされたらしい。城谷先生の授業は、「教科書は自分で読んでおけ」とあらかじめ試験範囲が指定され、授業そのものは、歴史学上の論争を紹介するという大学レベルの内容だった。

こうして私は、高校時代にマルクス主義史学への関心を深めていった。いまから振り返ってみると、ロシア・マルクス主義を下敷きにした古色蒼然としたマルクス主義であったとはいえ、社会現象を理論的にとらえることに魅力を感じていたのである。七〇年の安保闘争は、そのまま七二年の沖縄返還闘争へと続いていき、明治公園発、米国大使館前経由、新橋行きのデモは、高校三年間を通じて、放課後のルーティーンのひとつとなった。武蔵では、われわれは少数派であったが、少なくともわれわれの学年では、結局どの「党派」も多数派にはなれなかった。きびしい「論争」もあり、少数派としての立ち回り方を鍛えられた。その一方で、小田実氏の「一株株主」運動に共鳴して、べ平連支持者から三菱重工の株を一株分けてもらうというような柔軟性ももちあわせていた。

## 転換点

武蔵では、「社会学」の「社」の字も知らなかった。高校の教科で社会学を一部含んでいるのは、「倫理・社会」だったが、担当の佐藤先生（のちに著名な倫理学の教授になる）の授業は、マルクス主義と実存主義ともうひとつ何かの三本柱で組み立てられていた。もうひとつの何かが思い出せない。ことによるとマックス・ウェーバーだったかもしれない。言い訳をすると、私が社会学を志したのは大学に入ったあとだった。

　私は一年浪人して、一九七四年に東大の文Ⅲに入学した。文Ⅲにしたのは、歴史学をやるつもりだったからだ。ところが東大駒場に通ううちに考えが変わってきた。「理論」と「実践」の両面で、自分のなかで葛藤が大きくなってきたのだ。ひとつは、一九七三年の中国の核実験に対する日本共産党の見解である。それまで、共産党は、社会主義の核兵器と帝国主義の核兵器を区別する立場をとってきた。もとはといえば、冷戦体制におけるソ連の核実験をどう評価するかという問題から発していたもので、日本の原水禁運動に分裂をもたらす原因ともなった論点である。ところが、一九七三年に、中国の核実験も容認できないという見解が発表された。私は、高校時代、夏休み中は、日本原水協の街頭キャンペーンを手伝ってきた。平和運動には、キリスト教者や仏教徒など宗教者の活動も目立っていた。平和を求める運動は、たとえナイーブにみえても、ガンジーの平和主義のような信念に基づくもののほうが強いのではないかという思いがあった（ヨーロッパの反核運動はさらに一〇年後の話である）。だから、いわゆる「いかなる問題」（いかなる国の核にも反対するという問題）は、頭痛の種だった。それがある日、突然、解消した。いまや、社会主義国の核といえども、正当とはいえない。背景はいろいろある。しかし、国際情勢は一夜にして変わるものではないのに、見解は一夜にして変わる。前日まで、「帝国主義国の核と社会主義国の核は同列には扱えない」と説明していた現場は、翌日には「……とはいえない。なぜなら……」と話がややこしくなる。頭痛の種は消えるどころか、倍増するのだ。これでは責任が取れない。政党と大衆運動との関係にはつねにこうした問題がつきまとっていた。いまにして思えば、レーニン的な前衛党思想の前提が、もはや時代に合わず、崩れてきていることの表れなのだが（さらにいえば、左翼に限らず、キャッチオール型の政党が時代にそぐわなくなってきていることの表れともいえる）、そこまでは頭が回らなかった。これは浪人時代の話である。しかし、駒場で自治委員選挙をめぐる、似たような、ちょっとした混乱を経験して、学内の活動からは手を引こうと決心した。クラスでの自治活動は、良い級友に恵まれてうまくいっていただけに、大きな負債を抱え込んだという思いが残った。

　このとき、武蔵の城谷先生の自宅に報告に伺った。以前から「おまえたちを信用してはいない」とおっしゃっていた先生なので、叱られるか、呆れられるかのどちらかだと思っていたが、意外にも「実は俺も……」という話になった。もともと城谷先生は官僚タイプではない。かれの批判的精神の影響を、私も受けていたかもしれない。「民衆の立場を忘れるな」という城谷先生の言葉をいまでも良く覚えている。

さて、学問のほうはというと、そもそも私の歴史学への関心は、マルクス主義から来ていた。しかし、当時私が触れていたマルクス主義は、ロシア・マルクス主義の唯物史観であった。受験勉強をしていれば、唯物史観が予想するほど世界史は単純ではないことはすぐわかる。かといって、まったくランダムな出来事の連鎖でもない。理論的にとらえる余地はあるように思えた。ところが、大学に入ってわかったことは、歴史学は、そんなことはやっていないということだ。たとえば、日本史は、古代史、中世史、近世史、近代史とタテ割りになっており、特定の時代の特定の史料の解読を地道にやっていくのが基本である。駒場の同じクラスにK君という日本史志望の友人がいて、かれに誘われて、中世史の石井進先生のお宅にお邪魔したことがある。石井先生は、私たちの訪問は歓迎して受け入れていただいたものの、国史学専攻に進むのは慎重に考えたほうがよいという趣旨のお話をされた。これを境に、二人の進路は分かれた。K君は、それにもかかわらず、国史学を選び、いまでは中世史の教授になっている。石井先生のテストに合格したわけだ。私は、自分の関心は歴史学ではなく、社会理論であることを次第に自覚するようになった。ひょっとすると、社会学がそういうことをやっているのではないか。そう思って、社会学関係の本を探しているうちに、庄司興吉先生の『現代日本社会科学史序説』（一九七五）に行き当たった。

この本は、社会学の本としては珍しく、戦前の「講座派」と「労農派」から話を説き起こしている。いまの学生はおろか、当時の学生でも何のことだかわからない話だと思うが、おおざっぱにいうと、戦前の日本のマルクス主義は、日本の資本主義の性格をめぐって、基本的に二つの立場に分かれていた。天皇制の存在を重視し、日本の封建的性格を強調する「講座派」と、経済分析を重視して、日本における資本主義の発展を強調する「労農派」である。「講座派」という名前は、『日本資本主義発達史講座』の執筆陣が前者の立場をとっていたことに由来し、「労農派」は、雑誌『労農』の寄稿者が後者の立場をとっていたことに由来する。講座派は、天皇制のような日本的特殊性を重視することから、まず民主主義革命が必要だという二段階革命論になる。労農派は、資本主義の成熟のような経済重視の一般化を論拠に、つぎは社会主義革命だとなる。前者は、日本共産党の理論的支柱となり、後者は戦後に日本社会党に合流することになる社会主義者たちの理論的背景となった。これは、私にとっては、武蔵の城谷先生の授業や歴史学研究会で触れてきた世界である。庄司本は、ここから始めて、戦後の社会学の発展を、マルクス主義と近代主義の対抗関係のなかで、整理していくもので、マルクス主義の立場から書かれているものの、それにもかかわらず、庄司先生の診断は、いまやマルクス主義は、機能主義社会理論（後述）に後れをとっているというものであった。いま、社会学の同僚に聞いても、この本はなじめなかったと言われるが、マルクス主義になじみ、そこからの脱却をもくろむ私にとっては、社会学への橋渡しとなる重要な本であった。私はこの本を読んで社会学に進学することに決めた。

## 機能主義社会学

一九七五年時点で、庄司先生はまだ法政大学に在籍しており、東大に移ってこられたのは、もっとずっとあと、私が大学院生になってからだった。私が社会学に進学したとき、社会学には、機能主義社会学の大家が二人在籍していた。富永健一先生と吉田民人先生である。さきの庄司本が、機能主義に後れをとっているというときの機能主義とは、とくに吉田先生の『社会体系の一般変動理論』（一九七四）のことを指していた。私は吉田ゼミの門をたたくことにした。吉田先生の論文はひどく難解だが、語りは平易で、そのエネルギッシュな語り口は、学生を引きつけていた。だが、その話に入るまえに、機能主義社会学について、簡単に説明しておこう。

機能主義（正確には、構造－機能主義）は、一九五〇年代の米国で主流となった社会学理論である。その特徴は、社会を複数の構成要素からなるシステムと見るところにある。社会の構成要素は、直接的には、人びとの行為であるから、社会システムは、複数の行為者からなる相互行為のシステムとしてとらえられる。たとえば、家族はひとつの社会システム、経営（行政）組織もひとつの社会システムである。社会がシステムたりうるのは、行為者が規範を共有することによって、相互行為が可能になり、秩序が保たれるからである。そして、社会発展は、社会システムの構造的分化による機能遂行水準の向上であると捉えられていた。

こんな当たり前のことを小難しく言っているだけのように聞こえる理論がなぜ主流になったのだろうか。ひとつは知的な理由である。この理論の提唱者、タルコット・パーソンズは、自分の理論を、マーシャルの功利主義、デュルケームの実証主義、ウェーバーの理念主義などから引き出してきている（Parsons 1937）。要するに、社会学という知的な場のど真ん中に理論的概念の体系を打ち立てたのである。二つめは、時代的な背景である。一九五〇年代の米国は、冷戦体制のもと、マッカーシズムが吹き荒れる一方で、豊かな社会に向けて先頭を切って進んでいた。機能主義社会学は、「秩序ある発展」という戦後社会の気分にマッチしていた。

パーソンズ理論に対する批判は、早い時期から存在した。たとえば、C・W・ミルズの「誇大理論（grand theory）」という批判は、その最たるものである（Mills 1959）。一九六〇年代後半の学生反乱の時期には、パーソンズ理論は当然、学生から見放された。もともと機能主義者であったアルヴィン・ゴールドナーでさえ、『西側社会学の迫り来る危機』（Gouldner 1970：邦訳名『社会学の再生を求めて』）という大著で、西側社会の機能主義社会学を、社会主義圏のマルクス主義と同列のものとして切って捨てている。

ではなぜ、一九七〇年代に、米国では没落の一途をたどっていた機能主義が、日本では、日の出の勢いで、まさに主流になろうとしていたのだろうか。こんな疑問に答える論文を見たことはないが、ふたつのタイムラグのせいではないかと、私は思っている。ひとつは、戦後、廃墟からの復興を余儀なくされた日本は、一九五〇年代の後半から六〇年代にかけて、豊かな社会に向かって高度経済成長を遂げた。七〇年代には、低成長時代に入ったとはいえ、米国のような極端な脱工業化にはいたらなかった。「秩序ある発展」という社会像を受け入れるのに、一九五〇年代では早すぎ、一九七〇年代でもまだ間に合ったのである。ふたつめは、そもそも米国社会学の導入に時間がかかったことである。戦後の社会学の主流は、むしろマルクス主義とリベラル派の近代主義であった。日本では、この両者が反乱の標的となった。機能主義の世代は、日本ではようやく六〇年代に学会にデビューし、六〇年代後半になっても、まだ権威になっていなかったのである。結果的に、日本の機能主義は、一九六八年の嵐を免れた。

七〇年代は、機能主義社会学の全盛期であった。なかでも吉田理論は目立っていた。かれは、「行為論パラダイム」を採用せずに、独自の「情報－資源処理パラダイム」を提唱していた。社会システムは、情報処理にもとづく資源処理のシステムであるというのである。また、機能主義は変動論に弱さがあるという批判に応えて、『生産力史観と生産関係史観』(一九七一)や『社会体系の一般変動理論』(一九七四)では、マルクス主義の概念を機能主義の用語に置き換えて、一般化を図るという画期的な挑戦を繰り返していた。たとえば、史的唯物論は、生産力の発展を機能要件とみなし、生産関係を構造とみなす機能主義社会学の特殊ケースである。機能要件が充足できない場合、社会システムは崩壊するか、充足できるような構造に変化する、といった調子である。ここには一種の知的解放感があった。しかし、こうした一般理論は、現実の社会現象にみられる経験的関係を解明する通常の社会学の研究課題からはかけ離れてもいた。

## 学生セツルメント

学内の活動から離脱した私は、社会学とはべつに、もうひとつの世界に関わっていた。学生セツルメントである。もともと学生セツルメントは、学生運動の一部であった。少なくともある時期までは。しかし、七〇年代の半ばには、それはほとんど雰囲気だけのもので、子ども会のボランティアに近いものになっていた。とくに私が関わったのは、足立区の北部にある都営団地に入る弱小セツルで、セクトの出身者もいたが、社会福祉に関心のある学生のほうが多かった。[1] セツルにやってくる子どもたちも、共産党員の労働者の息子から、テキ屋の息子までさまざまだった。厳しい現実を共有することで、学生のあいだに独特の濃密な人間関係が形成された。

約一年半、セツルメントに関わったのち、べつのセツルメントに入っていた友人のK君――前出の国史学に進んだ学生――からの誘いで、練馬区にある「塾」の講師になった。この塾は、小学校四年生から中学三年生までを受け入れる補習塾で、放射三六号線の建設に反対する住民運動から派生したものだった。講師はすべて、セツルメント出身の学生・大学院生で、私は少なくとも二年間、ここに通っていた。この塾もまたセツルメントの延長のような存在だった。[2]

この時点では、私は、社会学とセツルメントをまったくべつの世界のものと考えていた。私のなかでは、社会学の抽象的な理論の世界とセツルメントでの個別具体的な現実の世界のふたつが、バランスを取り合う関係にあった。大学院に進学して本格的に社会学の世界に足を踏み入れるにつれて、セツルメントの世界は、しだいに遠のいていった。

## 都市社会学へ

大学院に進んでからは、少しずつ経験的な研究に関心が移っていった。当時は、暗中模索の状態だったが、いまなら何をやろうとしていたかが説明できる。

一九七〇年代の社会学は、機能主義の興隆を背景に、非常に均整が取れたかたちをとっていた。一九七二年に刊行が開始された東京大学出版会の『社会学講座』の構成が、それを如実に示している。第一巻の『理論社会学』は、機能主義の理論で固められていた。それ以外のものは第二巻の『社会学理論』に押し込められていた。以下、『家族社会学』、『農村社会学』、『都市社会学』、『産業社会学』といった具合に、社会学の個別領域が並んでいた。各個別領域は、かならずしも機能主義の理論の影響を受けてはいなかったとはいえ、こうしたタテ割り構造それ自体は、社会システムの機能領域の構造的な分化に対応するもの——何とでも言えるのだが——と理解することができる。しかし、これでは、各領域を貫いて構成されている人びとの生活がみえてこない。もちろん、各領域を統合する実質的な社会理論ができれば、そのような問題は生じないのだろうが、それは到底不可能に思えた。ならば、各領域をヨコにつなぐ個人の生活それ自体をとらえる枠組みが作れないだろうか。最初に考えたのはそうしたことだった。一般的な枠組みを作ることはできる。しかし、それを経験的な世界に適用しようとすると、生活のタイプ分けが必要になってくる。キーワードは、ライフスタイルと個人が取り結ぶ社会関係の組み合わせである、というところまでは自力でたどり着いた。

そうこうしているうちに、私の学会報告を聞いて、都立大学の都市社会学のグループから誘いを受けた。あなたのやっているのは都市社会学だというのだ。確かな経験的基盤がほしかった私は、都立大学の倉沢進先生の調査グループから都市社会学の理論と調査方法を学び始めることになった。もっとも本格的に都市社会学の論文を書くようになるのは、名古屋大学に勤務するようになってからなのだが。

都市社会学も一九七〇年代に地殻変動を起こし始めていた。都市社会学は、機能主義の影響をほとんど受けていない。というのも、都市社会学には「シカゴ学派」という独自のルーツがあったからだ。シカゴ学派とは、一九二〇年代から三〇年代にかけてシカゴ大学社会学科を拠点に花開いた都市研究を指す（経済学のシカゴ学派とはまったく別物である)。この時期、ロバート・パークとアーネスト・バージェスというふたりの教授が、この学派を導いていた。そして、その弟子のひとりで、シカゴ大学の教授となったルイス・ワースの論文「生活様式としてのアーバニズム」(Wirth 1938)が、オーソドックスな都市社会学の古典とされていた(いまでも古典であることには変わりはない)。この論文の内容は、簡単にいうと、人口規模が大きく、人口密度が高く、人口の異質性が高い居住地である都市では、その特性のゆえに、共同体が解体して、個人がばらばらになり、メディアに操作されやすい流動的な大衆が形成されるというものだ。もっと要約すれば、都市化は共同体を解体させ、さまざまな社会病理を引き起こすという主張だといってよい。この論文は、一九三八年に発表されたものだが、日本で受け入れられたのは、戦後の一九六〇年代初頭である。高度経済成長にともなって本格的な都市化が進み、大衆社会現象が取りざたされるようになった時期である。以来、シカゴ学派都市社会学についての一般的理解は、ワースのアーバニズム理論に準拠していた。ところが、一九七〇年代に、シカゴ学派都市社会学をめぐって海外ではかなり複雑な動きが生じていた。その成果がはっきりと現れてくるのは一九八〇年代、そして日本でその影響が現れてくるのは一九九〇年代、つまりわれわれの世代であった。

この複雑な動きは、三点にまとめることができる。第一は、都市社会学におけるネオ・マルクス主義の台頭である。第二は、ワース理論に代わるアーバニズム理論の革新である。そして第三は、シカゴ学派それ自体の学説史的研究の深まりである。

## ネオ・マルクス主義

第一のネオ・マルクス主義の台頭は、ヨーロッパから起こった。スペイン出身で、アルチュセールの構造主義的マルクス主義からスタートしたマニュエル・カステルは、フランスの国家主導の都市政策がひきおこした都市問題の深刻化に焦点を合わせていた。資本主義社会における都市とは、住宅や生活関連施設など、労働力再生産のための「集合的消費」の単位であり、集合的消費とは国家による労働力再生産過程への介入である。このため、集合的消費をめぐって労働者階級が国家と直接、対決する「都市社会運動」が生まれてくる。こうした議論は、ユーロ・コミュニズム勢力に支えられた革新自治体の叢生という当時の状況を背景とし、またそれを理論化しようとするものでもあった。集合的消費の概念は、宮本憲一(一九七六)の「社会的共同消費手段」の理論化と類似していた。

初期のカステルは「新都市社会学」を標榜していた。カステルの論文集は、すぐに英語圏に紹介され（Castells 1977,Pickvance ed.1977)、カステル自身やがて米国に移住して、カリフォルニア大学バークレイ校に勤務することになる。六〇年代末の学生反乱を経験した米国の若い世代が、ヨーロッパのマルクス主義を受け入れ始めたのである。地理学者のデヴィッド・ハーヴェイのように、英国から米国に移ってマルクス主義都市論の代表的論客になった人もいる。フランスのマルクス主義者、アンリ・ルフェーブルは、一九六八年の五月革命をきっかけに、「都市への権利」「都市革命」など、都市をキーワードとする独自のマルクス主義哲学を展開し始め（Lefebvre 1968,1970)、やや遅れて英語圏にも影響を及ぼすようになった。ネオ・マルクス主義といっても一枚岩ではないが、一九六〇年代後半の五月革命、そして一九七〇年代の経済危機と都市危機が、政治経済学的なアプローチの台頭を生みだしたのである。

こうした欧米での動きが、「シカゴ学派」対「新都市社会学（ネオ・マルクス主義）」として、日本ではっきりと認識されるようになったのは、一九八〇年代に入ってからであった（奥田・広田編 一九八二）。このとき、すでに非マルクス主義の立場から社会学に関わってきていた私は、「シカゴ学派」の陣営にいた。

## アーバニズムの下位文化理論

地殻変動の第二の動きは、アーバニズム理論の革新である。「シカゴ学派」は、旧態依然とした「アーバニズム理論」を信奉していたわけではなかった。ハーバード大学出身で、カリフォルニア大学バークレイ校に勤務していたクロード・フィッシャーは、都市が人びとの社会関係や社会心理に及ぼす効果を研究するのが都市社会学であるとして、ワース流の問題の立て方を継承した。しかし、その効果を共同体の解体ではなく、多様な下位文化（サブカルチャー）の形成に求めるという新しい理論を提唱し、それを実証するための調査研究を進めていた。かれの歩みも、一九七〇年代に始まり、その研究成果は一九八〇年代前半にまとまったかたちで発表された（Fischer 1972,1975,1982,1984)。「シカゴ学派」対「新都市社会学」の構図のなかで、フィッシャーは、新世代の「シカゴ学派」を代表していたのである。「下位文化」に注目するフィッシャーの理論が、一九六〇年代後半から一九七〇年代にかけての文化をめぐる状況の影響を受けていることは明らかである。

フィッシャーの出身校であるハーバード大学は、パーソンズの在籍していたところであるが、かれもまたパーソンズを見放した学生のひとりだった。パーソンズの陰に隠れて目立たない存在であったハリソン・ホワイトという学者がハーバード大学にいた（現在は、コロンビア大学）。ハリソン・ホワイトはシカゴ大学の物理学の出身で、数理社会学、とくに社会的ネットワーク論の基礎を築いた人物である。ホワイトの影響のもとで、「ハーバード構造主義」と呼ばれる世代が生まれていた。ハーバード構造主義の特徴は、社会を社会関係のネットワークとしてとらえ、社会のもつ連帯性を強調する点にあった。フィッシャーの研究も、都市における社会関係のネットワークを測定することによって、都市におけるネットワークの選択性の増大と、選択的に形成されたネットワークを基盤とする下位文化の形成をあきらかにしようとするものであった。

私は、東京にいたときに、すでにフィッシャーの一九七五年の論文「アーバニズムの下位文化理論に向かって」に触れていたが、じつはそのときはあまりピンとこなかった。居住地の都市度の効果に焦点を当てるというかれの理論のエッセンスが受け入れられなかったのである。都市度の効果という問題設定の意義がわかるようになったのは、名古屋に移ってからだった。東京は巨大すぎて、見渡すかぎり都市化しているので、場所の都市度の効果に敏感になれない。しかし、名古屋は大都市でありながら、規模が小さいので、都市と非都市の違いがはっきりと感じられる。都市度の効果という問題設定が、名古屋ではリアルに感じられたのである。「ライフスタイル」と「社会関係のパターン」に焦点を絞りつつあった私は、ひとたび、都市度の効果という問題設定を受け入れられるようになると、「下位文化」と「社会的ネットワーク」をキーワードとするアーバニズムの下位文化理論に移行するのは容易であった。こうして私は、ごく最近まで、アーバニズムの下位文化理論を日本で検証し、修正する研究に取り組んでいた（たとえば松本 一九九五、二〇〇五）。この過程で、フィッシャー自身の研究を翻訳する機会にも恵まれた。武蔵の同級生で本書の編者である西谷雅英氏が、当時、未來社に勤めていて、かれから何か翻訳をやらないかと持ちかけられたことがそのきっかけであった。

## シカゴ学派・セツルメント・マルクス主義

都市社会学は、通常、そのときそのときの都市現象を対象に調査研究することがおもな課題で、学説史を振り返るような研究は、二の次である。私自身、教壇に立つようになってから、都市社会学を講義する都合上、一九二〇年代から三〇年代にかけての草創期の都市社会学について、少しずつ勉強を続けていた。一九八八年から一年間、在外研究で、シカゴに滞在した経験も大きかった。何よりも、シカゴの街を知り、土地勘が身についた。その結果、シカゴの古典的な研究を読む場合に、その場所をイメージすることができるようになった。時代は変わっても、街の基本的な枠組みは変わらないし、スケール感覚はじっさいに行ってみないとわからない。

一九八〇年代以降、英語圏では、シカゴ学派の歴史研究が格段に進んだ。なにしろシカゴ大学の図書館のアーカイブから昔の手紙などを引っ張り出して研究する本格的な研究なので、日本にいる研究者にはとても手が出せない。海外の研究成果についていくのが精一杯である。しかし、その結果、いろいろなことがわかってきた。

シカゴ大学は、一八九二年に、ロックフェラーの寄付により設立された。米国の産業化を背景に、新たに出現した都市問題に取り組むために、社会学科が創設された。世界で初めて社会学の学位を出す、大学院中心の課程である。当時、米国ではおもにドイツから社会学を学んでいた。しかし、米国の現実の都市問題を研究するために、オリジナルで経験的な研究が求められていたのである。草創期の米国社会学は、リベラル・プロテスタントによる社会改革運動と渾然一体となっていた。そこから、学問としての「社会学」がしだいに形を整えていった。その拠点がシカゴ大学だったのである。

シカゴ学派に関して、とくに私の関心を引いたのは、セツルメントとの関係と、シカゴ学派の米国社会学史における位置づけである。シカゴには、ジェーン・アダムズが率いるハル・ハウスというセツルメント・ハウスがあり、スラムの改良運動に取り組んでいた。草創期のシカゴ社会学は、ハル・ハウスとの関係が深かった。これが意外にも、日本の学生セツルメントと都市社会学の淵源をなしていた。戦前の東大社会学の教授、戸田貞三は、一九一〇年代にシカゴ大学の社会事業学科に留学して、セツルメントを知っていた。戸田が東大に着任したあと、関東大震災が起こり、学生の救援組織が立ち上がった。いまで言う震災ボランティアである。それを母体に、帝大セツルメントが結成された。[3] 末広厳太郎や戸田が呼びかけ人になっている。帝大セツルメントには、東大新人会の左翼学生がかなり入っていたようだ。服部之聰や志賀義雄など講座派の論客の名前もみえる（中筋 一九九八）。帝大セツルメントは、おそらく戦争中に活動を停止したに違いないが、戦後、学生セツルメント運動として復活したのである。

帝大セツルメントには、日本の都市社会学の草分けのひとりである磯村英一も加わっていた。磯村は、学生時代、戸田の紹介で当時の東京市社会局のスラム調査を手伝い、卒業後、東京市に入庁した。東京市社会局時代には、シカゴ学派のモノグラフのひとつで、渡り労働者の生活を扱ったネルズ・アンダーソンの『ホーボー』の抄訳（一九三〇）を出版している。戦前のシカゴ社会学の紹介としては、おそらく初めてのものであろう。磯村は豊島区長や渋谷区長を勤めたあと、戦後、米国に留学し、戻ってきてからは都立大学の教授になった。しかし、役人上がりの磯村は大学で異端視され、目黒区八雲のキャンパスではなく、日比谷の東京市政調査会に研究室を構えていた。そこに、倉沢進（のちに都立大学教授）、奥田道大（のちに立教大学教授）など、都市社会学の戦後世代（いわゆる「第二世代」）が集うことになったようだ。私たちの世代は、第三世代にあたる。偶然にも、私は、名古屋大学のあと都立大学、立教大学と渡り歩くことになったが、セツルメントを媒介に、シカゴ社会学とマルクス主義が交錯しているあたりにも、さまざまな系譜がもつれ合う社会過程の流れのなかに、自分自身もそれと知らずにおかれていたのだと、改めて感じる。セツルメントと社会学は、まったくべつの世界どころか、きょうだいのような関係だったのである。

もうひとつの発見は、「シカゴ学派」の社会学における位置づけである。社会学の世界では、「シカゴ学派」について、ふたつの、まったく違う理解が併存している。ひとつは、都市社会学の「正統派」としての「シカゴ学派」、もうひとつは、理論の世界で、「シンボリック相互作用論」と呼ばれる伝統の母胎としての「シカゴ学派」である。シンボリック相互作用論とは、社会を諸個人の日常的な相互作用の産物としてとらえ、特定の場面において社会的相互作用が進行する過程を、行為者間の意味構築の過程として分析する視点である。たしかにこの視点は、さまざまな民族が移民として流入して、「触れ合ってはいるが相互浸透することのない小世界のモザイク」（Park 1925、訳八二頁）であった二〇世紀初頭のシカゴを研究したシカゴ社会学の見方であった。シカゴ学派は、都市空間で生じている社会的相互作用を社会過程としてとらえようとしていた。

「シンボリック相互作用論」という言葉をつくったのは、シカゴ大学のハーバート・ブルーマーである。ブルーマーは、シカゴ学派を率いたロバート・パークの弟子のひとりで、アーバニズム理論を提唱したワースと同級生であり、一九五二年まで、シカゴ大学でワースの同僚であり、親友でもあった。この時期、ハーバード大学では、パーソンズが構造‐機能主義を提唱して、社会学の主流にのし上がった。また、コロンビア大学では、計量的な調査研究が発展した。質的なフィールドワークを中心とするシカゴ流の研究は、衰退期にあった。シカゴ大学社会学科は、端的にいうと時代遅れになりつつあり、内部で「シカゴの見方」とは何かについての論争が起こり、「学派」のようなものが意識され始めていた。それまでは、シカゴ社会学は、社会学そのものであったのだ。しかし、結局、シカゴ学派について統一的な像を結ばせることはできずに空中分解したのである (Abbott 1999)。

社会学の理論の世界で、機能主義が主流になると、シカゴ大学では、コロンビア大学の出身者が次々と採用され、シカゴ学派は見る影もなくなった。ところが、一九六〇年代後半、学生反乱のただなかで、機能主義のオールタナティブとして、マルクス主義とともにシンボリック相互作用論も注目されるようになった。都市社会学の分野では主流派であったシカゴ学派は、理論の世界では反主流派であったという複雑な役回りを演じている。

## 社会学の螺旋階段

今日の社会学の教科書では、社会学のアプローチとして三つが挙げられている。構造‐機能主義、闘争理論(その代表はマルクス主義)、シンボリック相互作用論である(たとえば Giddens 2006, Macionis 2010)。私にとって、マルクス主義は社会学以前に触れたもので、その後、棚上げになっていたが、機能主義は、社会学に入門したときに学び、シンボリック相互作用論は、シカゴ学派という「裏口」から入って接していたことになる。

また、都市社会学の分野では、いまやネオ・マルクス主義が重要な一角を占めるようになった。私は、都市社会学の問いは、大きく分けてふたつあると考えている。第一は、都市は何を生みだすかという問いである。アーバニズム理論がこの問いに答えを出そうとしてきた。第二は、何が都市を生みだすかという問いである。ネオ・マルクス主義の都市理論は、主としてこの問いに答えようとしてきた。都市化の時代と違い、ときに大都市の衰退現象が見られるようになった一九七〇年代以降、第二の問いのもつ意義は、高まりつつある。下位文化理論に一区切りついたいま、私は、ようやく第二の問いに取り組もうと考えている。もはやネオ・マルクス主義を避けて通ることはできない。螺旋階段のように一周して、あの武蔵の時代の原点と向き合う段階にたどりついたということなのだろう。

[1]山田（二〇一〇）は、ちょうどこの頃の亀有セツルメントの様子を振り返っている。当時、亀有セツルは、氷川下、川崎とならんで東京圏では最も規模の大きい組織のひとつであったが、やはり同じような傾向がみられたようだ。私の関わっていたセツルは、これよりもはるかに小さかった。

[2]この「塾」の教育実践については、林・村田編（一九八七）にまとめられている。

[3]一般的な理解としては、片山潜が英国のセツルメントであるトインビー・ホールの事例を日本に紹介したのが始まりとされている。おそらく、この理解は正しいのであろうが、シカゴ経由の別ルートもあったのである。

［参考文献］

Abbott,Andrew.1999.*Department and Discipline: Chicago Sociology at One Hundred.* Chicago :University of Chicago Press.（松本康・任雪飛訳『社会学科と社会学――シカゴ社会学百年の真相』ハーベスト社、二〇一一年）

Anderson, Nels.1923. *The Hobo: The Sociology of the Homeless Man.* Chicago: University of Chicago Press.（広田康生訳『ホーボー――ホームレスの人たちの社会学』（上）（下）ハーベスト社、一九九九～二〇〇〇年）

アンダーソン、ネルス　一九三〇『ホボ――無宿者に關する社會学的研究』東京市社会局。

Castells, Manuel. 1977. *The Urban Question.* Trans. by Alan Sheridan. London: Edward Arnold.(org. *La question urbaine,* François Maspero 1972)（山田操訳『都市問題――科学的理論と分析』恒星社厚生閣、一九八四年）

Fischer, Claude S. 1972. "'Urbanism as a Way of Life': A Review and an Agenda." *Sociological Methods and Research* 1: 187-242.

Fischer, Claude S. 1975. "Toward a Subcultural Theory of Urbanism." *American Journal of Sociology.* 80: 1319-1341.（広田康生訳「アーバニズムの下位文化論に向かって」森岡清志編『都市社会学セレクションII　都市空間と都市コミュニティ』日本評論社、二〇一二年）

Fischer, Claude S. 1982. *To Dwell Among Friends: Personal Networks in Town and City.* Chicago: University of Chicago Press.（松本康・前田尚子訳『友人のあいだで暮らす――北カ

リフォルニアのパーソナル・ネットワーク』未來社、二〇〇二年）

Fischer, Claude S. 1984. *The Urban Experience* 2nd ed. San Diego: Harcourt Brace and Jovanovich.（松本康・前田尚子訳『都市的体験――都市生活の社会心理学』未來社、一九九六年）

Giddens, Anthony. 2006. *Sociology*. 5th ed. Cambridge, U.K: Polity Press.（松尾精文ほか訳『社会学　第五版』而立書房）

Gouldner, Alwin W. 1970. *The Coming Crisis of Western Sociology*. New York: Basic Books.（岡田直之ほか訳『社会学の再生を求めて』（三分冊）新曜社、一九七四～一九七五年）

林若子・村田晶子編　一九八七『遊んで学ぶ　のびのび学級』草土文化。

Lefebvre, Henri.1968. *Le droit à la ville*. Paris: Éditions anthropos.（森本和夫訳『都市への権利』筑摩書房、二〇一一年）

Lefebvre, Henri.1970. *La révolution urbaine*. Paris: Gallimard.（今井成美訳『都市革命』晶文社、一九七四年）

Macionis,John J.2010. *Sociology*. 13th ed. Boston: Pearson.

松本康編　一九九五『二一世紀の都市社会学1　増殖するネットワーク』勁草書房。

松本康　二〇〇五「都市度と友人関係――大都市における社会的ネットワークの構造化」『社会学評論』五六巻一号、一四七～一六四頁。

Mills, C. Wright. 1959. *The Sociological Imagination*. New York: Oxford University Press.（鈴木広訳『社会学的想像力』紀伊國屋書店、一九六五年）

宮本憲一　一九七六『社会資本論〔改訂版〕』有斐閣。

中筋直哉　一九九八「磯村都市社会学の揺籃――東京帝大セツルメントと戸田社会学」『日本都市社会学会年報』一六、二九～四七頁。

奥田道大・広田康生編訳　一九八三『都市の理論のために』多賀出版。

Park, Robert E. 1925. *The City: Suggestions for the Investigation of Human Behavior in the Urban Environment*. Chicago: University of Chicago Press.（松本康訳「都市――都市環境における人間行動研究のための提案」松本康編『都市社会学セレクションI　近代アーバニズム』日本評論社、二〇一一年）

Parsons, Talcott. 1937. *The Structure of Social Action*. New York; London: McGraw-Hill.（稲上毅・厚東洋輔訳『社会的行為の構造』（五分冊）木鐸社、一九七六～一九八九年）

Picvance, C. G. 1976. *Urban Sociology: Critical Essays* .London:

Tavistock Publications.（山田操・吉原直樹・鯵坂学訳『都市社会学——新しい理論的展望』恒星社厚生閣、一九八二年）
庄司興吉 一九七五『現代日本社会科学史序説』法政大学出版会。
Wirth, Louis. 1938. "Urbanism as a Way of Life." *American Journal of Sociology.* 44:1-24.（松本康訳「生活様式としてのアーバニズム」松本康編『都市社会学セレクション一 近代アーバニズム』日本評論社、二〇一〇年）
山田正行 二〇一〇『アイデンティティと時代——一九七〇年代の東大・セツルの体験から』同時代社。
吉田民人 一九七一「生産力史観と生産関係史観」『別冊経済評論』第五号、一一六〜一三三頁。（吉田民人『主体性と所有構造の理論』東京大学出版会、一九九一年、所収）
吉田民人 一九七四「社会体系の一般変動理論」青井和夫編『社会学講座1 理論社会学』東京大学出版会。（吉田民人『情報と自己組織性の理論』東京大学出版会、一九九〇年、所収）

**松本康**（まつもと・やすし）
一九五五年大阪府生まれ。一九八四年東京大学大学院社会学研究科単位取得退学。東京大学文学部助手、名古屋大学文学部講師、助教授、東京都立大学大学院都市科学研究科教授などを経て、現在、立教大学社会学部教授。都市社会学専攻。

# 宗教学、そして夢文化——もう一つの別の広場

河東仁

## 佐藤康邦先生

今年（二〇一二）の三月に仙台へ出かけたさい、小学校二年次の担任にお会いした。なんと五十年前の恩師との再会である。そして時の流れの速さに驚くとともに、小学校時代もさることながら、この半世紀のなかで一九六七〜七三年という時代に武蔵で学んだことが、自分の人生に実にさまざまなことをもたらしてくれたことに改めて気づかされる旅となった。そうした武蔵時代を振り返るにあたって、感謝の念を込めながら、ことに取り挙げたい先生のお名前を先に記しておく。江崎健一先生、佐藤康邦先生である。

お二方のうち江崎先生に関しては、恐らく他の執筆者もお名前を記すであろう。それに比して佐藤先生は、同期生が集まる時にお名前が出ることはまず皆無に等しい。非常勤講師の先生で、理系志望の多い武蔵において倫理社会を担当するという実に難しいことをされていた方である。しかもお声が小さかったため、悪ガキ揃いの教室が無政府状態になることもしばしばだった。しかし何の科目にも興味を見出せないでいた私が、何故か佐藤先生に強く惹かれ、倫理社会の時間になると最前列の席へ移動して、必死にノートをとったものである。内容は、教科書的な細切れの知識の伝授ではなく、マルクス主義、実存主義、マックス・ウェーバーの思想などを一学期かけてじっくりと教えて下さった。それだけに私の頭では未整理のまま終わる日が多かったが、それでも新しい考え方に触れ、少しずつ自分のものにしてゆく作業の楽しさ、素晴らしさを実体験させて頂い

た。それゆえ今の私が日本の文化史・思想史について調べていますなどと烏滸がましくも言えるようになった、まさに原点とも言うべき恩師であり、感謝してもしきれない先生である。

しかも私が理系への進学を早々と諦め、ひたすら文系を目指すようになった今一つの理由にも、佐藤先生は大きく関わっている。それは、私の書く文字の(小学校低学年並の)稚拙さをめぐる出来事である。

ここで他の人物に登場していただく。数学の故江頭昌平先生である。高校に進学し、数学がいよいよ理解できなくなった頃のある日のこと、先生に指名され、前に出て問題の解答を板書し、何とか最後まで辿り着くことができた。ところがその時のコメントは、解答の正否ではなく、「あ、君の字は明らかに文系ですね」であった。これは江頭先生に含むところがあっての記述ではない。何しろその時、先生の言葉に、私自身が心から納得したからである。

話を佐藤先生に戻すと、レポートに関してある懐かしい想い出が蘇ってくる。実存主義について訳が判らないまま一生懸命に調べ、書き綴ったレポートを提出した時のことである。やがて戻って来たレポートの最後に、「内容は良いが、もっと字を丁寧に書くこと」と赤字で記されていた。しかも今では書くのも恐れ多いのだが、そう書かれた先生の文字を見て、「あ、これが文系の字か」と思い、改めて文学部受験を決意したという記憶である。

## 武蔵と倫理社会

それはさておき、改めてここに記しておきたいのは、佐藤康邦先生が現代の日本におけるドイツ哲学ことにカントやヘーゲル研究の第一人者だということである。そして武蔵の高校時代に、このような方から倫理社会を学ぶことができたのは、返す返すも贅沢の極みだったのである。

ところで私には七歳上の兄がおり、同じく武蔵にお世話になったのだが、彼の時代の倫理社会の担当は和辻夏彦先生だった。日本の思想界の大巨人、和辻哲郎のご子息である。さらに言えば、一九三一年から一九四二年まで第三代校長を務められた山本良吉も倫理学者であり、西田幾多郎や鈴木大拙というこれまた日本思想界の大巨人たちを、終生の友とされた方である。

さらに続けると、一九四六年から一九五五年にかけて第五代校長となった宮本和吉は、カント哲学の戦後における研究を先導した人物であり、親交のあった安倍能成、天野貞祐、和辻哲郎らを、一九四八年に根津育英会の顧問(評議員)として迎えている。そして第六代校長の吉野信次は実務に優れた政治家であり、運輸大臣に在職中、武蔵の校長を兼職した方であるが、その実兄は民本主義の提唱者、吉野作造である。ちなみに第七代の校長こそ、私たちにとって忘れることの出来ない数学者、正田健次郎先生であった。

このように見てくると、根津化学研究所の設置にも窺われるように理系のおもむきの強い武蔵であるが、その一方で、倫理哲学の分野においてもこれ以上の方々は考えられないという強力な布陣を生意気盛りの私たちのために用意してくれていたことがよく分かる。今になって改めて心から感謝する次第である。そうしてさらに中学一年のころ、全員を何グループかに分けてご自宅へ招待してくださった数学の故上田久先生、彼が西田幾多郎の孫であったことを記し、この項を終えたい。

## 深夜放送

さてここで話をがらりと変え、高校のころ隆盛をきわめたラジオの深夜放送について語ってみたい。代表的な番組を挙げると、一九六七年にスタートした「オールナイトニッポン」(日本放送)、「パックインミュージック」(TBSラジオ)、そして一九六九年からオンエアされた「セイ!ヤング」(文化放送)などである。

これらが始まったのは、ちょうど私の兄が大学に通っていた頃であり、学生紛争の時代でもあった。いわゆる「団塊の世代」が社会の前面に躍り出てきた時である。ちなみに私たち以降しばらくの世代は、当時、「三無主義」(無気力・無関心・無責任――『日本国語大辞典』より)あるいは「しらけ世代」という呼称を頂いた。この有り難い呼称を冠せられるようになった一因は、やはり「団塊の世代」のなかの一集団「全共闘世代」に属する方々とのさまざまな確執にあった、あるいは尊敬の念と奇妙な嫉妬心とが綯い交ぜになった想いにあったと思われる。

すなわち、彼女ら彼らは、さまざまな新しい文化、行動、そして思想を日本において繰り広げ、私たちはひたすら仰ぎ見て追いかける状態に置かれていた。そうしたなかで起きたのが、一九六九年の安田講堂をめぐる闘争である。ある意味において、彼ら彼女らはあらゆる新しいことを開拓したのみならず、それらを自分たちの手で葬り去ってしまった、このような想いを後の世代に残したのである。もちろん本書に寄稿している同期生は、「三無主義」などに陥らず、社会の抱えるさまざまな矛盾を見据え、しかるべき行動をとっていた畏友たちが大半である。

ところが私の場合、七つ上の兄の存在が実に大きく、今でも武蔵の先生がたに挨拶する度に、「あ、河東くんの弟さんですね」と言われてしょげ返っているように、「団塊の世代」フォロワーズの多くが、彼女ら彼らに遅れて生まれたと事有る度に思わされ、「三無主義」「しらけ」の状態に染まってしまったことは確かである。

## もう一つの別の広場

さてここで、いよいよ数学の江崎健一先生に登場していただく。大学院を修了されてすぐの一九六九年に武蔵に着任された方で、年齢はもちろん雰囲気的にも、私たちにとってまさに兄貴分的な先生であった。たとえば授業のさい、しばしば学生時代に所属されていた「落語研究会」のこと、そして深夜放送の番組について余談として語ってくれたことを、今でも懐かしく覚えている。

ただしこの深夜放送も、最初は、上の世代がリスナーとして投書して番組を盛り立てているのを聞きながら、それまで知らなかった世界を覗き見ているような心地がしていた。しかし自ら投書するまでには到らなかったが、江崎先生の楽しい余談もあり、次第に深夜放送のもたらす時空間が親しいものと思われるようになっていったのは事実である。そしてそうした頃の私の心に突き刺さってきたのが、「パックインミュージック」の代表的パーソナリティであった野沢那智と白石冬美をめぐって紡ぎ出された、「もう一つの別の広場」という言葉であった。といって、これは決して「現実逃避」を意味する語ではなかった。

すなわち今から思い返せばこの言葉に「対抗文化」counter-culture、ないし「代替文化」alternative culture といった意味合いを感じ取っていたのである。言い換えると、「団塊の世代」がやろうとしていたことは、煎じ詰めれば主流の思潮や文化に代替しうる「もう一つの別の」流れを創り出そうとすることであった。そしてそれはまだ終わっていない、それどころかこれからなのだという思いを、この言葉にそれとなく感じ取っていたのである。だがそうした考えが一つの形をとるに到るのは、大学に入って二度目の二年生となった一九七六年のことであった。

## 気流の鳴る音

この年、今もなお社会学者として著名な見田宗介先生のゼミに入った。その時に語られた主たる内容は、メキシコ先住民による部族社会のドン・ファンなる呪術師の教えを、彼に弟子入りした人類学者と称するカルロス・カスタネダ

（Carlos Castaneda,1925/31?-1998）が記録したという数巻にわたる書物の詳細な紹介と分析である。

この世に「存在する」ものはすべて、小さい頃から教え込まれた言語体系によって、実体あるものとして「存在する」と信じ込まされたものにすぎない。自分という現象さえも、同じように根拠なく、言葉の流れによって仮に存立しているにすぎない。それゆえ個々の「存在」の周りに言葉が創りだしている殻を取り払った外には、あるいは自分を含めた、この世に「存在する」もの一切における排他的な差異化が施される以前には、すべてのものが透明に響き合う世界、気流の鳴る音が交響する世界がある。要約すれば、こうした考え方である。

またこのゼミでは、「新しき村」を初めとするヤマギシ会や紫陽花邑（あじさいむら）といった、日本のさまざまなコミューン（同居型インテンショナル・コミュニティ）に関する知見も披露された。まさにゆるぎのない「個」の存在を想定し、人間が認識し考察する営為の中核に理性を据えるドイツ哲学さらには西欧文化に「対抗」しうる、「もう一つの別の」世界観・人間観の提示であった。ちなみにこの時の講義内容は、翌年の一九七七年に真木悠介の筆名にて、『気流の鳴る音――交響するコミューン――』として筑摩書房より刊行された。

## シンクロニシティ

見田ゼミに入ったことは、私にとって大きな転回点となった。主流の思潮に対抗しうる「もう一つの別の思想」と自分なりに取っ組み合ってみたいと思うようになったからである。そしてそのとき書店の棚をあれこれ眺めているとき偶然目に飛び込んで来たのが、一九七六年の一月に海鳴社より出版された、『自然現象と心の構造――非因果的連関の原理――』という書物であった。著者は深層心理学者のC・G・ユング（Carl Gustav Jung,1875-1961）と理論物理学者のW・E・パウリ（Wolfgang Ernst Pauli,1900-58）、訳者は河合隼雄と村上陽一郎である。

内容は、シンクロニシティ（共時性 Synchronicity）と名づけられた、「意味のある偶然の一致」を扱っている。すなわちこの世に生起する事象（事物や出来事）はお互いに、原因と結果からなる因果律のみならず、それとは異なる原理によっても結びついているというのである。たとえば共著者の一人であるパウリの身の回りには、「パウリ効果」と呼ばれる現象がしばしば生じたことで有名である。理論物理畑であるためか実験が不得意だったパウリは、実験器具をしばしば壊していた。それどころか彼が近づいただけで器具が壊れてしまうという因果律を超えた現象が多々起こったのである。そのため、誰言うともなく物理学者の間で囁かれるようになったのが「パウリ効果」なる言葉であり、それをシンクロニシティという観点から説明しようとしたのが、この書ということになる。

しかしこうして振り返ってみると、ユングとの「出会い」も、普段は絶対に行かない物理学のコーナーにふと立ち寄り、「非因果的連関」なる言葉が目に飛び込んできたという、まさに偶然の出来事に起因するものだったことに、改めて驚かされる。

## C・G・ユング

ただしユングとの出会い自体は、高校三年の頃と翌年の浪人時代に遡る。この頃、河合隼雄が雑誌の『中央公論』に、日本社会の特性を深層心理学の観点から描き出した論文を次々と発表し、それを非常に興味深く読んでいたのである。ちなみにこの時の諸論文は、中央公論社から、『母性社会日本の病理』とのタイトルのもと一九七六年に単行本化されることになる。

ところが大学に入ってすぐの頃、ユング自身の執筆した書物に挑んでみると、紹介本と原著の相違という大きな壁にぶつかることになった。極めて論旨が明快な河合隼雄の書とはまったく異なり、ユング自身の著書が古今東西の宗教的な知見を要求する実に難解なものであることを思い知らされ、挑むのを一度は諦めてしまったのである。

それゆえユングと真正面から向かい合おうと思うようになったのは、見田ゼミを通して「もう一つの別の」世界観・人間観に触れたいとの思いが生じ、またシンクロニシティをめぐる書との偶然の出会いがあったからということになる。そしてこの思いが固まった段階で、ユングを理解するには宗教学を専攻する以外にないと確信するようになっていた。ちなみにこの当時は、二年次までの学業成績で三年次以降の専攻が振り分けられるという制度があり、私の成績では、選択の幅がほとんどなかったことも確かである。

## 宗教学科

こうして宗教学科に進学した私であるが、当学科の最大の特徴の一つは、ある意味で武蔵の特性にも通じる「自由」であった。教授陣にお願いさえすれば、いつでもさまざまな外部の識者と連絡をとり、紹介してくださった。研究テーマも、各自、好きに選ぶことができ、これは院に入ってからも同様であった。今思い返しても、実に恵まれた環境であった。

そうした研究室にあって、もっとも光り輝いていたのが、年齢的には四歳上の中沢新一である。彼は一九七九年にネパールへわたり、チベット仏教ニンマ派の伝承するゾクチェン密教の修行を始めるという、極めつけの型破りな人物である。最初のネパール行きから帰国した直後に語った、「これまでの学問は農耕民族型だ。一つの場所を掘って掘ってまた掘る。しかしこれからは騎馬民族型の学問があってもよいのでは。つまりアカデミズム的な枠に縛り付けられることなく、大地を自由に駆け巡るスタイルの学問である」といった趣旨の言葉は、今でも忘れることができない。

こうした彼の思想スタイルは、一九八三年、浅田彰『構造と力――記号論を超えて――』（勁草書房）についで公刊された『チベットのモーツァルト』（せりか書房）が学術系の書としては異例の大ヒットをしたため、マスコミによって、「ニューアカデミズム」という呼称が与えられることになった。しかし思想史の流れからすると、フランスに端を発する「ポストモダン」に位置するものである。いずれにしても「団塊の世代」が日本の近代（モダン）社会につきつけた「NO！」という叫びが、ようやく学術の世界にも波紋を広げだしたことになる。ちなみに小学館から刊行されている『日本国語大辞典　第二版』では、ポストモダンが次のように説明されている。

理性による啓蒙を基とする近代的な社会、制度、思想等の一元的な原理を批判し、消費社会や情報社会に対応した知や実践のあり方を模索する思想的・文化的な傾向。哲学的概念としてはフランスの哲学者ジャン＝フランソワ・リオタールによって提示された。

こうして振り返ってみると、宗教学という分野が、まさしく「もう一つの別の思潮」を提示しうると思われる時代であった。だがその後すぐに、宗教学を専攻する者たちは、大きな事件に突き当たることになる。

## ダモクレスの剣

それは中沢新一も大きく関わったオウム真理教が一九九五年に起こした大事件である。単なる自己弁明に過ぎないが、私自身はこの教団がマスコミに登場しだした当初から批判的な立場をとり、授業等で、宗教心理学の観点から、彼らの言う飛翔も含めた超能力が感覚遮断による幻覚現象に過ぎないと解説していた。だがその一方で、宗教集団が大量の武器を密造し、それどころか現実に大規模なテロ事件を起こすなど、およそ想像の範囲外であったことも確かである。それゆえ宗教学を専攻する一人として、今後も、オウム真理教がなにゆえこうした行為をなしえたのか、そもそもなにゆえ発想したのかを問い続ける責務を負っていることを承知している。

つまり宗教学に手を染めながら一九九五年を迎えた者の頭上には、いついかなる時でもダモクレスの剣が吊り下げられているのである。そしてこの事実を、今回の論稿を記す作業において、痛感させられた次第である。

しかしこの場では、次のような綺麗事を書いて、本稿の幕を閉じる形にしたい。それは、これまでの日本人の精神史を洗い直す作業に従事するという、私なりのオウム事件に対する立ち位置の設定である。ちなみにここで「精神史」と呼んでいるのは、宗教的な思想史および文化史を意味している。

そして心の変遷を浮かび上がらせる「もう一つの別の」歴史を描き出すにあたって私が選択した視座は、「夢信仰」ないし「夢文化」である。そもそも夢という現象、そして言葉は、いつの時代、そして文化においても多義包含的(polysemantic)であり、近代的な合理主義の立場からはなかなか掬い取りがたいものである。実際、人類学者たちのフィールドノートを見ても、夢に関する取材データは頻出するが、それをどのように位置づけたらよいのか判然としないまま、調査の結果として表に出ないで終わってしまっている場合が少なくない。

そこで私がまず試みたのは、その名も『日本の精神史――宗教学から見た日本精神史――』(玉川大学出版部)という二〇〇二年に公刊した書であった。そして今は、宗教学はもちろん、人類学、考古学、歴史学、日本文学といった諸領域の研究者と協力して、「夢」と文化さらには思想との関係を、より広範な形で析出することに焦点を当てている。

そうして最後に、日本の精神史を紐解くに当たって最も拠り所にしている書が、本稿に二度ほど登場した小学館発行『日本国語大辞典』であり、松井栄一先生の編集になるものであることに触れたおきたい。中学一年のとき、先生が夏目漱石の「文鳥」と「夢十夜」が収められた文庫本を教材として、小説を読むことの楽しさを教えてくださった日々が懐かしく思い出される。その意味においても、一九六七~七三年という時代に武蔵に身をおけたことは、望外の幸せだったということになろう。

**河東仁**(かわとう・まさし)
一九八五年、東京大学大学院人文科学研究科博士課程単位取得退学。二〇〇一年、博士号取得(文学)、現在、立教大学コミュニティ福祉学部教授。主著として『日本の夢信仰――宗教学から見た日本精神史――』玉川大学出版部、二〇〇二年など。

# 僕らの武蔵時代とアジア――東南アジアの経験から

玉置泰明

僕らの武蔵時代を当時の社会の動きと関連づけ、世代論的に名づけるとすれば、「ポスト全共闘世代」ということになろう。今の高校生と比べるとやけに政治的であって、学校でも「安保」や「建国記念日」についての討論会があったと記憶しているし、七〇年安保の前後には同期でも様々な宗派、じゃなかったセクトのデモや集会に参加した同期の諸氏も少なくないはずである。とはいえ、運動の担い手は僕らの兄・姉の世代であり（六歳年上の従兄は、東大紛争で逮捕歴あり）、僕らはその後ろに「くっついていた」だけである。社会的、政治的意識の強い者ほど、数年遅く生まれたという思いを抱いていたのではないか。ちなみに、僕は現在の地元・静岡でいくつかのNGO活動、市民運動に関わっているが、そこでも主力は「全共闘世代」であり（その仲間の中には、元連合赤軍で二〇年獄中にあり、今静岡でスナックのマスターになっている植垣康博氏なんかもいる）、僕は今さらながら、そうした先輩方に「楯突いて」議論を繰り広げている。

さて、「あの時代」のアジアに目を向ければ、何と言っても「ベトナム戦争」が思い浮かぶだろう。「ベ平連」などの活動に参加していた人もいるだろう。では、ベトナム以外の東南アジアについて僕らがどれくらい知っていたかとなると、えらく心もとない。「僕ら」とひとからげにされては心外な方もいるかも知れないが、少なくとも僕は、ほとんど何も知らなかったと言っていいだろう。今と違って、身近にフィリピンやインドネシアの出身者が大勢いるような時代ではなく、ニュースも非常に限られていた。大型書店に行っても、東南アジアのコーナーなんか存在しなかったと思う。

僕は大学で文化人類学を専攻し、[1]都立大学の大学院に進んでから研究対象としてフィリピンを中心とした東南アジアを選ぶことになった。そして、博士課程在学中の一九八三年（武蔵卒業からちょうど一〇年後）から文部省の「アジア諸国等派遣留学生制度」によってフィリピン共和国に留学することになったのだが、その手続きのために文部省を訪れた時の官僚との会話の中で、「フィリピンって仏教国でしたっけ？」と聞かれたのを覚えている。文部省のエリート官僚にして、このていどの認識だったのである。今なら、フィリピン人の多くがキリスト教徒であることはたいていの人が知っているだろう。[2]

フィリピンに留学したのは一九八三年一一月からだが、留学先のフィリピン大学でまず驚いたのは、その政治的熱気であった。二〇年に近づこうというマルコス独裁政権の人権抑圧、腐敗ぶりに多くの国民が反発してきていたところへ持ってきて、同年八月二一日には、亡命先のアメリカから帰国したマルコス最大の「政敵」ベニグノ・〝ニノイ〟・アキノ元上院議員が到着したマニラ空港で（おそらく国軍兵士によって）暗殺されたことによって、反マルコス運動が大きな盛り上がりを見せつつある時期だったのである。その後僕自身も多くの集会やデモに参加することになり、日本の大学院での指導教官を心配させることになってしまったが、今思えばフィリピンでの「政治活動」に対して僕に積極的関心を持たせた理由の一つは、「あの時代」の「乗り遅れ感」だったような気がする。しかもフィリピンの若者と語る社会と政治は、「あの時代」の日本の社会・政治よりもずっと身近に感じられたのだ。その後二年半をフィリピンですごし、八六年の留学終了直前には、かの「二月革命」によってマルコス独裁政権崩壊、フィリピンの「再」民主化という歴史の転換点に立ち会うことができた。この二年半のフィリピン滞在は僕にとって、本来の目的である研究という点を別にすれば、まさに「社会・政治への関与」という武蔵時代の「宿題」への一つの個人的解答であった気がする。

マニラでの政治集会の楽しさに「味をしめた」（？）僕は、その後文化人類学的調査のために住み込んだ農村でも、偶然に隣村での土地を奪われた農民たちの土地裁判に関与することになり、裁判所で証言したり、地主一派に狙われるという「光栄」にまで浴する経験をさせてもらった。

個人的な話に偏ってしまったので、以下では少し客観的に解説してみよう。先に、僕らの武蔵時代をベトナム戦争と結びつけたが、東南アジア全体に目を向けると、この時代のキーワードとして、「戦争・紛争」「軍政」「開発独裁」といった言葉が思い浮かぶ。

NATOの東南アジア版といえる反共同盟であるASEAN(東南アジア諸国連合)がタイ、インドネシア、フィリピン、マレーシア、シンガポールの五か国によって結成されたのが、一九六七年であったが(現在では、社会主義国も含む東南アジア地域連合になっている)、ベトナム戦争の激化に加えて、カンボジアでは一九七〇年に親米派のロン・ノル将軍のクーデターでシハヌーク国王が追放されて「クメール共和国」が樹立されている。内戦の激化でクメール・ルージュが伸長し、かのポル・ポト政権が誕生するのは、少し後の一九七五年のことである。マレーシアでは一九六九年にマレー人と華人の最大の民族衝突である「五・一三事件」が起き、一九七一年には、タイで軍政復帰のクーデターが起きている(タイについては、同期の吉野君がより詳しい)。

アジアの「開発独裁」の代表といえば、何と言ってもフィリピンのマルコス政権とインドネシアのスハルト政権であろう。何しろ、wikipedia で「開発独裁」と検索すると、そのリストの最初にこの二政権が挙げられるほど、世界的に有名な独裁政権なのだ。以下、この二国に焦点を絞って見ていくことにしよう。マルコス政権は一九六五年、スハルト政権は一九六六年に成立し、その後、前者は二〇年余り、後者は三〇年余り続く独裁政権となる。つまり、この時代は「開発独裁の時代」の始まりでもあったのだ。

我々が当時全く気付かず、しかし忘れてはならないことは、これらのアジアの独裁政権を支えていたのが、アメリカと並んで、我が日本だったことである。現在のアメリカが他国の人権状況に口をはさむ(時には軍事介入もする)国であることは言うまでもないが、冷戦下においては、いかにひどい人権侵害が行われている独裁国家であっても、それが反共・親米国家である限りにおいて、アメリカはそれを黙認するどころか積極的に支援してきたのである。そして、日本はそれを(国民にあまり知られない形で)支えてきた。

フィリピン、インドネシアに代表される東南アジアと日本の戦後関係は、戦時中の被害に対する「賠償」の形で始まった。日本がアジアに与えた被害というと中国と朝鮮半島が思い浮かぶだろうが、フィリピンも第二次世界大戦で一〇〇万人もの犠牲者を出していることを忘れてはならない。賠償の一環としてのインフラ開発などを請け負った日本企業は、それをその後の経済進出の足掛かりとしていった。

インドネシアの政権と日本企業の「癒着」は、すでに初代のスカルノ大統領の時に始まっている。デヴィ夫人と言えば、七〇代にしていまだに厚化粧してTVのバラエティ番組などに登場しているが（TVで彼女を見て「あの人日本語うまいですね」と言った学生がいる）、もともとは銀座のクラブでホステスをやっていたところを来日中のスカルノ大統領に見初められて第二夫人となった。それは、偶然の出会いを装ってはいるが、スカルノ政権との太いパイプが欲しい日本企業が仕組んだものであることは、ほぼ「公然の秘密」といっていい。その後、スハルト政権下では、日本からのODA（政府開発援助）や企業の投資の相当部分が「スハルト・ファミリー」の蓄財に使われたことは有名だろう。同様のことはマルコス政権下でも行われた。マルコス政権と日本企業の癒着は、とくに代表的商社との関係を揶揄して「マルベニコス」などと呼ばれ、マルコス政権崩壊後、日本の国会でも取り上げられた。

この両独裁政権下では、腐敗・蓄財に加えて相当の人権抑圧が行われていたことは、ほぼ周知のことであったが、アメリカは冷戦下でのアジア戦略のゆえ、日本はそれに加えて経済的利権のゆえに、独裁政権を支えていたと言える。人権よりも利権を重視したことの象徴的事件は、東チモール問題に見られる。インドネシアは（旧ポルトガル領の）東チモールを一九七五年に軍事併合したが、その行為に対して国際社会は侵略と見て非難した。国連でのインドネシア非難決議は、賛成七二、反対一〇（棄権四三）だったが、日本は反対に回ったばかりか、その後もインドネシアを非難する国々へのロビー活動を行い、国際社会がインドネシアに対する制裁を発動するのを阻止するのに、積極的役割を果たした。端的に言って日本政府は、東チモール人民の声（人権、自決権）よりも、巨大マーケットたるインドネシアの経済利権の方を重視したのである。残念ながら、このことを自覚している日本人がどれくらいいるだろうか。

一方、六〇年代末の欧米や日本を含む若者の反乱は、これらの国々も巻き込んでいた。とくにフィリピンでは、この時代の学生運動や労働運動を「第一期の嵐」（First Quarter Storm）と呼び、僕の出会った八〇年代の反マルコス運動と対比している。フィリピンではその後一九七二年に戒厳令がしかれ、運動は抑圧されるが、日本のように挫折した学生運動の活動家が企業社会の担い手となったのではなく（単に「なれなかった」だけとも言えるが）、戒厳令下で「普通の」生活をしながらも、政治に対する不満のエネルギーを保ち続けてきたと言える。そしてそのエネルギーは、「第一期」を知らない八〇年代の大学生にもきちんと受け継がれてきたのだ。

マルコス政権を倒した一九八六年の「政変」（先述の「二月革命」）については毀誉褒貶があるが、他国の民主化運動に与えた影響は大きい。韓国の民主化運動への影響は明らかだし、日本でも当時の社会党の土井たか子女史なんかは、僕からみると明らかに、コラソン・アキノ大統領のファッション（とくに黄色いスーツ）までまねていた。

インドネシアでは、フィリピンに遅れること十二年後の一九八八年にスハルト政権を崩壊に追い込んだのは、すでにIT時代に入って携帯を駆使した若者たちによる大動員のエネルギーであったが、[3]大衆動員のエネルギーにはやはりフィリピンの「ピープル・パワー」の影響（残響というべきか）が感じられる。[4]

スハルト大統領を退陣に追い込んだインドネシアの反スハルト運動のプロセスでは、多くの華人虐殺や略奪がおこっており、これを民主化運動と呼ぶべきかどうかには問題がある。インドネシアに比べればより長い民主化運動の成熟の歴史が存在したフィリピンでも、マルコス政権を倒した通称「EDSA革命」及びそれに至る反マルコス運動を担った人々の一部は、マルコスに利権を奪われたエリート層であり、彼らは「民主化」という看板は掲げていても、いわば自らの利益のために運動に加わった人々であった。

独裁政権の終結によって、フィリピンやインドネシアが「民主化」したことは事実であっても、それは社会構造が根本的に変化したことを意味しない。グローバル化の洗礼を受けて、東南アジア諸国にも自由主義経済の波は押し寄せ、それぞれの国で一定の購買力を持つ中間層が育ちつつあることは、マニラやジャカルタ、バンコクの巨大ショッピング・モールの林立（むしろ日本より早く始まっている）を見てもわかる。しかし、貧困層はいまだに貧困を脱出できず、格差は増大さえしている。自国内での経済的向上が望めないとなると、選択肢は海外への出稼ぎということになる。フィリピンはアメリカ統治時代の初期、すなわち二〇世紀初頭から海外に移民や出稼ぎ労働者を送り出してきた。現在、国民の約一割が海外にいると言われる。インドネシアでも、スハルト政権崩壊のきっかけになった一九九七年の経済危機以降海外出稼ぎが急増し、現在では数百万人に及ぶとも言われる。

そして、そうしたフィリピン人やインドネシア人の一部が、日本にも来ていることは言うまでもない。FTA（自由貿易協定）によってインドネシアとフィリピンから看護師、介護士候補が来日していることは知られている。国家試験（の日本語）の壁のゆえに今のところ合格者はわずかしかいないが、超高齢化社会・日本がそういう人達によって支えられる可能性もあるのだ。現に、FTAの枠外で、日本在住のフィリピン女性（多くは日本人男性と結婚）がすでに介護ヘルパーとして働いている実情がある。

僕らが武蔵で「青春時代」を謳歌していたころ、アジアの独裁者は着々と蓄財に励み、自国内では貧困からの脱出が望めない人々は、経済的向上を求めて一九八〇年代以降日本にも出稼ぎに来るようになる（いわゆる「ジャパゆきさん」「ジャパゆきくん」）。フィリピン女性の中には日本人と結婚して定着した人々も多い。日比国際結婚家族からは多くの子供が生まれ、日本の「多文化化」に一役買っているとも言えよう。

他方、現代の日本の若者たちは内向きで社会、世界のことに関心がない、と我々おじさんは嘆いてしまいがちである。たしかに大学で教えていていても、やけに政治的だった僕らの武蔵高校時代と比べても、大学生の政治意識、社会的問題意識の低さは否定しようがない。

しかし、アジアとの関係に目を向けると、僕の勤務校のような地方の小大学でも、アジアからの留学生は身近に大勢いて日々交流しているし、日本人学生も欧米ばかりでなく東アジアや東南アジア諸国に気軽に旅行したり留学したりしている。理屈だけでアジアを見ていた昔の僕らよりも、現在の学生の方がずっと肌でアジアを感じ、国際化しているとも言えるのではないか。僕がよく知っている教え子の中にもフィリピン人、インドネシア人、タイ人と結婚して現地に住んでいる者が数名以上いる。僕らの世代ではあまり考えられなかったことだろう。ただし、国際結婚して日本を「捨てた」卒業生は、女性ばかりである。男はたとえ長期留学しようと仕事で長期海外駐在しようと、結局は日本を引きずっていて、日本に帰ってきてしまうのだ。

その点、男は情けない、真の（身体性を伴った）国際化は女にしかできないのか、などと「男子校」武蔵出身をひきずる僕は思ってしまうのである……。

[1]ちなみに、同じ文化人類学会には、同期の細川、吉野、深沢の三君がいる。あまり大きくない学会で同じ高校の同期三人というのは、かなり稀なことである。これは偶然ではなく、武蔵の自由な学風や、個別的には、休みごとに柳田國男のような（あるいは宮本常一のような、というべきか）旅を続けておられた地理の加藤侃先生（カトカンと呼んでいた）の影響などもあると思う。同学会には、一期上の原毅彦先輩、二期上の斉藤尚文先輩、四期下の福島真人君などもいる。
大学で文化人類学を専攻するようになってから、教職のための教育実習を母校でやらせてもらい（同時期に牛口君が実習に来ていた）、その時の指導教官が加藤先生だったのだが、何でも好きな話をしていいと言われたので、高校の授業とは関係のない文化人類学の話を後輩相手にさせてもらった。こんな自由勝手な実習をやらせてくれる高校なんて、そうないだろう。

[2]現在の日本の多くのカトリック教会は、フィリピン人やブラジル人信者がいないと成り立たないような状況がある。

[3]そのころ僕は地元のラジオ番組でインドネシアの政治状況についてコメントを求められ、何やかんや言ってもスハルトは任期最後まで辞めないだろうと答えたが、一週間後にスハルトが辞意を表明し、大恥をかいてしまった。

[4]「ピープル・パワー」の残響は、近年のタイにおけるタクシン派、反タクシン派のそれぞれが街頭に支持者を大量動員するやり方にまで見られると言ったら、ちょっと勝手な読み込みだろうか。

**玉置泰明**（たまき・やすあき）
一九九一年より静岡県立大学に勤務。フィリピンを中心とした東南アジアを研究対象とする。地元では、NGO活動で在日外国人と関わる。静岡は済みやすい所で、地震さえ来なけりゃ永住したいが、定年後は海外移住も考慮中。

# 武蔵出身の歯科医師、一匹狼 or パイオニア？

寺西邦彦

私は現在、歯科臨床に携わるようになって三四年目、東京赤坂の地に歯科医院を開設して三〇年目になるが、平日は毎日歯科診療に当たり、週末は年平均四〇回ほど国内外各地において学会発表や講演活動を行い後進の指導にあたっている。要するに生活そのものが全て歯科という状態になっている。私の講演会を受講した先生方から、「寺西先生は本当に歯科臨床が好きなんですね。ご実家が歯科医院でもないのにどうして歯科医師を志したのですか？」とよく聞かれる。どうして歯科医師を志したのか……

私は大手製鉄会社に勤務する父と専業主婦の母との間に男二人兄弟の二男として生まれた。小学校に入学するとき、八歳年上の兄が武蔵中学に通学していたのを見た私は、何のためらいもなく兄と同じ学校が良いと思い、小学校も兄が卒業した中野区立の小学校に進み、教育熱心な両親の元、小学校四年生位より学習塾に通っていた。その個人学習塾で出会った友人の一人に後に武蔵で一緒になるU君がいたわけで、彼は武蔵の友人の中で最も長い付き合いとなる。

その後、何のためらいもなく武蔵中学を受験し、幸いにも合格し、入学したわけであるが、その当時の武蔵中学は、私にとっては自由で、広大なキャンパスがあり、毎日が夏休みのような感覚だった。毎日、入部した硬式テニス部の練習に没頭し、はっきり言って本来の学業は二の次だったように覚えている。現に中学時代の授業に関してはほとんど記憶がなく、唯一記憶にあるのが、中学二年、一九六八年一〇月、午前中の化学の授業中に隠し持ったラジオでメキシコオリンピックのサッカー競技三位決定戦にて日本代表が銅メダルを獲得した瞬間を聞いていたのを、鮮明に覚えている位である。

## きっかけ

とにかく、武蔵中学・高校生活はテニス、スキーそして映画鑑賞に明け暮れていたわけで、自ずと成績は赤点だらけで、常に低空飛行を続けていた。同窓の八歳違いの兄が常に最優秀な成績で、現役で東京大学法学部に進学していたせいか、両親は私の勉強には意外と無頓着であった。しかしながら、高校二年の春、父親に呼び出され、今の成績では東京大学に入るのは不可能（父も東京大学出身である）、このままではろくな大学にも行けないだろうし、その後一流企業に入社することは難しいだろうと言われたのであるが、そのあと父より意外な提案があったのである。父曰く、邦彦は手先が器用だし（趣味で模型作りやハンドメイドパイプをよく作っていたからか……）往診も、また患者が死亡することもなく、比較的優雅な生活ができそうだから、歯医者になってみたらどうか？という提案であった。今考えてみると、当時は日本経済が高度成長期にあり、現在と異なり、歯科医師の羽振りは大変良かったようである。父の提案に対し、私はあまり深く考えず、歯科医師の仕事は歯医者といっても、口の中の大工仕事くらいにしか思わず、社会人になってから生活に困らず、テニスやスキーといった趣味に興じられるなら最高じゃないかと、単純に考え、その提案に同意して歯学部に進むことを決意したのであった。

実際に歯学部に入学してみると、その大学生活は武蔵時代とは一変して、大学キャンパスもなく、非常に閉鎖的かつ封建的な学生生活であった。歯学部は六年制でその当時は最初の二年間が進学課程いわゆる教養課程で、その内容は武蔵高校時代の復習に近いものであり、決して興味の湧くものではなかったように記憶している。当時同級生に開成高校と麻布高校出身の学生がおり、御三家そろい踏みとなったわけだが、三人ともあまりやる気が出ないようであった。その二人はともに歯科医の二世で、特に開成出身の彼は授業にはあまり出席せずその後留年を繰り返していたような気がする。

## 気づき

専門課程である学部一年（三年生）に進学してからは、多くの医学そして歯学の専門科目が入り始めた。当時学生の三分の一以上が歯科医師の子弟であり、彼らは歯科臨床がどういうものかを、多少は門前の小僧的に知っていたようであるが、私にとっては、はっきり言って歯科治療がどういうものなのか、まったくと言っていいくらい解っていなかったのである。でも、そのお蔭で、見るもの聞くもの全て新鮮であり、興味津々の毎日を過ごし、確かに勉強は大変ではあったが、非常に楽しい毎日を過ごせたように思う。そしてあれだけ武蔵時代、勉強嫌いであった私が図書館に通い、高校時代にはめったに開かなかった英和辞書を調べ、海外の学術書を読みあさるようになったのである。そしてその結果として、それ以降、成績優秀者として大学より特待生を受賞し、授業料が免除となった。このことに関して一番驚いたのは、ほかならぬ両親であった。確かに私の武蔵時代を知っているならば、驚かない方が不思議だと思う。いずれにしても、入学当初、歯科医師なんて口の中の大工仕事だと思っていた私の考えは、一変し、歯科学は科学であり、当時先進国であった米国に行って学ばなければ、真髄は獲得することはできないと思うようになったのである。

当時の歯学部は現在と異なり、学部三年（五年生）夏より卒業までは附属病院に入り、実際に患者さんの治療を行うことができたが、臨床現場に立てば立つほど、海外での先端臨床を学びたいという思いが強くなってきた。しかし、卒業後、実際に海外の歯学部に留学するとなると、多額の資金がかかることから、卒業後は大学院に進み、その後大学より海外へ留学させてもらおうと考えたわけだが、卒業時点で、父より一言、いい加減、社会人として働きなさいと言われ、大学院進学を断念し、勤務医として働くことになった。

## 迷い、決断そして後悔

勤務医として働く中、海外への思いは薄らぐことはなかった。多くの著名な先人たちに教えを乞い、より質の高いグローバルスタンダードな歯科臨床とは何かと探し求めていた。そんな矢先、その後私のメンターの一人となる故保母須弥也先生に出会ったのである。先生は日本大学歯学部卒業後インディアナ大学に留学され、帰国後、我が国に多くの最先端歯科臨床を紹介されていた。偶然にも彼は麻布高校の出身であり、武蔵出身だと言ったら大変面倒をみてくれた覚えがある。その後も多くの先輩たちと出会い、常に海外への留学希望をお話しすると、ほとんどの先生が、いつでも海外の大学を紹介すると言ってはくれるものの、具体的な話になると、皆一様にお茶を濁してしまった。唯一、現在も私のメンターとして尊敬する、阿部晴彦先生だけが、「留学したいなら、目ぼしい米国の歯学部に手紙を出して、自分で交渉してみなさい」とアドバイスしてくださり、実際に手紙を出したところ、インディアナ大学と南カリフォルニア大学（ＵＳＣ）より、特別カリキュラムで受け入れる用意があるとの返事が返ってきたのである。そして南カリフォルニア大学歯学部への短期留学を決意したのであるが、実際には、実現するまでには一年に一回二週間くらい渡米し、研修と打ち合わせを行わなければならなかったのである。

その当時の思い出としては、同級生のＯ君との再会がある。当時Ｏ君は南カリフォルニア大学を卒業して公認会計士としてロサンゼルスの事務所に勤務していたと思う。確か、私が初めて単身でロサンゼルスを訪問した時だと思うが、一人で空港にてレンタカーを借りて、フリーウェイをとばし、不安な気持ちでロサンゼルス郊外のモーテルに宿泊していた時に、一緒に夕食を共にしようということで、Ｏ君が、当時羨望のまなざしであった、フェアレディーＺでモーテルまで迎えに来てくれたのである。ただ、ただ、かっこよかったのを覚えている。

その後本格的にＵＳＣ歯学部 Advanced Periodontics そして Advanced Prosthodontics へ留学し六ヵ月間特別カリキュラムを受講したのである。英会話が得意でない私にとっては決して楽な毎日ではなかったが、実際に受講したＵＳＣでの臨床教育システムは日本で経験したものよりはるかに高度で、しっかりとしたものであった。そのとき思ったことは、当時、日米の歯科臨床のレベルには大きな差があるが、ハイテク機器の進歩のごとく、二〇年後にはきっと肩を並べるようになるだろうと……。妊婦の妻を東京に残し、単身の留学も終わるころ、その当時補綴専門医認定医コースのチェアマンをしていたＵＳＣ歯学部副学部長であったランデスマン教授が私の日常の仕事を見て、私に来期の補綴専門医認定医コースに入学するようにと推薦してくれたのである。このコースは定員二〜四名に対し全米より約二〇〇名が応募してくる。米国で補綴専門医になり、米国で診療を行えば年収五千万円以上は保障されるわけで、ぜひともオファーを受けたかったのではあるが、いかんせん個人での留学で、資金は底を突き（当時は一ドル二六五円というレートであった）帰国を余儀なくされたのである。もし、残っていたならば、現在の私とは大きく異なった歯科医師寺西邦彦が米国にて臨床を行っていると思うと、私の人生にとっての一つの後悔かもしれない。

## 日本そして世界の歯科臨床水準

帰国後しばらく勤務医をしながら開業を検討していくつもりであったが、現実にはすぐにでも、自ら開業しなければならなかった。というのも当時の日本における歯科臨床のシステムと米国で学んできたそれとには大きな隔たりがあったからである。具体的には診療時間がある。米国では前にお話しした専門医一人あたり一日に診療する患者数は大体六名前後であり、専門医でない一般の歯科医であっても一人あたり一日二〇名がマックスであるのに対し当時の日本（現在もあまり変わりはないが）では歯科医師一人あたり一日五〇名〜八〇名の患者さんの治療にあたっていた。一人の患者さんにおける実際の診療時間は一五分、長くても三〇分がいいところで、この状態であれば実際には適正な治療は行えないのである。そこで現在の開業地である港区赤坂に一九八三年六月寺西歯科医院を開設し、米国的な歯科臨床システムを導入してきた。若くして、テナント料のバカ高いビルで開業し、当初よりドクター二人で一日一五名程度の患者さんの治療にあたったわけであるから、経営的にはかなり厳しかったというのが本音である。しかしながら継続は力という言葉通り、徐々に評判を聞きつけ、多くのグローバルスタンダードな歯科治療を求める患者さんが集まってきてくれた。そして気づいてみれば約三〇年が経ち、二〇年以上の良好な予後を持つ患者さんが増え、その結果としてその方々の御紹介の患者さんがお越しになるといった、好循環が継続しているのが現在である。

ただ日本独自の健康保険治療といった、ある意味で良いそしてある意味で悪いシステムの影響は拭えず、米国での歯科医師とは収入や生活水準ではかなりの格差があるのが現状で、三〇年間楽な時期は一回もなかったといっても過言ではない。ただ少しでも世界水準の歯科治療を多くの患者さんへという思いと、少しでも日本の歯科臨床レベルの引き上げを行いたいという情熱だけでやってきたようにも感ずる。

よく多くの方々から日本の歯科のレベルは高いのですか？との質問を受けることがあるが、様々な視点より考えなければならず、その答えは簡単には出せない。ただ一つ非常によく言い表した話があるので、紹介したい。数年前にフロリダでの国際学会で懇意にしている米国の教授に私が「あなた方欧米人から見たら、日本人、韓国人そして中国人の見分けはつきにくいでしょう」といったとき、その教授はすぐさま歯科の教授らしく「口の中をみれば簡単にわかるよ！　口の中に金属がたくさん見えたら日本人、一見白くてきれいに見えたら韓国人、そして歯抜けのままだったり、またたくさんの虫歯があったら中国人だよ」と答えたのである。この答えは実におかしくそして的を射た答えである。すなわち日本における歯科臨床には他国にはない健康保険制度があり、この制度の範囲内では奥歯の詰め物被せものは金属が主体であるからである。一方お隣の韓国では歯科臨床の多くは保険外で私費診療になるため、欧米先進国と同様奥歯の詰め物そして被せものには歯冠色（歯の色）をしたものが用いられている。そして中国における一般人（富裕層は除く）の歯科治療はまだまだ未治療が多いからである。

国際的に日本の歯科のレベルを考えた場合、ごく少数の部分では日本の歯科臨床レベルは世界一といえるだろう、また研究部門ではごく一部の分野で世界のトップレベルと肩を並べているといえるだろう。中間層すなわちごく普通の歯科臨床分野においては、残念ながら日本は先進国中かなり立ち遅れていると考えていいと思う。この原因には大学教育そして健康保険制度が影響しているように思える。そしてベーシックなレベルにおいて、日本はトップレベルと言える。なぜならば、日本には健康保険制度があり、貧困層にあっても最低限の治療は受けることはできるからである。他の国では貧困層は歯科治療そのものを受けられない患者さんが多数いるのが現状である。この世界に類を見ない素晴らしい健康保険制度は、どんな歯科医師でも同じ診療報酬となるため、競争の原理はなかなか発揮されず、アベレージの層での臨床レベルの低下につながっているとも考えられる。

いずれにしても悲しく感じるのは、留学時代に感じた、あと二〇年もたてば日本の歯科臨床レベルは欧米のそれに追いつき、追い越すだろうと思ったことが、現実的には逆行している点である。今現在、歯学部在学中には患者さんの治療は一切行えない制度となっている。また歯科医師国家試験においても過去我々が受験した当初あった実技試験は撤廃されており、実技試験のない国家試験は欧米では珍しいという状態になっている。

具体例を挙げるならば、昨今マスコミで騒がれているインプラント治療（人工歯根治療）を考えてみればわかる。現在世界中で使用されているデンタルインプラントはオッセオインテグレイテッド・インプラントといい、スウェーデンのイエテボリ大学医学部の整形外科医であるP・I・ブローネマルク教授が一九五五年に発見したオッセオインテグレーション（純チタンと骨の結合）が原点となる。ブローネマルク教授は一〇年間の基礎研究の後一九六五年、人体に初めてデンタルインプラントとして臨床応用し、その後多くの研究者らが改良を加え現在に至っている。私自身も一九八八年より臨床に応用し現在も多くの歯を失った患者さんに第三の歯として適用している。このオッセオインテグレイテッド・インプラントの成功率（インプラント残存率）は初期のものでも約九五％そして現在の最新のものでは約九八％を示しており、寺西歯科医院での予後調査においては二〇年経過例で約九五％、最近一〇年間では約九九％の成功率が示されている。

このように高い成功率を示すインプラント治療をなぜマスコミが問題にするのであろうか？　聞くところによると我が国でトラブルとなっている歯科医院においては六〇％以下の成功率のところがあるという。本来は正しい診断そして治療計画の基にマニュアル通りに術式が行われるならば九〇％以上の成功率が得られるはずである。これらのトラブルはインプラント以前の問題であり、術者（歯科医）のヒューマンエラーや歯科医院の環境問題にあるといえるのである。良く患者さんは国家試験に合格した歯科医は誰でも同じだと考えておられるようであるが、それは大間違いである。歯科医師には知識、判断力、人間性（社会性）そしてスキル（技術）が必要であるが、それは歯科医師全員が同じではない。

ただ、幸いにも私の若い時と比べ、インターネットやFace book 等のＳＮＳの普及により、多くの世界レベルの歯科情報を容易に且つ迅速に入手することが可能となった現在、有能な国際レベルの若手歯科医師も多く現れてきている。ただ全員ではない。だから患者さんサイドも歯科医を選ばなければなりません。

## 上手な歯科医選び

同級生諸兄も還暦が近くなり、最近騒がれているアクティブシニア世代となってきている以上、アクティブで楽しい第二の人生を考えた場合、良好な食生活は欠くことのできないものであり、そのためにはお口の中の健康には十分留意されていると思う。ただもし、歯や口の中のトラブルがあった場合信頼のおける歯科医師による治療が必要であるが、皆さんどこの歯科医院に行っていいかわからないといわれる。インターネット等の歯科医院のホームページを閲覧してみても、どの歯科医院も素晴らしいことばかり掲載しているので、はっきり言ってどこが良い歯科医院なのかは皆目見当がつかないのである。ここで私がアドバイスするとしたら、まず知り合いに歯科関係者がいるようだったら複数の方に相談されたらいいと思いますし、またその方々から紹介してもらうことがいいでしょう。また過去に治療を受けられて良い結果と感じている方からの紹介で歯科医院を選ぶのも実践的でしょう。いずれにしても、どこの歯科医院を受診されても、しっかり納得できるように時間をかけて病状、原因そして治療法に関して説明してくれない歯科医院は決して通院しないことです。治療期間そして治療費に関してもはっきり契約できるようなシステムを構築している歯科医院を選ぶことです。モダンなカフェのようなインテリアだけに騙されてはいけません。

## おわりに

まとまりなく、いろいろ述べさせていただきましたが、私にとって歯科医師への道を選択したことは、偶然かもしれませんが、大変良い選択だったと思っております。歯科臨床は日進月歩どんどん進歩しています。そして奥が深くまだまだやり続けなければならないことが多く、非常に楽しく生きがいのある仕事だと痛感しております。武蔵中学、高校時代に劣等生だった私がここまで来られたのを振り返ってみると、原点は武蔵学園の

一. 東西文化融合のわが民族理想を遂行し得べき人物
二. 世界に雄飛するにたえる人物
三. 自ら調べ自ら考える力ある人物

といった三理想にあったのかもしれません。在学中は一切意識しなかったものでしたが、今になって思えば、自ら調べ自ら考えるといった姿勢でやってきたわけで、どこか心の奥底ではこの武蔵学園の三理想にこだわっていたのかもしれませんね。

**寺西邦彦**（てらにし・くにひこ）
日本大学歯学部卒。阿部晴彦先生に師事。南カリフォルニア大学歯学部に留学。
一九八三年 東京都港区赤坂に開業、現在に至る。一九八四年より現在まで国内外にて約五百回以上の講演を行う。著書「総義歯に強くなる本」など多数。

# Ⅳ　学園の風景

# 中途半端な存在

前田隆平

中途半端な存在。武蔵における自分はそうではなかったかと思っている。これは決して自分を卑下しているのではなく、むしろ、これが武蔵における我が個性であったように思う。武蔵は、客観的に見れば、都会派の学校である。静岡の中学から編入生として入学した自分は、都会派になりきれるでもなく、一方で、三年間の在学中に、典型的地方出身者とも異なるようになっていた。それが、私自身、自分を、必ずしも悪い意味でなく、「中途半端」と評する所以である。

私が武蔵に入学した一九七〇年は高度成長まっただ中にあった。成長こそが日本の目標であり、成長する日本の中で自分もそれに貢献したいと思う人間も少なくなかった。特に、地方都市に育った人間にはその意識は強かった。東京は成長のシンボルであり、立派な大企業に勤めるにしても、国の仕事に携わるにしても、まずは東京に出る必要があった。私もそのような一種の上昇志向を持っていたように思うが、ここが武蔵の連中とはまず異なるところであった。武蔵の連中に上昇志向がなかったわけではないが、もともと東京に育ち、家庭環境などにも恵まれ、自由放任の武蔵でのびのびやってきた人間には、自分などと比べてより物事を客観的に眺める余裕があった。更に、高度成長期に生きつつ、本当にこのままで良いのか、変わりゆく世の中でどう生きるかを模索する姿勢も感じられた。

やがて、この高度成長一辺倒は見直されてくる。私が武蔵に入学した翌年くらいから、続々と公害立法がなされ、環境保護行政重視の観点から環境庁が設立されるなど、世の中の動き、人々の意識に明らかに変化が生じていた。武蔵生も、自分の生き方を模索する中で、無意識にそんな変化を感じていたのかもしれない。

この当時、武蔵に限らず、学生は一般に揺れていた。学園紛争は下火になっていたが、反権力の意識は学生の中では依然として強く、七〇年安保自動延長反対のデモがあちこちで行われていた。武蔵の中にも学生運動参加者はいて、武蔵としては異例のことだが、私の入学する前年には処分者も出た。入学した直後には、七〇年安保反対のスト決議が成され、休校になりかけた。この時には、教師側から、「意思表示はストという形でなく、全校集会という形でもできるはずだ」との意見が出て、終日全校集会に切り替わった。この集会で、意見を求められた大坪教頭が、

「世の中を正しい方向に変えていくことは重要なことだ。しかし、それは角材や火焔瓶によって可能となるものではない。自分と意見を同じくする者が集まって、政府なり国会なりを形成していかない限り、世の中というものは動いていかない。その点をよく覚えておいてもらいたい」

と言われた。後に行政にたずさわることになる自分にはこの言葉は印象的であった。

また、この時代、自分がどのように生きれば良いのかに悩む若者も多かった。一九六九年芥川賞は庄司薫の『赤ずきんちゃん気をつけて』だったが、東大入試がなくなり、目標を失った若者達の動揺が独特のユニークな文体で描かれていた。モデルは都立日比谷高校だったが、何となく武蔵との共通項もあるように感じられて、興味深かった。当時の武蔵生で、明確な目標を設定していた者はそれほど多くはなかったように思うが、余裕派であるが故に、焦らず、じっくりと自分の目標を探し続けていたように私には感じられた。

それでは私はどうであったかと言えば、とにかく入学当初は必死で勉強をした。武蔵の場合、数学などは中学の段階で高校の内容まで教えていたこともあって追いつくのに苦労があったことと、それ以上に、高校から東京に出してくれた両親に報いなくてはという気持ちがあった。その後、武蔵での生活にも勉強にも慣れてきて、私も、さて自分の進路をどうしようかと考えた。学校の成績は理科系の科目の方が良かったが、単に試験の点数が良かっただけで、とてもその方面の才能があるとは思えない。やはり、ここは、

昔から関心のあった行政の道に進もうと思い、「役人になるなら東大法学部」の俗説に従って大学受験は文Ⅰにしようと決めた。そんなある日、同級生のK君が、

「前田、お前、どんな道に進むつもりなんだ」

と訊く。

「文Ⅰでも受けて役人にでもなろうかと思う」

と答えると、彼は、急に軽蔑に満ちた眼差しになり、

「権力なんて実体のないものを追求してどうするんだ」

と私をたしなめた。これは、すぐれて武蔵的であったK君らしいコメントだった。そもそもどちらかと言えば恵まれた環境に育った武蔵生は、地位とか金とかに執着がない。むしろ、人間どのように意義ある人生を送るか、もっと単純に言えば如何に楽しんで生きるかに関心があるようだった。従って、ほとんどの武蔵生には、権力の中に入っていこうなどという発想はかけらもなかったかもしれない。実際に、私たちの学年で、後に中央官庁に勤めることになったのは私を含めて二人だけだった。


ここで、余談めいた話になるが、高校の三年間だけを過ごしたという立場から、武蔵という学校について、自分の思い出に基づいて若干の評価をしてみたい。


私は、高二の時に体育祭の小委員長をやった関係で、体育祭にはそれなりの思い入れがあった。ところが、この体育祭に対する関心が異常なほどに低い。まず、かなりの人間が、朝来て、出欠の名簿にしるしをすると、そのままどこかに遊びに行ってしまう。棒倒しなどクラス対抗のものの他に、陸上のトラック、フィールドの種目も用意するのだが、クラスで選抜された選手がちゃんと出てこないため、種目によっては参加者が一人だけで、競技をしないまま優勝が決まったりする。この実態は、三年間全く同じであったため、頭に来た私は、高三の体育祭が終わった時に、クラスの中で怒鳴った。

「お前ら、いい加減にしろ。体育祭のようなイベントに夢中になり、必死になって取り組むことも重要なんだ。」

この種のことを言う人間はあまりいないせいか、一瞬皆驚いたような顔をするのだが、すぐに、

「おう。前田。いいぞ。いいぞ。格好いい。」

と、茶化しだす。この瞬間、私は思った。武蔵の自由な校風というのは、危険な要素と背中合わせだ。下手をすると、意味がないと思うことについては何もしない一種のニヒリズムにつながる。馬鹿なことでも無邪気に一生懸命やるような素朴さが必要だ。

しかし、この時に抱いた感想は必ずしも正確ではなかった。一種の凝り性で、馬鹿になり、夢中になっていろいろなことをやる傾向は、武蔵生の場合、一般よりも強かった。例えば、記念祭の時である。私たち体育祭小委員会は模擬店を担当した。なるべくコストを下げるべく、安い焼き芋の屋台を求めて、ひばりヶ丘の焼き芋屋さんを探し当て、記念祭の前日は三人がかりで、ひばりヶ丘から屋台を汗だくで引っ張ってきた。ところが、そこまで労力を割いたのに、当日、焼き芋が全く売れない。結果としては、夕方涼しくなって急に売れ出したのだが、午前から数時間は絶望的な気分で、「い〜しやき〜も」とメガホンで必死にセールスに励む。「お前のイントネーションではだめだ」と交替でやるのだが、誰がやってもうまくない。

一方、綿飴であるが、これは便利屋さんから一日二千円で綿飴製造器を借りてきた。教師から「儲けたりするな」と言われたので、売れるのはせいぜい二日間で百個くらいかと考えて、一個四十円で売り出した。当時でも綿飴は百円はしていたので、この四十円綿飴は爆発的に売れて、一日目の午前中で百個を突破し、元が取れてしまった。これはいけないとあわてて値下げを断行して十円にしたのだが、更に売り上げが伸びてしまう。中には百円玉をくれて、「お釣りはカンパですから要りませんよ」などと言うありがた迷惑のお母さんもいる。最後は、「一円玉お持ちの方に限り、一円」の張り紙を出すと、中庭からグラウンドまで長蛇の列ができた。突貫で綿飴を作り続ける結果、飛び散った綿飴が髪の毛にくっついて、白髪の老人さながらになるが、そんなことは気にもせず、終日、綿飴を作り続けた。

金魚すくいは、すくうためのポイを武蔵ピッシングクラブに発注したのだが、ものすごく丈夫な紙で作ったため、小さな子供が垂直に金魚をすくっても破れない。この調子ではすぐに金魚がなくなってしまうと驚愕し、直ちに「十匹取れたら一匹あげる」の張り紙をして対応した。それでも、いつも一匹もすくえない小さな弟、妹達は大喜びで、金魚すくい担当も必死でこれ以上ないと思われる丈夫なポイでの金魚すくいを指南した。あれほど何度もすくわれて疲弊しきった金魚はいないと今でも思っている。

風船ヨーヨーは、空気と水が同時に入るポンプを使って前日のうちに風船を仕込むのであるが、ここにおける困難は風船の口を結ぶことである。とにかくゴムが短くてうまく結べない。やがて一人が人差し指にゴムを巻き、爪の先に向かってゴムをくぐらせるとうまく結べることを発見する。皆大喜びし、「この職業で俺たちは食っていけるぞ」とにこにこしながらひたすら風船作りに励んだ。

極めてささいな例ではあるが、この作業に象徴されるように、武蔵生はある種無邪気であり、少なくともニヒリズムとはほど遠い。体育祭などについて、今ひとつノリが悪いのは、型にはめられること、人が作ったプログラムに乗って何かやることがどちらかと言うと苦手だからではないかと当時私なりに分析した。それ自体、決して良いことではないが、これも自由奔放な行き方の裏返しかなとも思った。そして、このことは、普段の勉強にもあてはまるように思われた。

武蔵の授業は、一般的に文部省認定の教科書を使わない。現代国語の授業などは、教師が自分の好きな小説を持って来て、生徒に読ませて、勝手な解説をするというまるで大学の授業である。私などは、私がいた中学の授業とあまりにも異なるので、戸惑いを感じるのだが、回りの連中は何の違和感も抱かない。自主的にやる勉強も、興味の湧く分野はとことんやるが、試験のための勉強は嫌いである。まして、大学受験のためにガリガリ勉強することは、好まないし、むしろ馬鹿にしている。実際には、ある程度受験対策をしないと大学に合格しないので、人知れず受験勉強はやっているのだが、少なくともあまり表だってはやらないし、受験のための勉強などしないで合格していくことを美学としている。これは名門校と呼ばれる学校に共通した要素であるが、武蔵の場合は更にその傾向が強かったように思う。

男子校である武蔵では、彼女が欲しいと思ったら、当然女子校など外部にそれを求めていかなくてはならない。女の子に対する関心は、もちろん個人差があったし、武蔵であるが故の特殊性を特に感じたわけではなかったが、この分野でも、つくづく面白いと思ったことがあった。高二の時、某先輩が、これは自分ではなく、自分の友達が考えたことだがという留保付きで、女の子の攻略法を教えてくれた。詳細は忘れてしまったが、概要は以下のようなものであった。

　彼女が欲しかったら、まず知り合うきっかけである。一番手っ取り早いのは文化祭に行って声をかける。声をかけたら、何とか自宅の電話番号を聞き出す。これに成功しても焦って翌日に電話したりしてはいけない。月曜日に電話して土曜日のアポなど取ったら、相手に考える時間を与える。あの人はやはり変な人ではないかと考えてキャンセルをくったりする。金曜日くらいまで我慢して、明日会おうと誘う。いろいろな口実で断ろうとするが、もし、その理由が「ごめん、その日は誰々とどこそこでテニス」というような具体性のあるものの場合は本当だが、もしそれが「お友達と約束がある」とか「親戚が来る」というような抽象的なものである場合は概ね嘘であるから、そんなもの放ってもよいだろうと、とにかく食い下がり、強引に待ち合わせの時刻と場所を通告して電話を切る。すっぽかされる可能性は高いが、三人に一人くらいは、仕方ないと思ってやって来る。そうしたら、とにかく面白い話をして自分を売り込む。更に二、三回会ったら、今度は彼女の家に遊びに行って、母親にゴマをする。女の子というのは主体性がない、自分が大して良いと思っていなくても、母親が「あの子はなかなかよい子じゃない」と言うと、そうかなと思い出す。母親に取り入ることができればもう完璧である。

　それ以外にも、「女子校の文化祭に行ったら、一人の子に決め打つことが重要である。一校二人は絶対にうまくいかない。二兎を追う者は一兎をも得ずの典型である」とか「ふられることを恐れてはいけない。ふるとふられるは紙一重である。ふられそうになったら、自分からやめれば良い。そうすればふったことになる」などなど独特の武蔵セオリーを紹介してくれた。聞いていて、あまり有用なものとも思えなかったが、武蔵生はこんなことまで、自ら調べ、自ら考え出していたかと、半ばあきれつつも、感銘を受けたものである。

　話を、あの時代に生きた自分たちのことに戻そう。私から見ると、武蔵の連中は本当に余裕を持って生きていたが、そんな生き方ができていた背景の一つは、やはり日本が平和だったことではないかと思う。『戦争を知らない子供たち』がヒットし、良い意味では平和の中に生きることができることに感謝しながら、悪い意味では平和ぼけしながら生きていた時代だった。終戦から六〇年安保に至るまでは、市民運動、学生運動の根底には一貫して反戦思想が流れていた。しかし、日本が平和になり、戦争に対する意識が少しずつ薄れていくなかで、反権力という共通項でくくることはできても、それぞれの運動の理念そのものは徐々に抽象化されていった。

私が武蔵に入った七〇年、『いちご白書』という映画が公開された。コロンビア大学の紛争を題材としたものだったが、確固たる理念もなく、ただ自分も何かしなくてはいけないという意識のもとに紛争に身を任せていく主人公が淡々と、それでいて切なく描かれていた。おそらく、この主人公との共通点を感じた当時の若者は多かったはずであり、それが、警官隊との衝突のストップモーションのラストシーンも含め、この映画が強烈な印象を与えた理由ではないかと思う。

そんな平和を謳歌し得る時代の中で、一九七二年五月に沖縄が返還される。太平洋戦争も、悲惨を極めた沖縄の攻防も、もちろん伝聞でしか知らない自分たちにとって、この返還は、戦後はまだ全く終わっていなかったということを自覚させるものであり、同時に、時代の流れというものは長く大きなうねりであり、自分たちもそのうねりに乗っていることを実感させるものでもあった。

高度成長を続けつつ、一方で転換を迫られてきていた日本において、一九七二年七月田中角栄が総理大臣となる。私たちの少年時代は、総理大臣と言えば佐藤栄作であり、佐藤内閣以前も有名大学出身者中心の官僚内閣が続いていた日本で、田中総理誕生は画期的であった。もてはやされて就任した田中角栄だったが、金権政治が批判され、ロッキード事件で逮捕されるに至るまで、当人にとっては極めて不幸な政治家としての経路をたどることになる。都市の分散を核とする日本列島改造論を唱え、高度成長路線を更に推し進めようとした田中角栄は、もう少し前に総理になっていれば、極めて行動力のある有能な政治家としての評価が残ったのではないか。その意味で、田中角栄の栄光から挫折までの記録は、日本が転換点にさしかかっていたことを如実に物語っていた事象であるように思う。

その後も、国際政治は大きく動き、一九七二年九月には、田中政権の最大功績である日中国交回復が実現し、私たちの卒業直前の一九七三年一月にはベトナム戦争において米軍が撤収した。平和な日本に生きていた自分たちにとって、戦争と言えばベトナム戦争であり、また、それは米ソ対立を背景とした米国の軍事介入に端を発したものであるという点において、まさに時代を象徴した戦争でもあったため、米国の敗北は本当に感慨深かった。私がベトナムを初めて訪れたのは一九九七年だったが、ホーチミンシティーに行った際、最も私が注目したのは既に廃屋となった旧アメリカ大使館だった。何の変哲もない四角い建物だが、あのサイゴン陥落の際にその大使館の屋上からヘリで次々と脱出が行われていった光景がまざまざと目に浮かび、やはり自分はベトナム戦争世代の人間であると痛感した。また、同時に私に強烈な印象を与えたのは、ドイモイ政策から十年程度でありながら、完璧に自由化を実現したハノイその他の町の姿だった。少なくとも、資本主義の下にある他のASEAN諸国と雰囲気において何らの相違点も感じられず、ベトナムが結果としてこのような国になるのだとすれば、あのドミノ理論に基づく米国の介入とは何だったのかという感慨が湧き、本当に戦争というものは、大いなる無駄、人類の最大の愚行であることを思い知らされるようであった。

歴史に対する評価は時代の流れとともに変遷するものであるが、ベトナム戦争も例外ではない。ベトナム戦争に関する映画は数多いが、代表的なものだけを拾ってみても、アメリカ自身のベトナム戦争に対する評価の移り変わりが分かる。一九七八年のアカデミー賞映画『ディア・ハンター』では、ベトナム側だけが片務的に残酷に描かれ、一方で、アメリカ人は被害者であり、登場人物は悲劇のヒーローとなっているが、一九八六年にやはりオスカーを取った『プラトーン』では、米軍による無抵抗の民間人虐殺、米兵の仲間同士の殺人などが描かれ、明らかにアメリカの自己批判が始まっている。更に翌八七年の『フルメタルジャケット』になると、キューブリックの個性によるところも大きいが、戦争がより客観的に描かれ、戦争が無価値同然のものに扱われている点において、あたかもベトナム戦争が正当化されているかのような『ディア・ハンター』とは対極にある。過去の事象というものは、年月が経てば経つほど客観的にとらえることができるようになるように思うし、その意味で、全く次元の異なるものかもしれないが、四十年前を振り返るこの武蔵の文集も、比較的客観性の高いものになり得るような気がする。

以上述べたように、私たちが武蔵高校に在籍した一九七〇年から七三年はそれなりに国際的にも国内的にも動きの激しい時代だったのではないかと思う。そんな変わりゆく時代にどう対応するかを思考しつつ、自分が求めているものは何かを模索していく、そんな武蔵生は多くいたのではないかという気がする。その中で、自分はあまり悩むこともなく、友人に語ったとおり、東大の法学部に進学し、「権力という実体のないものを追求する」形で、旧運輸省に就職する。この場で役所を弁護するつもりはないが、役所の実態は、一般の人が持っているネガティブイメージとは若干異なっている。「権力をかさにきて」という言葉があるが、そんな行動様式を取っていたら、まともな役人にはなれない。所管の民間企業の人たちが役人を立ててくれるのは事実だが、若い頃から先輩に、「民間の偉い人が頭を下げてくるかも知れないが、それは君の椅子に対して頭を下げているのであって、君という人間に頭を下げているのではない。勘違いをするな」と徹底的にたたき込まれていることもあって、一部例外はいるものの、相手に対して不遜な態度を取ることもない。逆に、国の仕事である以上、利益を追求する必要もないし、公平な立場での判断が要求されるため、バランス感覚を磨く良い訓練となる。それは、地位や金やそれこそ権力など、自己の利益を追求することなく、客観的に物事を見つめながら行動していくことを良しとする武蔵の基本姿勢とむしろ両立する仕事場ではないかという気がした。

冒頭に、自分は武蔵では中途半端な存在と書いた。都会派、余裕派の武蔵生に同化したいと思いつつ、一方で、東京に来て何か大きな仕事がしたいという地方出身者特有の意識が混在する中途半端さは役所に入ってからも継続されてきたように思う。これは、いろいろな仕事に反映されるのであるが、航空局長時代に経験した日本航空の破綻に関しても同様だった。日本航空の破綻の原因についてはいろいろ言われている。放漫経営、リストラの遅れ、コスト高など。しかし、私は、それ以外で見逃せない重要な原因は、外国航空会社の攻勢から徹底的に日本航空を守り、自由な競争にさらすことをしてこなかった国の護送船団行政にあったと思っている。役所に入って以来、航空、特に国際航空の経験の長かった私だが、国際航空担当の審議官時代に、世界的な航空自由化の波に乗り遅れまいとオープンスカイ政策を推進した。このオープンスカイに、既得権益の上にあぐらをかく日本航空は、ずっと反対の姿勢を貫いてきた。外国との航空協議は、航空会社の意向を聞いた上で対処方針というものを作成し、交渉に臨むのであるが、私も課長時代までは、日本航空の意向を尊重した対処方針に基づいて、相手国企業の権益拡大を懸命に阻止していた。その背景には、日本の企業が受益することを目指すのが国の使命であり、それによって日本の企業が発展することが、国の発展に貢献するという高度成長期時代の発想があった。しかし、このやり方は結果として、日本航空の競争力を弱めてしまった。その後、航空自由化という世界的な潮流を冷静に見つめ、客観性のある判断をするのが自分の役目と考え、オープンスカイに大きく舵を切ったのだが、その時は日本航空は既にその政策転換に対応できない体質になっていた。

静岡の中学を卒業して、武蔵に入った時は衝撃だった。まず、全員が隣とダベっていて先生の話など誰も聞いていない入学式に面食らう。その後も、自由な校風の中で勝手気ままに皆やっているのを見て、こんな学校も世の中にはあったのかと正直驚いた。しかし、その勝手気ままな行動も正しい方向とは何かを模索しつつのものである場合が多いことに気づいた時には、驚きが感銘に変わっていく。周辺の人間がうらやましくも思ったし、自分もかくありたいという一種のあこがれのようなものも感じた。自分もこんな風に生きたいものだと思える人間が多数いる環境にあるということは実は幸せなことであり、私にとって武蔵の三年間が最高に楽しかった最大の理由はこの点にあったように思う。

武蔵の三年間が私に与えた影響は多大であり、またそれはプラスの影響であった。役所に入ってからの仕事の仕方も、武蔵に行っていなかったらかなり変わっていたのではないかと思う。役所ではいろいろな部局を渡り歩いたが、それぞれで、私なりに良い仕事もできたと自負している。航空の分野でも、日本航空を救うことはできなかったが、航空自由化など航空政策としては多少のものは残せたと思っている。そして、良い仕事ができた時というのは、多かれ少なかれ、情勢を客観的に眺め、力むことなく、正しい方向を見極めながら自分の役目を果たした時であったように思う。

私は卒業式の時に答辞を任せられた。面白いことを言わないと誰も聞かないのは明白であったため、私なりに内容を一生懸命考えて、原稿なしの演説をぶった。その中で、

在校生に向かって、
「自分たちにとって武蔵とは何であったか、また武蔵にとって自分たちとは何であったか、それは決して現時点で結論づけられるものではなく、あくまでもこれからの僕たち、これからの君たちにかかっていくことであると思う」と言ったことを覚えている。武蔵を卒業して四十年、自分があの時述べたことは、今もなお自分自身の課題として継続しているように思う。

高校から編入生として入った自分は、何とも個性豊かな武蔵という学校を早く理解しようと必死だった。中学校から在学した連中は、既に学校の雰囲気を形成してきた当事者であり、今更武蔵とは何かなど考えるようなことはしていなかったと思う。そんな中で、私は、高校一年の時点で、自由な中での真理の模索、それが武蔵の大きな特徴の一つであると思ったし、それは決して外れた分析ではなかったと思っている。そしてその特徴は、あの転換期において、転換期であったが故により先鋭な形で現れていたような気がするのである。

# 周縁のキャンパス

宇野 求

## 昭和時代の東京城西

昭和四〇年代の武蔵中学校高等学校の正門は千川通りに面していた。中野区と練馬区にまたがる江古田という名前の地域に武蔵は立地しているのだが、このあたりは、日本の高度経済成長前後の東京郊外の変容と盛衰が典型的でかつ激しかった地域でもあり、ちょうど地域の構造と特性が大きく変貌推移する時期に、僕らはこの学園に通っていたことになる。そもそも、江古田（「えこだ」あるいは「えごた」）という地名が示すように、このあたりは川が流れ古くからの田圃のある農村だった。どうして、わざわざそのような農村にこの旧制七年制高校が設立されたのかと思わないでもないけれど、設立にあたっての理念や志や想いは、大正時代当時の東京という大都市の発展の過程を振り返れば、十分に理解できる。ひとことでいえば、田園に「理想の学園を創設する」ことが望まれたからである。新しい時代を開拓する学園は、既成市街地にではなく田園地域に創立されなければならなかった。当時、理想に燃えて世界にむけた新しい学園を創設しようとした先達が、東京城西の農村であったこの地を理想の学園創設の地と定めたのは、大都市東京の発展史からいえば必然であったとも思われる。

自分が通った昭和中期の武蔵のキャンパスもまた都市が激変する時代を迎えていた。たとえば、「環七」は、僕らがこの学園に通った昭和の高度成長期である一九六〇年代に整備建設されている。この道路は日本の都市計画史においてきわめて重要な位置にある大都市環状計画道路であり、じつは、整備が実施される四〇年も前に都市計画がつくられている。旧東京市によって一九二七年に策定され「大東京道路網計画」および内務省の「大東京都市計画道路構図」に建設計画が盛り込まれているのである。旧制武蔵高等学校の創立が一九二二年、校舎完成が一九二三年であるから、東京郊外の長閑な田園に建設されたキャンパスは、学園設立当初から大都市東京の成長発展の周縁に立地していたということができる。昭和初期の東京は、関東大震災（一九二三）からの復興計画によって、幕末の江戸以来の都市を大改造して防災機能を高めるとともに、近代的な帝都として欧米列強に伍して負けない「第一等」の首都建設を目指していた。大震災による大火災によって東京は未曾有の被災を受け、江戸以来発展をとげてきた下町（日本橋、神田、上野、深川、本所ほか）の商工者や寺社などが、復興計画により町ごと集団移転を実施していったのである。日本橋を起点とする五街道のひとつ目の宿場である品川（東海道）、板橋（中仙道）、千住（現北千住）（奥州道、日光街道）、高井戸（甲州街道）の外周部、つまり当時の郊外へと移転避難が行われた。一方、主要街道沿いおよび近接する地域には既存の町があるため、そのあいだの田園地帯に電鉄が敷設されて、その電鉄と並行する放射状の街道沿いに近代的発展を志向する新しい住宅地が造られていく。第二山の手、田園調布、成城学園、上原、豊玉、常盤台などの郊外住宅地がそれで、電鉄とともにこれらの住宅地が開発されていったことはよく知られている。理想の学園もまた、関東大震災からの帝都復興計画で拡張されることになるこうした大東京の周縁にその立地が求められたのだった。千川上水が引かれ台地上でありながら田圃のある農村であった城西地域へも大東京の拡張が目され、こうした近代東京の被災と復興と発展の時代の大きなうねりにのって旧制武蔵高等学校は、この地に計画されたのである。そこは、武蔵創設直後に計画される東京都市計画道路幹線街路環状第七号線沿いの、将来さらに拡張する東京郊外の周縁にあたっていた。法令と図面の上で計画された環七は、戦前は幻の計画道路で現地は農地の姿のままであった。戦後、新制東京都都市建設局都市計画課によって土地収用がすすみ、事業化され建設に至っている。東京オリンピック（一九六四）の開催が、環七道路建設事業の再開と実施のモメントとなり、それはまさに僕らが武蔵中学校に入学（一九六七）した時代の出来事だった。環七は、東京の主要自動車道として、西武池袋線、千川通り、十三間通り（目白通り）と

「立体交差」して建設された。そして、そのことが、武蔵における学園史上最大のキャンパス大改造へとつながっていった。こうした時期に在学した僕らは、旧制と新制の教育システム、社会システム、物的環境の劇的な変化を直接的に体験することとなり、結果的に、そのことが、ここに集った生徒たちに対して後々大きな影響を与えることになった。

## 武蔵中学・高校キャンパス 1960s

入学前(一九六六)に、小学生だった僕は母につれられて武蔵のキャンパスを初めて訪れた。そのときの印象は、とても広い学校、という一言につきた。創立から四十年をすぎて植樹された木々は大きく育ち、(旧)校舎も小学校校舎に比してとても大きく厳かで、キャンパスの中は散策できるほど広く、向こうまで見えないくらいグランドは広大だった。世田谷の古く大きな寺の境内や練馬の広々とした野原で子供時代をすごした自分としては、この伸び伸びとしたキャンパスのことが、なにか、とても気に入ったのだった。

昭和時代中期の江古田や豊玉周辺は、すでに住宅や小さなビルが建て込んだ郊外の市街地、住宅地になっており、広々とした地所といえば戦前の昭和が囲いこまれた武蔵のキャンパス内だけとなっていた。千川通りの信号を渡って校門を抜けてキャンパスに入ると、右斜め前に校舎の正面が目に入る。うすい灰色の校舎で、階高は高く、中学生になりたての小さな身体の少年には、とても大きく重々しく厳めしい印象の建築だった。正面玄関へと配された敷石の周りに玉砂利が敷かれていて、そこを歩くとジャリジャリと音がして、それが耳と足の感触に快く、わざわざ敷石をはずして歩いたものだ。千川通りとキャンパスを仕切るフェンスの内側および校舎の前面には、ツツジなどの低木と樹種は分からないけれどいくつかの中木が植樹されていて、そこには外界とは隔たりのある、いってみれば武蔵野の緑の学園といった赴きがあった。正門から右手奥へと入って進むと、アプローチのまっすぐ伸びた敷石の先に、妻入りで正面性の強いファサードの大講堂が建っている。レンガ色をした古風な外観の建築で、そのあたりは、なにか近付きがたい非日常的な雰囲気の場所だった。

さて、(旧)校舎である。校舎正面のエントランスへのアプローチは、キャンパスの正門と正面玄関をむすぶ斜めの方向にむすばれていた。二点間をむすぶ最短距離というう点では合理的なのであろうが、もう少し考えようがあるんじゃないかと少年ながらに思ったものである。ここで、思い出されるのは、中学校二年生の幾何の授業のことである。数学の鎌田先生（当時、すでに、おじいちゃん先生）が、教えてくれた「三角形の二辺の和は他の一辺より大きい」という定理。鎌田先生は、犬でも知っている、なぜなら犬は（塀などがなければ）角があっても斜めに歩く、と言っていた。武蔵のはじめのキャンパスを設計した建築技師の発想は、これと同じことなのではないか、と思える。建築家（筆者のプロフェッション）としていうならば、正門と校舎の正面玄関の二点のつなぎ方には様々な方法が考えられ、メインの校舎へのアプローチなのだから、その設計にはもっと工夫があってもいいのではないかと思うのである。それは、ともあれ、実際のところ、日常の学園生活で校舎の正面玄関を使うことは、ほとんどなく、生徒たちも先生たちも自分の教室や研究室に近い口から勝手気ままに出入りしていた。重要な来客が訪れる際はどのように迎えていたのだろうと思わないこともない。おそらく、そのときは大講堂の応接室にその役を担わせていたのであろう。校舎の構えは大きく堂々としてはいたけれども、日常の学園生活のための機能主義的な解釈で設計された建築だったのだとも思われる。時計塔を中央にいだき対称形と正面性を強調した建築様式は、安定感と重厚さを、一定程度、表象してはいるのだが、一方、そこで暮らす者たちは、この校舎については、近代的でドライな機能主義的使い方をしていた。武蔵高等学校の教員や生徒たちが好む自調自考の自由な学風と、威風堂々といった建築的フォルマリズムとは、マッチングにおいて多少のズレがあり、その間を案配しながら適当な学校生活が組み立てられていたというのが本当のところではないか。そうしたこともあって、校舎正面のキャノピーの階段を数段上がってドアを開け、正面玄関の室内に入って少し前に進むと、すぐまた外部に出てしまう。立派なエントランスホールというよりは、そこはあっさりした通り抜けの空間で、中庭に抜けるとその前面に大きな欅を見ることができた。文字通りの大欅であり、それが中庭の中央に位置する巨木であるため、校舎のどの部屋からもよく見えた。うっすらとした記憶であり、多少あやふやではあるが、秋になると落ち葉をはいている管理人さんのような人がいて、確か彼は中庭の主であり、僕ら生徒たちと奇妙な距離感をもってつきあっていた。中庭の奥には煙突を備えた焼却炉があって集めたゴミと落ち葉をいっしょに焼いていた。三階建の校舎の廊下は外周をコの字型にぐるりとまわり、内庭側にやはりコの字型に教室が並んでいる。中庭の「大欅」は、校歌にも登場する武蔵のシンボルであった。武蔵が造られたときにすでにここに立っていたと思われるかなりの樹齢の巨木であり、校舎はそもそもこの大欅を中心に据えて、その周囲に建てられたのであろう。(第一期工事で前面の北棟が、第二期工事で東西棟が増築され、コの字型の建築になったとのこと。)

校舎の一階は、概ね特別教室だった。左ウィングに物理学教室、前面右手には音楽教室があった。中学生一年の教室は、校舎にむかって左ウィングの二階、中二が右ウィングの二階の手前、中三がその奥だったように覚えている。中学校は、学年三クラスの小さく親密な学級の編成で、一学年一四四人、四八人の三クラスだった。生徒数は少ないのに校舎が大きく、キャンパスは広く立派で、自分たちが卒業してきた小学校の校舎(木造校舎と鉄筋コンクリート造校舎)とは、まったくちがう赴きの建築だった。子供ながら大人の世界の雰囲気のそうした環境で日々を送りながら、武蔵生となった生徒たちは、なにかそのことをとても自慢気に感じていたのだった。

学校の事務室は、校舎の二階向かって左側、つまり東側の角にあって、その受付の窓のあたりは生徒にとって特別の場所だった。その説明は、やや長くなる。僕らが入学したのは中学校なのだけれど高校と一貫教育を行うことを旨とする学校だったため、カリキュラムや教育プログラムは、旧制七年制高等学校のそれを基に組み立てられていた。新制でいえば大学の教養課程のようにつくられていて、とても個性的で魅力的な教師たち、大学研究室に所属するあるいは出入りする各学術分野の優れた気ままな教師たちによって自由に設計され自由に運営されていた。そして、自由な気風を尊ぶ武蔵の教師たちは、しばしば、自身の都合によって授業を休講にすることがあった。休講掲示は、この事務室の前に掲示されるのである。非常勤講師の先生も多数いて、授業の開始時間に彼があらわれないと、胸が高まったものだった。一定時間をすぎても教員が教室に現われない場合、自動的に休講となることもあり、それは大手を振って授業を休んで遊びに行くことができることを意味していて、中学生の少年たちにとっては、ことばでいいつくせないほど、うれしいことだったのである。組長と呼ばれる各クラスのまとめ役が、事務室に掲示を見に行く、ないし一定時間をすぎることを確認する。「休講だーっ。」と叫びながら、厳かな校舎の広く天井の高い廊下を走り回る、幼さの残る中学生たち。それは、建設の槌音が東京中に鳴り響き、土埃の舞う昭和中期の城西の郊外を舞台として、厳かな校舎で戦後育ちの調子に乗りやすく軽い時代の生徒たちが描く、ちぐはぐな学園の一コマであった。休講となると、生徒たちは校舎を飛び出して講堂の脇の坂をくだった奥に建つ集会所で飲み食いするのが常であった。あるいは、グランドや体育館でサッカーやバスケットボールなどの球技をして時間を過ごす、さらにはキャンパスを出て街に繰り出すなど、世知辛く管理された平成の現代日本では考えられないような、いい加減で自由な時代でもあった。

舞台は、休講掲示の事務室前の廊下ばかりではない。校舎二階の全体が、高度経済成長とともに伸び伸びと育った悪童たちの繰り広げる様々なドラマの舞台であった。中二となった初日から往復ビンタをくらったのは、中庭を臨む二階の教室だった。中二Bの教室は、正面の右側すなわち西側ウィング二階の角から二つ目にあった。アイウエオ順で並んだ席は、黒板に向かって左側、窓側の一列目、中庭の大欅を臨む後方の席だった。新しく担任となった城谷先生は歴史の先生だから、中二となったこの日はじめて僕らと出会ったことになる。(歴史は、中二から受講する科目だった)。その初日の講話の時間に、担任の話にはまったく耳をかさず、僕は新しいクラスの友だちとアレコレべちゃくちゃ春休みの話に夢中で、講話中の教師がイライラしているのにまったく気がつかないままお喋り続けていたのだった。あまりの五月蝿さに、先生は怒り心頭だったにちがいない。「前に来い」といわれてお目玉をくらったのだった。あるいは、寒い冬のある日。曇ったガラス窓に指で「UNO」と自分の名前を書いて遊んでいたら、席の後ろに座っていた級友が、「UN」と「O」のあいだに「K」の字を書き加えて、やーい、やーい、と喜んでいる。たわいもないエピソードだけれど、こういう昭和時代的センスのいじめっ子がまだ周囲にたくさんいた時代であり、大きく古めかしい校舎の中には、あちこちに、こうした子供たちの舞台となる場所があったのだった。

西側の二階の廊下のコーナーは、ときにバトルの舞台となった。まだ大人になりきらない中学生の喧嘩だからたいしたことにはならないのだけれど、取っ組み合い、殴り合いの戦いが繰り広げられた。いつも、そのうち比較的身体の大きな誰かが止めに入って試合は終わる。エンターテインメントもあった。この校舎の階段は幅広で比較的大きな踊り場があり、そこで昼休みに中三の先輩がプロレスの興行をやっていた。先輩のアナウンスは、テレビのプロレス中継とそっくりで生徒たちの好評を博していた。観戦して面白かったら観客の生徒たちが十円を支払う仕組みだった。「集会所」という名前の食堂では、当時、ラーメンが三十円の時代だったから、興行を行って昼飯代を軽くかせぐことができたのだった。このラーメンは、麺がチリチリの醤油味。シナチクとほうれん草とハムがのっている、いわゆる昔の中華ソバの素朴な味で人気メニューだった。集会所の手前、講堂の南側、校舎の西側に位置する「西庭（にしにわ）」では、週に一回、高校生の代表委員会が主催する「集会」という名称の生徒集会があり、学校の行事などの連絡が伝えられていた。その場所は、校舎の西側にあるのだが、だからといって西庭というのは、あまりに素っ気ない命名である。が、そこもこの学園らしさである。西庭は、床がアスファルトでかためられた屋外のバスケットコートでもあった。川にボールが落ちないようにということだろう。少し高めのネットのフェンスで囲まれていたが、南西の角には出入り口があって、通り抜けることができた。フェンスの南側の濯川には、中州のような小さな島があった。手前には、秋になると色づく大きな枝振りの銀杏の木が一本あって、美術の時間にそのあたりの写生をしたこともあった。

## 新校舎の 1970s

一九六九年、キャンパスの南東角に中学校・高等学校の新校舎が建設された。新校舎周辺を中心とするグランドと施設群を含むゾーンが、新たな中高ゾーンとして定められた。そして、中高ゾーンの東側に新たに設置された校門に至る江古田駅からの通学路が新たなコースに変わった。旧制以来半世紀ほどの武蔵の歴史に大きな区切りがつけられて、新校舎と新キャンパスの学園の新しい活動が開始されたのだった。中学三年生のときのことである。移転後も、工事は続き、幾度かの工期を経て、中高体育館、プール、部室、集会所などの施設が、次々と新しい建築に建てかわり整備されていった。学内も建設工事の時代が訪れたのである。僕らは、高校時代をこの新キャンパスで過ごすこととなった。校門の位置が変わったので、日々の通学路そして周辺との関わりも大きく変化した。出入り口のなかった南側の散歩道路端にも通用門が設けられ、桜台駅からのアクセスに利用されるようになった。交通量が増した環七の上を大きく渡る横断歩道橋を使う通学路が用いられるようになったが、それは江古田の町と共に昭和の歴史を歩んできた生徒たちが、江古田の町と疎遠になるはじまりでもあった。この時期の東京郊外では自動車交通が激増し、中学時代の穏やかだった周辺環境も一変した。排気ガスで郊外の空気も汚れはじめ、「公害」と総称される環境汚染が日常の身の周りのことになっていったのだった。光化学スモッグは、高円寺の環七沿いの女子高ではじめて広く公式に認知された自動車の排気ガスによる空気汚染であった。一九七〇年、僕らが高一のときのことである。

環七が大幅に拡幅し立体交差になる前、旧制高校以来存続してきた伝統の「白雉寮」は、キャンパスの西寄りに立地していた。自分の父親が旧制高校で寮生活を送っていたと聞かされていた影響もあって、僕は「白雉寮」のある武蔵が好きだった。しかし、おそらく環七建設にともなう区画整理などのため、あるいは、道路用地の供出などもあって、そして時代が要求しなくなったからでもあるのだろうけれど、僕らの在学中に「白雉寮」は廃止された。それもまた、昭和中期の武蔵のキャンパスの一大変化だったといえるだろう。廃寮となる直前、「白雉寮」の主であった柔道部の主将が、ちくしょう、ちくしょう、と叫びながら、地面に掘られた大きな穴の火の中に本を破っては投げ入れていたことをよく覚えている。彼は、二年は留年している、おじさんのような名物高校生であったが、そうしたバンカラ風情のこわい先輩も彼を最後に学園から姿を消していった。昭和初期から中期の旧制高校の面影は、モダンな軽くて明るい雰囲気のなかに消えていったのである。田園から学園のある住宅地となった周辺も都市化が加速するロードサイドの郊外へと変質していった。

新校舎は、クラスタープラン（ブドウの房のような部屋の配置と連結による建築計画）の近代建築で、当時の最新の学校建築の考え方を導入した設計であった。明るく、軽々とした、校舎内を行き来する生徒や教師が互いによく見える透明な校舎である。学内の寮に暮らすおじさんのような高校生も、生徒たちとつかずはなれずの用務員のおじさんも、キャラクターの強い名物教師も、新校舎には、なにか似つかわしくなかった。しかし、旧校舎から移転入居した中三の僕らや高校から武蔵に入った生徒たちは、若く自分自身が成長する過程にあり、新しい環境にすぐになじんでいく。そして新校舎と新キャンパスに似つかわしい高校生となり、時代に適合して振る舞うようになっていった。このようにして、旧校舎の体験をもちつつ、まったく設計思想の異なる新しい時代のモダンな建築学舎で、僕らは武蔵時代の後半を過ごすこととなった。そして、ここを足場に、新しい時代と世界に関心を広げ、新しい文化と社会の動きに関心を寄せていくことになった。

新校舎完成の年、つまり一九六九年の東京は動乱の季節を迎えていた。高度経済成長の大波をかぶった日本は、一九六〇年代の十年間のあいだに、産業構造と社会構造が激変。その陽の部分と陰の部分のコントラストが強く大きく広がり、それらの矛盾があちこちで極大化していた。そして、都市化の急激な進展によって、具体的な環境において、数々の軋みや断裂や衝突が生じていた。情報、製品、そして生活様式のいずれもが、渦が巻き上がるように大量化されて変質し、文化状況にも変容が現れていく。生活文化の大変革が社会問題と混濁しながら争議と抗議が多発し、さまざまな運動がうねりを見せはじめた。日大や東大での学園紛争は激しさを増し、この年、東大安田講堂に籠城した学生たちを退去させるために、ついに機動隊の構内への出動が要請されるまでの事態に至り、この安田講堂の攻防によって入試が中止に追い込まれる。東京の大学は、この時代、多かれ少なかれ、いずれも争乱のなかにあった。ベトナム戦争が激しさを増すにつれ、西側先進国の若者たちの間には反戦への動きが高まっていて、東京の先進的な高校生にも大きな影響を与えたのだった。感受性の鋭く豊かな高校生たちは、ごく自然に、こうした時代の影響を受けていく。この世界的な社会現象あるいは文化運動が興隆した時期は、新校舎に移転した時期と重なっていた。一九七〇年の安保改定を前に、のどかな郊外であった江古田周辺でも大学生と機動隊との市街戦（投石や火炎瓶、放水と催涙ガスの応酬）が繰り広げられるほどであった。中高生であった僕は、街で繰り広げられる抗議行動やコンサートやときに市街戦を、当事者ではないために野次馬的にやや距離を置いて、眺めていたのだった。武蔵にも、少数ではあったけれど、学生運動と総称された抗議活動に身を投じていく者もいた。昭和初期の旧制高校の名残をのこした武蔵のキャンパスとキャンパスライフは、そして東京は、僕らの在学期間をはさんで、時代の波とともに渦をまきながら大きく変貌をとげていった。

## 建築が標すもの

ナイーブな高校生は、こうした混濁した時代の影響を受けて、新校舎を舞台に、奇妙な高校生活を送り、分裂症的に様々な次元のことに遭遇していくことになる。思い出すまま列挙すると……

たしか、一九七〇年春の記念祭では、大掛かりな反戦のための(?)ロックコンサートが企画実施されている。日頃の学校生活は新居に移り、気持ちはリフレッシュしたのだが、学園祭になると、以前のキャンパスも用いることとなった。もともと正月に謡曲を鑑賞していたような古色蒼然とした大講堂がコンサート会場となった。上級生の実行委員会は、どこからかスポンサーを見つけ出して本格的な音響機材を導入、高校生バンドが大音響で決して上手とはいえない演奏で叫び歌うのだから、周囲の住宅地からのクレームはたいへんなものだった。二キロ先から苦情の電話が殺到したという。消防署だか警察署だかに実行委員会は始末書を書かされていた。こうした派手なパフォーマンスに、なぜか反発した僕らの学年は、突如(?)、新校舎の中庭で盆踊りの音楽を流して踊りはじめたのだが、(かけた音楽は「東京音頭」(?)ではなかったか……)これが、案外、受けて、武蔵を訪れた多くの人がそこに集まって踊ってくれのだった。シリアスなプロテストと(いい意味で)適当なオプティミズムが、新校舎と旧講堂の双方をまたいで混在する奇妙な空間。新旧の建築とキャンパスと不安定な文化状況の間のマッチングのちぐはぐさこそ、この時代の特徴であり力の源泉だった。そういえば、武蔵高等学校講堂は、早稲田の大隈講堂や日比谷公会堂を設計した建築家佐藤功一の設計で、昭和初年に東京を代表するこれらの近代建築と同じ時期に建設されている。平たくいえば、これら三つの建築は、関東大震災からの復興にともなう東京の近代化都市化の象徴であり日本の近代建築史上メルクマールとなった兄弟のような建築である。こうした東京の復興と近代化に所縁のある格式ある武蔵の講堂だけれど、僕らが在校していた一九七〇年代中期には、時代の風向きのせいもあって、だいぶ粗雑な扱いを受けていたといえるだろう。卒業式を阻止するんだといってヘルメットをかぶった高校生が乱入してきた年もあったし、またある予備校をもじって「日々是決戦」などと大きな文字で書かれた垂れ幕が仕掛けられた卒業式の年もあったように覚えている。なんで卒業式を粉砕しなければいけないのか、どうし

高等学校・中学校新築配置図

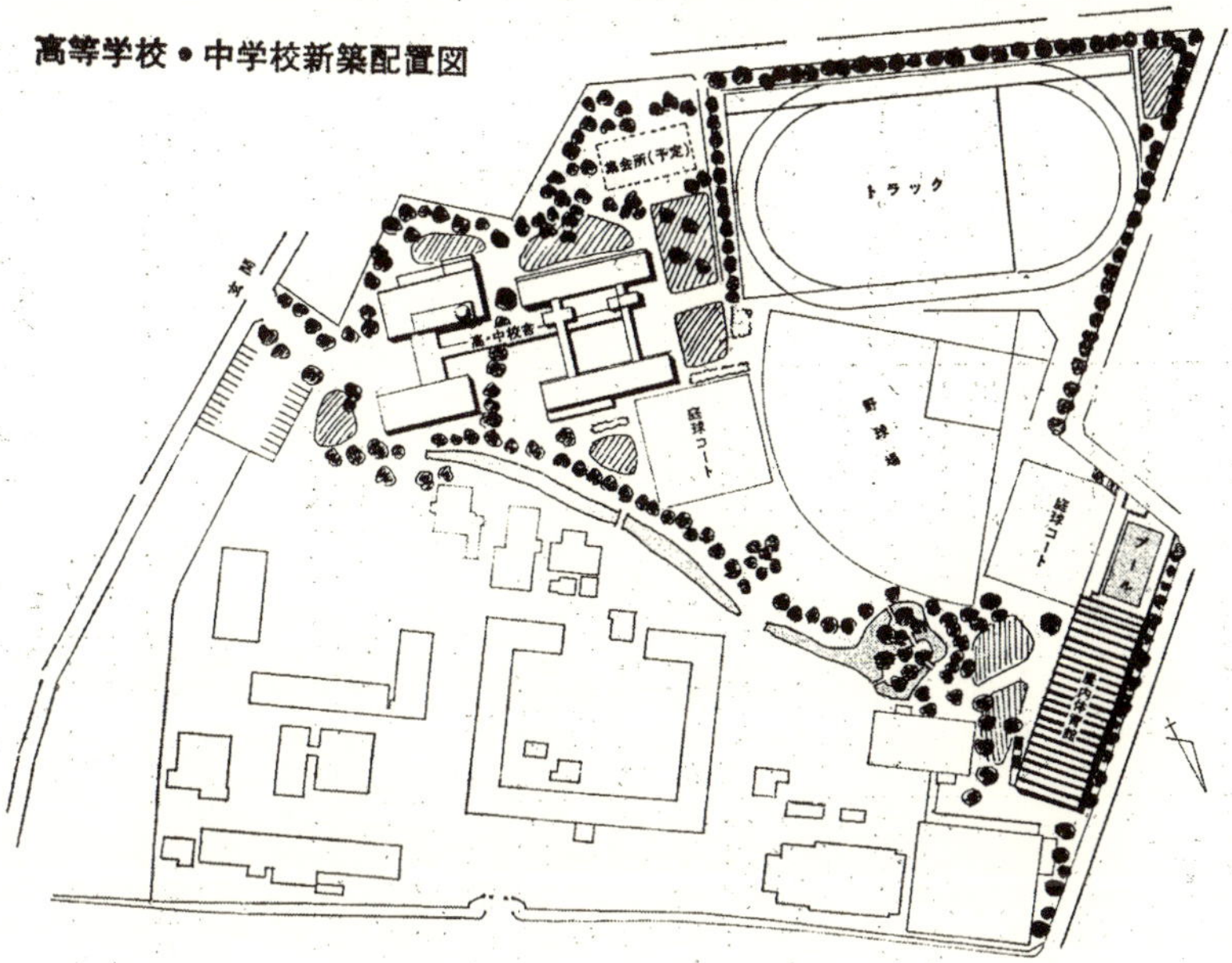


て彼らが母校を卑下するような行為に走ったのか、いまから考えれば、理解することがなかなかむずかしく不明な点も少なくないのだけれど、当時の時代の空気にはそうしたムードがあったことも事実で、既存の価値観が次々と崩れていった時代だった。

映画『イージーライダー』の影響もあってか、バイクで通学する者も出てきた。こんなことができたのは、新校舎から離れた位置にある大学キャンパスにバイクを停めることができたからである。一九七一年に関越自動車道が途中（川越IC）までできたこともあって、高三Bで後ろの席に座っていた級友は、石神井周辺の暴走族のリーダーとなって、夜な夜なそこを行ったり来たり走り回っていた。先輩に連れられて、池袋、新宿、飯田橋、東銀座などの名画座通いもしたし、そういえば、ビリヤードも流行っていてビリヤード場に通ったりもした。あるいは、当時、新しい若者文化の中心であった新宿の喫茶店でアルバイトすることが、なにか大人のようで格好いいことにもなっていて、進んだ生徒は、なにかあれば新宿に出入りしていた。ませた高校生が多かったのである。そうした中で知り合う女子高生や他校の生徒との交流も盛んになって、武蔵の高校生たちは、精一杯背伸びをしながら、徐々に外の世界に関心を向けていったのだった。

学校は、一定期間、一定の人数の若者が、通い、集い、勉学と修練を重ね、交流につとめ、ともに時と空間を同じくして過ごす場であるが、そこには学舎がありキャンパスがある。僕らの代の武蔵生は、ここに綴ってきたように、社会文化が歴史的に大きく推移した数年を、新旧の時代をまたぐふたつの校舎とキャンパスとそれをとりまく都市環境ですごすという、希有な体験をした世代となった。その体験は、意識してもしなくても、僕らの身体と精神に大きな影響をおよぼしているに違いない。なんらかの人為的物的環境があってはじめて都市生活が成立し、そこに文化が培われるからである。

建築は、時を超える共通体験を共有するための媒介であって、日々使いながら長年あり続ける、という両義的な存在である。日本の都市は近代化の波のなかで、いくつかの局面を経て、今日の姿に至っている。現代のように変化の激しい時代にあっては、人工的な創造物でありながら人の拠り所となりうる独特の位置を占めるに至ったのではないか……。僕らが武蔵に通った数年間の出来事に照らし合わせれば、新旧校舎と大講堂、そして本稿では触れることができなかったけれど、新旧体育館や部室などが、同窓のひとりひとりのその後のものの捉え方、感じ方、考え方に大きな影響を及ぼしているにちがいない。昭和の時代を挟んで、大正から平成の今日に至るまで、西暦でいえば二十世紀を経て二一世紀の今日まで、変わらないものと変わっていくものを武蔵の新旧のキャンパスと建築群が標しているように僕には思われるのである。

# 武蔵高校蹴球部賛歌

岡昭一

## 武蔵高校蹴球部に入部

一九六七年四月、二年間の受験勉強から解放され、武蔵の門をくぐった私が最初に目指したのはサッカーグラウンドだったと記憶しています。師範学校で体育系だったらしい小学校高学年の担任の影響でサッカーには約二年間馴染んでいましたし、また日本代表が三年前の東京オリンピックで強豪アルゼンチンを破ってベスト8に進む結果を残し、さらにこの翌年一九六八年のメキシコオリンピックを目指して強化を進める中で既にスタートしていた日本リーグも三年目を迎える等、世の中は所謂第一次サッカーブームが始まろうとしていた時期だったこともあり、他のクラブには目もくれずサッカー部に直行したのは自然な流れであったのだと思います。当時のサッカー部監督は同年春武蔵高校を卒業し東京大学に進学したばかりの青木正和さんでした。創部四〇周年を迎えていたサッカー部の伝統として監督は代々ＯＢによって引き継がれていたのですが、大学一年生の青木新監督は、この年私と同じようにブームに乗ってサッカーグラウンドにやってきた、例年の倍以上となる一六名の新入生を受け入れなければならない羽目になりました。サイドキック、インステップキック、ヘディング、トラップ等々、基礎技術を叩き込んでくれたのは青木さんでしたが、同時に彼が伝えてくれたのは、我々が入部したのは武蔵中学サッカー部ではなく、伝統ある武蔵高校蹴球部であるという一つの文化的なものだったのだと思います。

武蔵高校は一九二二年、実質的に一つの学校で中等・高等教育機関を兼ねる七年制（尋常科四年、高等科三年）の旧制高等学校として創立されたのですが、ラグビー校やイートン校等英国流のパブリックスクールを模範とした、少数精鋭の中等・高等一貫教育をその目的としていました。武蔵高校蹴球部は、当時尋常科はスポーツの対外試合が禁止されていたこともあり、第一回生が高等科一年生になった一九二六年頃に創部されました。初代の教頭である山本良吉先生は、前述のように英国型紳士を育てることを理想とされていたので、武蔵生はスポーツにも積極的に取り組むことを奨励されていたことは想像に難くありません。当時学生スポーツとして既に一般化してきていた野球は、英国ではプレーされていない上、「塁を盗む」などという品性の無い行為を奨励するようなスポーツは非紳士的であるとして山本先生により全面禁止されていましたので、英国発の蹴球が紳士のスポーツとして浮上したのでしょう。蹴球といっても、英国パブリックスクールのお家芸であるラグビー（ラ式蹴球）ではなく、サッカー（ア式蹴球）が選択されたのは、尋常科の入学生の中に師範学校付属小学校でサッカーをやっていた方々が多くいらした為のようです。この武蔵高校蹴球部は、後述するようにこのわずか七年の後にインターハイで優勝するのです。

我々が入学したのは、前述の旧制七年制高等学校の中高一貫教育のシステムと理想を新制高等学校に移植したともいえる六年制の武蔵高校の第一学年だったのですが、そのサッカー部に入部した我々一二歳の少年たちは幸か不幸か、サッカー部員としてではなく蹴球部員として、当時特に運動部においてはまだ色濃く残っていた旧制高校の文化に直接触れることになりました。武蔵に一九六一年入学の青木さんは、旧制高校蹴球部ＯＢや、あるいはその方々にしごかれて育った新制高校初期のＯＢに直接指導されてきたので、旧制高校文化の伝道師として十分な資格をお持ちでした（当時ご本人にはその認識は無かったと思いますが）。その伝道師たる青木さんがサッカーの技術と共に私たちに伝えようとしたのは、武蔵の蹴球部には練習で鍛えた武蔵魂があり、勉強ばかりやっている「うらなり瓢箪」の集団として見られがちな武蔵生の最大の武器は武蔵魂であるということでした。武蔵魂を凝縮した標語が、旧制高校第三期生和田重暢さんによって作られたらしい「出足は早く、当りは強く、粘り強く」です。我々新入部員は、以降六年間武蔵高校蹴球部員としてこの武蔵魂を徹底的に刷り込まれることになりました

## 出足は早く、当りは強く、粘り強く

東京の練馬にある武蔵のグランドは、あたりまえのように関東ローム層の粘土質の土でしたので（なんと今は最先端の人工芝グランドになっているのですが）、雨が降ると毎回恐ろしい泥沼のようなグランドになりました。当時のボールといえば一二枚皮で（今のサッカーボールは三六枚皮でできています）、空気注入バルブなんて気のきいたものがまだ一般化していなかったものですから、ボールの中身のゴムチューブを膨らまして口を輪ゴムで止めてから、ニードルなる器具を使ってボールの外皮をひもで止めて出来上がり（一年坊主がやると完成まで三十分コースでした）、という旧態然としたものでした。雨のグラウンドでは一二枚皮は泥水を吸ってどんどん伸びていき、ボールは通常の倍のサイズの泥の塊となって、蹴ってもほとんど飛ばない状態になります。雨の日、ドロドロのグラウンドでそんなボールを使ってゲームをすれば、ゴールキックしてもペナルティーエリアから出すのが精一杯なんていう、とてもサッカーなんていえる代物ではなくなりました。当時でもサッカーの名門早稲田高等学院などは、アンツーカーのような何か加工された土を使った水はけのよいグラウンドを持っていましたが、我が武蔵のグラウンドは昔から関東ローム層のまんま。嘘か本当か解りませんが、高い技術を持ち、華麗にパスを廻してサッカーを組み立てる早稲田学院は、雨が降ると練習はしないなんていう噂が昔からあったようですから、いつの世も個々のサッカー技術では優位に立てるとは言い難い武蔵高校蹴球部の基本戦略は、ドロドロのグラウンドを味方につけ強敵に打ち勝つチーム力を持つことであり、それを可能にするのは個々人の強い身体力と精神力であるという考え方だったのだと思います

「出足は早く、当りは強く、粘り強く」という武蔵魂の標語は、正にこの強い身体力と精神力を強調する戦略を象徴しています。出足は早く＝プレーの動きだしは早く、当りは強く＝球際に強いプレー、粘り強く＝挫けないファイティング・スピリット、と翻訳すれば単なる昔の精神論ではなく、現代のサッカーにも十分通用する普遍的なものです。試合の際、対戦相手に対してたとえ技術が劣っていても、雨が降ればグラウンドが荒れてその劣勢はとりあえず帳消しとなり、武蔵魂の「出足は早く、当りは強く、粘り強く」をすべてのメンバーが発揮すればゲームをコントロールすることができ、結果勝利はどんな相手にも十分に可能であるとの極めて単純明快な戦略です。ですから雨が

降る日の練習は、伝統的に武蔵魂の研鑽を積む場所として重要なものとして位置付けられていました。まずはグラウンドの端から端までスライディング・タックルをしながらランニングして全身泥の塊となり、次にはピンチキック（ゴールに向かって次々に蹴りだされるボールを、ペナルティーエリアの外から追いかけてクリア）に続いてピンチシュート（ペナルティーエリア内あちこちに出されるボールを追いかけてシュート）等々、泥沼となったグランドの上で泥の塊と化したボールとの格闘が延々と続きました。こんな練習に何の意味があるのかと疑問の声が上がると、青木さんがよく示唆されたのが武蔵高校蹴球部の輝ける軌跡として残るインターハイの優勝でした。

一九三六年八月のベルリンオリンピックにおいて、当時ドイツ・イタリアと並ぶ優勝候補であったスウェーデンと対戦したサッカー日本代表は、前半〇－二の劣勢から盛り返し、後半日本サッカー史上伝説の名センターフォワード川本泰三氏の先制点を含む三ゴールを叩き込んで三－二で逆転勝ちし、奇跡的勝利として世界のサッカー史に軌跡を残しました（ベルリンの奇跡）。　そして翌一九三七年一月京都で開催された第一四回全国高等学校ア式蹴球大会（インターハイ）において、創部七年余のダークホースである武蔵高校は決勝に進出し、ベルリンオリンピック代表選手をメンバーに含む強豪早稲田高等学院を、武蔵蹴球部史上伝説の名センターフォワード岡部捨男氏の先制点を含む二－〇で破り優勝するという奇跡的快挙を成し遂げたのです（京都の奇跡）。

〈早高にはオリンピック出場のGK不破や、大学リーグで活躍している末岡等がいて技術ではどうしても早高の方が上である。しかし早高には高校スピリットなるものがない。武蔵には練習で鍛えた武蔵魂がある。我々の武器は唯一つこの武蔵魂にあるのだと云うことをよく意識して、皆戦場に臨んだ〉

（武蔵高等学校蹴球部々史昭和四三年度版）

ここでいう武蔵魂とは前述のように「出足は早く、当りは強く、粘り強く」そのものです。

同じ時期に起こったベルリンの奇跡と京都の奇跡。二つの奇跡の起因として共通するのが、川本氏、岡部氏のような当時それぞれのレベルでトップの水準に達していた天才を擁していたことと、戦場に臨む際にチームメンバー全員が共有していた勝利への強烈なファイティング・スピリットだと考えます。サッカーにおいて奇跡を起こすのは単なる偶然ではなく、日々の努力により持つことが可能なある水準の能力と、強い精神力（この二つの奇跡の場合は大和魂と武蔵魂）がうまくシンクロナイズされた時に起こる、いわばある種の必然なのでしょう。今振り返ってみますと、これこそ青木さんが我々に伝えたかったことの真髄なのだろうと思います。しかしながら、当時の現実は以下の青木さんの嘆きに象徴されています。

〈最近、少年向けのサッカースクールが各地にでき、また小学校でもサッカーを教えるようになって、サッカーが底辺に普及してきたようだが、我が武蔵中学にもこのような指導を受けた小学生が近年入ってくるようになった。彼らはサッカーを何の抵抗も無く受け入れ、ボールがあると皆で集まってボールの奪い合いをしている。一方、実際に部の練習に常に参加している者はと言えば、まるっきりそういう普及運動の影響を受けなかったか、または受けてもせいぜい体育でというものが多い。ひどい部員になると、サッカーの練習とピアノのお稽古を一緒にして考えたりする。結局、部として歓迎できる「常に部の練習に出るだけの責任感や忍耐力を持ち、サッカーへの興味を失わずにいられる者」というのは、今昔その数に変化は無い〉

まあ我々新入部員達にとって、伝統ある武蔵高校蹴球部員への道は遠いものでした。実際、十六名の同期の中で高校卒業まで蹴球部に所属したのは私ともう一人、たった二人きりでしたから。それでも、試合の日に雨が降ると、どんな強豪が相手でもなんだか勝てるような気になるところまでは到達したのですが。

少し現在の武蔵高校蹴球部の現状に触れておきますと、一九七九年から東京教育大学（現筑波大学）サッカー部出身の大西正幸先生が赴任され、以降先生は二〇〇三年に当時高校コーチとしては稀なＪＦＡ公認Ｓ級コーチライセンスを取得される等、現在まで三〇年以上武蔵にとどまらず東京のユースレベルで熱心な指導を続けられています。その結果、武蔵高校蹴球部は急速に成長した日本の高校レベルのサッカーにそれほど取り残されずに進化してきており、二〇〇六年以降東京都のベスト八に四回到達しています（そのうち一回は二〇一〇年の関東大会予選決勝大会であの帝京高校を破ってベスト八に進出した金字塔です!!）。数年前にはあの関東ローム層グラウンドも最先端の人工芝に全面張り替えられ、英国の有名パブリックスクールのイートン校を意識した素晴らしいスポーツ環境となりました。この為強豪相手の試合で雨が降ると喜ぶという伝統は既に風化してしまったようですが、それでも「出足は早く、当りは強く、粘り強く」の伝統は、技術的に優位に立つサッカー強豪校と常に戦わなければならない現役選手たちの精神的主柱として少しは残っているようです。

## 私の仕事人生

私は、武蔵を一九七三年に卒業して国際基督教大学に進学したのですが、大学二年の途中から両親が既に移住していたアメリカ・ロスアンジェルスの南カリフォルニア大学に転校。会計学を専攻して卒業後公認会計士になり、以降米国、日本でビジネスの世界に三十五年間生きてきました。公認会計士を目指した理由は、転校した直後日本の学生生活の延長でまだふわふわしていた時期に、父親の友人の中国系米人弁護士先生から「我々有色人種は普通にアメリカの会社に就職しても出世など望めない。弁護士や医師のようなプロフェッショナルにならなければこの国でまともに生きて行けない」と諭され（私はずっとアメリカに住むつもりはなかったのですが）、まあ何か手に職をつけるのもいいかと心を入れ替えて真面目に勉強に取り組み出したのです。米国ではほぼすべてのプロフェショナル（所謂〝士〟や〝師〟の付く職業）は、ロースクールやメディカルスクールのような専科大学院に進学しなければならないのですが、唯一学部卒でも受験資格があったのが会計士でしたので基本的に勉強嫌いの私は迷うことなくこの資格を目指すことにしました。四年生の時に公認会計士試験を受験して首尾よく合格し、当時〝Big 8〟と云って八社あった大手監査法人の内最大手のロスアンジェルス事務所に就職しました。当時は日本人の会計士が全米で数十人しかいない頃でしたし、八〇年代日本企業の米国進出がピークに達する前夜でしたから日本人会計士は引く手あまたの状況で、そのわずか十年ぐらい前であれば日本人など鼻もひっかけられなかった大手監査法人に潜り込むことができたのです。

入社後当然監査業務に従事したのですが、五年もすると明確になってきたのが監査という仕事は、財務諸表や内部統制システムが定められた基準に準拠しているかコンプライエンスチェックして準拠性を表明する機能であり、コツコツと積み上げていく仕事で自分の性格には合っていないということでした。当時のアメリカはM&Aという言葉がメディアを通じて一般化してくるほど所謂企業買収が盛んになってきた時期でしたから、それに呼応して大手監査法人はそのコンサルティング部門等を通じてM&A関連サービスに注力を始めていましたので、私もそちらへの移籍を希望していました。その矢先に起こったことが私の仕事人生の中で第一のメルクマール的イベントとなりました。

一九八五年秋、ロスアンジェルスのオフィスビル街のランドマーク的ビルにある事務所で執務をしていた私の所に、受付嬢から「このビルを買収するので調査をお願いしたい」と言っている変な日本人が来ているので対応お願いするとの電話が入りました。これがバブルの寵児たるS不動産による米国不動産買収狂想曲の始まりであり、この後九〇年代前半にバブルが弾けるまで、私は数多くの日本企業による米国での不動産及び企業買収に関与することになりました。折角会計士になり日本企業による米国進出の波に乗ったものの、監査という仕事は合わないなと思っていた時に更に大きなバブルの大波に乗り換えることができたのです。プロフェッショナルとすれば個人的にラッキーな変革でした。この大波はご存じのように長くは続かなかったのですが、日本でのバブル崩壊とほぼ同時期に起こった米国での不動産不況と、それに起因する金融機関における不良債権問題の処理業務の波に再び乗り換えた後、私は二〇年近くになる米国での生活に区切りをつけて日本に戻りました。

九〇年代中ごろ大手監査法人の東京事務所に戻った私を待っていたのが、またまた不良債権処理の大波でした。米国で得た関連業務のノウハウを使って大手金融機関の不良債権処理の仕事をしていたのですが、ここで私の仕事人生にとって第二のメルクマール的イベントが起こります。一九九八年一一月、監査法人内の金融機関監査担当パートナーから電話が入り、北海道にある大手金融機関が破綻し、彼の担当金融機関がその受け皿になるのでアドバイザーをせよとの指令でした。これが私の所謂事業再生業務への関わりのスタートでした。

その後別の監査法人に移籍し事業再生サービス会社を設立したのですが（事業再生サービスは米国・英国で一般的であったBusiness Recovery Serviceを訳したのですが、当時日本では事業再生という言葉自体まだ一般化していませんでした）、その後二〇〇〇年から始まった数々の大手生保の破綻処理や、その他金融機関の破綻処理・再生への関与を皮切りに、大手食品会社、大手自動車会社等数多くの事業再生業務に関与することになります。

その事業再生の業務実績・経験を評価していただき、二〇一〇年秋からは日本の三メガバンクと政府系金融機関が中心となり設立した一〇〇〇億円規模の事業再生・再編ファンドである、（株）ジャパン・インダストリアル・ソルーションズの代表取締役社長をやらせていただいています。

私の仕事人生を振り返ると、一〇年ぐらいの周期で日米両国の世の中に生じる大きな変化の波を捉えて、ビジネスマンとしての自分自身の変革につなげてくることができました。運が良かったとも思いますが、大きな波を捉え、それに乗っていくことができる色々な意味で強い「個」を持っていたことがその最大要因であったと思います。

## 武蔵の三理想とサッカーと私

サッカーの方は、武蔵高校蹴球部卒業後も、国際基督教大学サッカー部（一年生時に東京都大学三部リーグで得点王獲得）、米国での大学時代と社会人時代（ロスアンジェルス地域のセミプロリーグに所属のクロアチア人移民のチーム〝Croatians〟でプレー）を通じ、そして日本に帰国した四〇歳以降は丁度当時から活発化した四〇歳以上のシニアサッカーリーグに積極参加して五八歳の現在まで生涯現役を続けています。齢六〇歳をもうすぐ迎える年齢になりましたが、振り返るに日米を股に掛けるビジネスマンとして仕事人生上はそれなりに活躍することができました。それを可能としてくれた私の基礎を作ってくれたのが、英国のパブリックスクールの教育を模範とした六年間の武蔵の教育と蹴球部との関わり合いであったことを確信しています。

その基礎というのは、強い個性を持ちその個性を発信することを恐れない、強い個人の姿です。

武蔵における教育の理念は、その設立時から明確に謳われている武蔵の三理想に集約されています。

- 東西文化融合の我が民族理想を遂行し得べき人物
- 世界に雄飛するにたえる人物
- 自ら調べ自ら考える力あるべき人物

最初の理想は誤解を生みやすいかもしれませんが、要は東西文化のブリッジになるべしということであると理解しています。二番目の理想はそういう人間は世界を目指し、世界から評価されなければならないということ。そして三番目は評価される人間はちゃんと頭を使って考え、自らの意見を持ち行動する人間であるということだと勝手に理解しています。要は強い個性を持ち、その個性を発揮して行動できる人間になれということなのでしょう。

武蔵高校蹴球部の理想である「出足は早く、当りは強く、粘り強く」は、前述したように日々の努力により強い身体力と精神力を各個人が持つべしと訴えています。すなわち、グラウンドにおいても強い個でありなさいとの教えです。

世界的に見て日本人の強みは組織力だと云われていますし、また我々日本人もそれを自覚しています。

しかし、世界レベルで力を発揮できる組織には強い個性を持った個々のメンバーがいなければ機能しません。今も昔も日本においては組織力の重要性が強調されすぎ、個人の力の重要性が軽視されがちです。またサッカーの話になりますが、ベルリンの奇跡の三二年後、日本サッカーはメキシコ五輪で三位になるという金字塔を打ち立てました。これは我々新米武蔵高校蹴球部員が中学二年生の時の忘れられない出来事でした、この成功の原動力は日本代表の組織力だったとされがちですが、当時のチームは実は非常に非凡な個性の集団であった事実があると、日本サッカー史上ナンバー1のセンターフォワード釜本邦茂氏が以下のようにコメントされています。

〈振り返れば、一九六八年メキシコ五輪の銅メダルは、一人ひとりが自分の仕事を突きつめた上での結果だった。メダルのことばかり考えていたわけではなかった。僕の頭の中にあったのはゴールを決めること、それだけ。必死にゴールを狙い続けたら得点王になっていて、チームは三位になっていた。〉（雑誌Number　787号サッカー総力特集　日本の論点。）

我々が武蔵に在籍した一九六七年から一九七三年までの六年間、一九六八年にGNP世界第二位になるなど日本は高度経済成長期の真っただ中にあったのですが、成長の犠牲ともいうべき色々な社会問題が表面化し、また極左勢力の活動が活発化する等、政治的また社会的に不安定な時期にありました。復興と成長のみに集中してきた、戦後の日本社会が音を立てて大きな変化を始めた時だったのだと思います。

そんな社会状況の中、あの頃の武蔵高校においては、古き良き時代の旧制高校の教育理想がまだ生きており、教師の方々もその理想の実現に努力されていたのだと思います。またキャンパスに出入りをし、我々が日々接していた蹴球部OBの諸先輩たちも旧制高校の文化を吸収しながら育った方たちで、その文化を私達に伝えていただきました。

我々の時代の武蔵生はこのような環境の中、しっかりした個性を持つことを美徳として成長させていただいたのだと思います。

私は「東西文化融合の我が民族理想を遂行し得べき人物」にはなれませんでしたが、少なくとも「自ら調べ自ら考える力あるべき人物」にはなり、それを実践しながら「世界に雄飛するにたえる人物」にはなれたのではないかと自負しています。今後は、世界の中で取り残されつつある日本を再び強い日本に変革することに貢献していくつもりです。

「出足は早く、当りは強く、粘り強く」はサッカー選手として生涯の理想であり、現在Over50リーグの現役選手として、また間もなく加わるOver60リーグの新人として、死ぬまでグラウンドで実践していきたいと思います。

お世話になった城谷先生、大坪先生をはじめ武蔵高校の多くの先生方に深謝。
中野真逸郎さん、青木正和さん、東村孝幸さんをはじめ武蔵高校蹴球部の諸先輩に深謝。

# 武蔵の群像と教育理念

片岡俊夫

あの時代の話を鳥瞰図ではなく、それぞれの立場から見えたまま記録しておくことは、たぶん意味のあることだろう。だが、最初にこの出版の話を聞いたときには、正直に言って「武蔵という特殊な環境での体験をまとめても意味が無いのではないか」と考えていた。最近出版された『高校紛争』（中公新書）という本の中に、「武蔵高校という特例」が紹介されていたが、当時としてはまさに特殊な、しかもかなり特権的な環境であったのは間違いない。

私は公立中学から進学した「編入組」だが、中学時代とくらべると、まるで別世界のように感じられるほど違った人々が、違うふうに生息しているところであった。そのような世間の平均値からかけはなれたと思われる体験を書き残すことに何ほどかの意味があるとすれば、それは時代の証言というよりは、むしろ「教育の場のあり方」についての一つのヒントなのではないかという気がする。

## 生徒を「指導」しない学校

まず、教師の生徒に対する姿勢が根本的に違う。入学した直後の講堂での全校集会で、白いヘルメットを被った数人がビラをまき演壇の教師に向かって何か叫んでいた。「処分するのか！」という発言に、数学の上田久さんが「処分は教育の放棄だからしません」と返答。これは教員側の格がずっと上だなあと、子ども心に感心した記憶がある。

私の通っていた中学は組合活動の盛んな所で、職員室の扉には「革新都政」支持のポスターがはってあり、多くの教師が青い「美濃部バッジ」をつけて授業に出てくるようなところであったが、何かを自分で考え始めようとしていた中学生に対しては、しばしば抑圧的に対応するのも彼らだった。放課後の教室で、数人がギターを弾きながら高石友也や岡林信康や高田渡の曲を歌っていると、担任が『友よ』は良いが『自衛隊に入ろう』などという歌は良くない、と説教をしてくるのである。これはパロディなんだ、ということを（たぶんパロディという言葉は知らなかったが）一生懸命説明しても、まったく理解してもらえない。「そういうふざけた歌はやめなさい」である。六八年から六九年にかけては、大学生の行動に共感を示すようなことを言うと、すぐ「暴力によって訴えるのは間違い」。こちらは、明確な論理があるわけではないけれど、ベトナムに向けてB52が飛び立っていくときに、それは違うんじゃないかという感情を抱かざるを得なかった。

ところが、高校に入ってみると、教師は生徒の自発的な意見表明に対して、まったく制限を加えようとしない。六月になって「安保問題についてクラスで討論をしたい」という意見が出ると、「ああいいよ」とすぐ認めてくれる人が居る。それどころか、城谷さんなどは「お前ら小ブルが何をいってんだ」と、教科書そっちのけで階級闘争の歴史を語り始めたりする。『高校紛争』には、四学年上の先輩が逮捕された後、処分もされず教師たちに暖かく受けとめられた話が紹介されていたが、本当にそういうところだったのだ。

ただ単に生徒に甘いというのではない。七〇年六月、ストライキとデモが提案され賛成派と反対派の議論が激しくなったとき、私は「ストをやって処分などされる可能性はないのか」という弱腰の意見を述べて、誰かと一緒に担任に質問しに行った。すると、ふだん政治の話などしない数学の先生が「政治的な主張をするからには結果も引き受けるのが当たり前ではないか」「君は教師に庇護されないと行動しないのか」と問い返してきたのである。「処分はしない」とか、そういうことは一切言わない。高校生を、少なくとも論理のレベルにおいては、大人と同等の扱いをしているわけだ。

生徒を一人前の人間として扱うというのは、日々の勉強の場でもそうであった。物理の時間に浮沈子か何かの説明をしていた先生に、誰かがその説明はおかしいのではないかと反論を述べたことがある。その場で返答に窮した先生は「持ち帰って考え直す」と言い、次の時間にその生徒の疑問の方が正しいという説明を始めた。(そのときのやりとりを理解できなかった私は、いまだにその内容が気になっている。)

大学受験のための技術的なことを教える授業は一切ない。文部省検定済みの教科書は一応配布されるのだが、それを使う授業がほとんどない。数学や物理などは、手書きの教科書があり、世界史や日本史は授業中に板書される膨大な内容をノートをとっておかないと、山川出版の教科書を読んでもテストに対応できないのである。英語の授業で使う読解用テキストは、当時の東大の教養課程で使っていたような大学生向けの教材だった。

そんな授業でありながら、生徒が授業中寝ていても、他のことをしていても、たいていの教師は注意すらしない。なぜか遅刻にはうるさかったが、欠席は授業日数の三分の一近くまで認められていたので、高二・三になると学校に来なくなる奴が居るが、そういうことへの「指導」が行われない。勉強をするのも、しないのも本人次第。仮に成績が悪くても、「赤点」を二年連続してとらなければ良い。留年制度があって、それを利用すれば学校には居られたのである。

テストの問題も、ある種、生徒と教師の知恵比べのようなところがあった。たしか地理の試験だったと思うが、「中間試験の問題を作成せよ」という問題が出たことがあった。出題者としては、授業の内容を理解していなければ問題などつくれないと考えての出題だったのであろう。ところが、それに対して、たった一行「中間試験の問題を作成せよ」と書いて返した生徒がおり、しかもその答に対しては満点が与えられたと記憶している。

城谷さんの日本史のテストにも閉口した。授業で説明した十干十二支の知識を使って十九世紀の甲午の年を西暦に直す、というような問題だとか、田の面積からコメの収量を「石高」で計算させる問題だとか、とにかく普通の歴史の問題とは思えないものが出題される。解説のときにブーブー文句を言うと、「これは古文書を読むためには必須の知識だ」などと一蹴される。後に学習塾で仕事を始めた頃に、ある年の武蔵の中学入試で、社会が十干十二支の計算問題だけだったというのが受験業界の話題になっているのを知って、しばらく笑いが止まらなかった。

## 関心事を深く掘り下げる

生徒の方は、各人各様に興味と関心のおもむくところを掘り下げていた。初めて聞くような海外の文学者の本や詩集を持っていたり、授業中に哲学書を読んでいたりする人物が居る。昼休みに弁当を食べながら、あらゆる種類のカードゲームを極めていく集団がある。体育祭の当日、「時限発火装置付きの爆竹パラシュート爆弾」を積んだラジコン機を校庭上空に飛ばし、落ちてくるパラシュートに下級生が群がる寸前に爆竹を破裂させるという手の込んだいたずらを成功させる奴らが居る。クラスの数人が、机を隠して代返を頼み、他クラスの体育に出て何時間もサッカーをしていたりする。おそろしく多様で、好き勝手な方向に深く進んでいる個人の集まり。

そういう環境で、周囲のできごとに感心し、楽しんでいるうちに私の高校生活はあっという間に終わってしまったが、それ以前も以後も、あのように様々な方向に鋭く尖った知性や感性を持つ青少年が集まっている場に遭遇したことはない。大学では、ときおり鋭い、かつ武蔵出身者より大胆な人物に出会ったが、たいていは麻布か教育大附属駒場の卒業生だった。それらの人物像から判断すると、彼らの高校時代にも、おそらく似たような場が形づくられていたのではないかと思う。

ここで個々の名前をあげることはしないが、高校時代の友人たちによって、私は音楽への接し方について多大な影響を受けている。中学生時代にロックやブルースに関心を持ち始めたころ、理解してくれる大人は周囲に一人も居なかった。それどころか、一学年三〇〇人近い中で、ラジオで「洋楽」を聴いているのは一割以下。クリームだとかドアーズだとかジェファソン・エアプレインなどの話ができる友人は数人しか居なかった。ところが、武蔵に入ってみたら、たった一八〇人の中に話の通じる相手がたくさん居る。

五、六人、特にすごい人物に出会った。彼らは、知識や情報を持っているだけではない。世間で話題になっているものについても、自分なりの評価基準があり、何が好みか、何がおもしろいかという明確な意見を持っているのである。有名評論家が持ち上げたからといって、その録音を安易に称揚するようなことはしない。それどころか、「〇〇はこういう傾向がある」と「評論家を評論」したりするのだ。そういう話を聞いているうちに、世の中で騒がれているからといって同調しなくても良いんだ、自分の感性に合わないものはハッキリ好みじゃないと主張して良いんだということが、徐々に身についていった。

おもしろいものを見つけてきては、「これがいい」と教えてくれたりレコードを貸してくれる友人ができて、私の世界はどんどん広がった。英国のフォークや民謡、プログレッシブ・ロック、米国のカントリーやケイジャン、ジャズなどにも対象が広がり、後にはカリブ海〜中南米やアフリカ、アイルランドや東欧などの音楽を片端から聴くようになり、一生楽しめる材料を手に入れたのは、高校時代の友人たちのお蔭である。

他人と音楽を演奏する楽しみを覚えたのも高校時代だった。同じ学年にロックバンドが三つくらいあり、放課後になると教室で練習をしているのを眺めていたのだが、高校二年のときにジャズバンドをやりたがっている同級生に誘われて、「音楽部ジャズ班」の一員に加えてもらいドラムを叩くことになる。サックスとクラリネットの二人は、もともとジャズ好き。ギター、ピアノの二人は耳もよいしセンスも良い。ベースのリズムがしっかりしているので、ジャズの素養がない私にも何とかついていけた。それまでロック側にいた私は、ジャズに詳しいメンバーから四ビートの基本からモード理論、何をお手本にすれば良いかまで全部教わった。

その過程で得たものは、知識や技術よりも、集団で演奏することの楽しさだった。ジャズの即興演奏は、ただ好き勝手にやっているのではない。他の奏者がどんな音を出しているのかをよく聴いて、それに応える音を出さねばならない。対話が成立していないところには、良い演奏は生まれないのだ。もちろん、クラシックでもロックでも、他者の演奏をきちんと聴いていない合奏なんてものはありえないだろう。しかし、ジャズバンドでは、相手が何を繰り出してくるかによって自分の次の手を瞬時に判断して変えていく、というおもしろさがある。

そういうことが分かるようになると、「この録音は対話がうまくいっている」「これは対戦相手が悪いのではないか」というようなことも、聴きながら考えるようになった。どこかの評論家や先生に「教えられた」のではなく、友人たちとの関係の中から自分なりの評価基準が形成されたわけである。

こうして手探りの作業を通じて学んでいくというのは、一度味わってみるとたいへんおもしろい。小中学生の時代、ずっと大人から理解されないことばかりに興味を持っていた私は、この時期に友人たちとの行動を通じて、いろいろな分野で少しずつ自分の基準を築くことができるようになっていったのだと思う。上手に「師匠」を見つけてその人から効率よく教わることができないというのは、世間をわたっていく上では損なことであるかもしれないが。
ものすごく個人主義的で、趣味的なこだわりを大事に生きていた私は、二〇歳を過ぎた頃に、一度そこから離れる決断をした。「自分のため」ではなく「社会のため」に何かをするべきだと思ったからである。そのことは、高校時代の体験と直接には関係していないとだろうし、いま他人に語るべきほどの成果も得られていないと思う。ただ、ある世界の主流や「権威」にとらわれないで、常に同世代の仲間と行動しながら獲得していったことは、どんな種類のことであれ、壊れた傘や古靴のように捨て去ったり、忘れてしまうことはできない。借り物の外皮は、脱ぎ捨てて別の衣装をまとうことも容易にできるのだ。

## 自由とフラスコ

私は、三〇年間学習塾で教えることを生業としているが、自分の体験だけでなく間接的に知っている日本の公教育のほとんどは、「集団で行動させようとする」「規範への同調を態度で示すことを求める」「態度を通じて学習者の内面を評価しようとする」という特徴を持っている。そして、例外なく、教師の指導内容への疑問を呈することを認めない。そこには、生徒は集団的に領導されるべき存在であり、理想の「学習共同体」を目指すべきであり、教育とはそのための心理的な陶冶の一種であるという、非常に強力な前提が存在している。だから、「この集団への同調を強制されたくない」「あの教師に私の内面を評価されるのは耐え難い」と感じるナイーブな青少年たちは、こういう公教育からは逸脱するしかないのである。

武蔵で私が体験したものは、その対極にある教育観であった。要するに、学校側の要求する最低限の学習水準を満たして、他人に危害を加えない限りは、何をしていても良いのである。そのような例は、一部の私立校だけでなく、国公立のいわゆる「上位校」の中にも、少数だが連綿と存在しつづけている。そういう教育が、そうでない教育と比べたときに、どんな結果を生むかという研究は存在していないようであるが、これはぜひ実証的な追跡調査をする価値がある問題ではないだろうか。

このような教育手法が普遍性を持ちうるのかということについては、三〇年間の経験から正直に言って疑問もある。私は、九九が言えない中学生や、何度言っても「自分の意見」が書けない高校生なども相手に仕事をしてきたので、一概に放任することを賛美する気はないし、誰に対しても有効な処方箋というものは存在しないと考えている。だが、処方を支えている理念・思想の部分では、ある程度の普遍性を持ちうるのではないかとも思う。なによりも、あのような経験を青年期にすることを、「特殊な例」として切り捨ててしまうのはあまりに惜しい。

　戦後の復興期から高度成長期にかけて、学校は家庭や地域の集団よりも「進んだ」価値観を体現し、それを広める役割を持っていた。教師が「理想」を語り、その実現に向けた努力を教育の場で展開することは、歴史的には意義のあることだったと思う。だが、七〇年代のどこかで、学校と家庭や地域社会の関係は逆転したのではないだろうか。別の言い方をすると、この時期に日本でも近代的な「市民社会」が成長し始めたのだと思う。そして、「進んでいる」つもりの教師たちが「遅れた勝手で個人主義的な」生徒たちを導こうとして、失敗を重ねてきたのが八〇年代以降の公教育の混迷の一因だったのではないか。

　高校一年のときの文化祭（記念祭）のテーマは、たしか「フラスコの中の自由」であった。それは、「フラスコの外＝世の中は不自由で理不尽極まりないのだから、それと戦わなくてよいのか」という上の世代の活動家たちのせいいっぱいの抵抗とアピールだったのだと思うが、一五歳の私は「今この自由は失いたくない」というふうに感じていた。

　現在の私は、外部からの様々な圧力に抗して「フラスコ」を保つために、大坪さんら教師がどれほど強靭な意志を持ち、柔軟な対処に苦慮していたかということを想像する。また、私の少し上の世代の運動が、そういうものは「欺瞞的な自由」であるという主張をして、「あらゆるフラスコの破壊」を目指したことを想起する。それは、問いかけとして根源的には正しかったかもしれないが、社会にいろいろなサイズの強靭な「フラスコ」が存在することは、「一人前の大人になろうとしてなりきれていない」人間にとって欠かせないのではないかということも、同時に思うのである。

**片岡俊夫**（かたおか・としお）
目黒区生まれ。区立小・中学校を経て、高校からの「編入組」。一九七三年東京大学入学。七九年教養学科中途退学。最近やっていること＝山林労働の歴史の聞き書き。古い画像データの保存と公開。炊事と娘の弁当づくり。

# 「江古田のおもちゃ箱」から「世界への雄飛」へ

村田精利

## はじめに

武蔵高校を卒業してから四十年がたち、そのうち三三年にわたる社会人生活の半分をアメリカで過ごしてきた。アメリカ生活が長くなるにつれ日本への回顧や思い入れが最近特に強くなってきたような気がする。その中で特に懐かしく思いだすのが昭和四〇年代、私が武蔵中学、高校で過ごした時代だ。今回、本書に寄稿する機会をいただき当時の歴史をさかのぼってみた。私たちが武蔵に通っていた六年というのは実にいろいろな事件や社会現象が凝縮されていて今になって思えば、そのあとで経験した繁栄、そしてその後の失われた十年へと続く道筋が暗示されているような気がした。

こんな時代の中で自分の武蔵での学生生活を振り返ってみると最初に思いついた言葉が「日和見」だった。それは恥ずかしい限りだが、周囲に迎合して社会の風潮に流されなんとなく六年間を過ごしてしまったような気がするからだ。その反面、自分なりの価値観、人生観が芽生え、醸成していった六年間だったかもしれない。成績もよくなかったし、音楽や運動も不得手であった私だが落ちこぼれたりいじめにあうこともなく、おもちゃ箱のような環境で楽しく学生生活を過ごすことができたのも主に武蔵のおっとりした校風、先生や友人たちによるところが大きい。その後の大学、大学院、そして三十年以上にわたる日米での会社人生活もどちらかといえば流れに逆らうことなく、そこそこ平穏に過ごしてきたと自分では感じている。ひょっとしたらこれが武蔵で培われた武蔵的な、よく言えば「適応性」、悪く言えば「日和見」なのかもしれない。私たちが武蔵に通っていた時代と私が過ごしてきたおもちゃ箱を回顧しながらどのように私の「今」につながっているのかを考えてみたい。

## 武蔵入学とおもちゃ箱の世界

武蔵中学に入学したころは江古田の町にはまだ畑が点在していたし商店街といっても個人商店が中心のこじんまりしたものだった。クラブ活動や土曜日の帰りに千川通りの向いにある小さなパン屋で買い食いをしたり、ちょっと豪勢にラーメン屋やとんかつ屋によるくらいが年相応のささやかな楽しみだった。上級生になるにつれ江古田の町もだんだんひらけてきた。高校に入るころにはスナックのはしりのようなものができていった。昼はタバコをすいながらランチ、そして夜はクラブや記念祭の仲間たちとジンライムを飲みながら彼女のことから時事問題まで取り留めのない話に夢中になっていた。時には休講と称して授業を抜け出し新装開店のパチンコ屋にいったこともあった。私たちが成長してゆくのと同じテンポで賑やかさをましていった江古田の町は楽しみが詰まったおもちゃ箱のような存在だった。

性に関する表現の開放が進むなかで私たちは思春期を迎えた。「平凡パンチ」や「プレイボーイ」といった雑誌が回し読みされる中で異性に対する関心は急激に高まってきていた。「少年ジャンプ」に連載されていた『ハレンチ学園』が映画化されたり、『裏番組をぶっ飛ばせ』という番組で野球拳がテレビで人気を博し、それまでの羞恥心が一気にメディアにさらされたのも私たちが中学生のころ、ちょうど思春期の入り口と同時期であった。高校一年のときだと思うが日活ロマンポルノの上映のはじまりは私たちにとってはうれしい驚きだった。試験の終わった日などはポルノ上映館で同級生に出くわし変な連帯感を持ったものだ。卒業式の帰りに成人映画を見にゆき切符売りのおばさんに「高校生はダメ」といわれ、「今卒業して来ました」といって卒業証書をみせた剛の者もいた。成人映画だけでなく一気に流れ込んできた洋画のとりこになったものも多く、授業中、放課後を問わず「ロードショー」、「スクリーン」という当時では高価だった雑誌にため息をつきながら映画の話題は尽きなかった。というわけで「江古田文化」とか「池袋文芸座」もおもちゃ箱のかたすみにしまわれている。

このように友人と過ごした六年間はかけがえのない時代で今でも楽しかった光景がはっきりとよみがえってくる。自分の成長、そして娯楽やメディア文化が同時に次の時代へと生まれ変わっていく時代に育った私たちは恵まれているのかもしれない。

## 武蔵六年間と社会情勢

おぼろげながら政治事件として記憶に残っているのが六〇年安保だったが、その記憶も東京オリンピック、それに続く高度成長などの明るい話題でかき消されてしまった。それでも羽田事件、新宿駅騒乱事件、反戦フォークゲリラ、安田講堂占拠、沖縄返還などなど、政治の波は身近に押し寄せてきた。また授業でも時事問題に関する作文、討論が行われたし、それだけでなく授業そっちのけで政治の雑談、というよりか自論をとなえることに授業の大半を費やす先生もいて否が応でも政治に対する関心は高まっていった。社会を変えるという理念というよりむしろ変革と反体制への興味から友人とべ平連のデモに参加したり政治集会に参加してゆくうちに武蔵のバリケード封鎖のなかにも入ってしまった。千川通りを練馬まで行って十三間通りを回って帰ってくるという遠足のようなデモ行進にも参加したが、機動隊（警察だったかな）に「もっと元気よくやれ」とあおられてなんともしまらないありさまだった。私にとって武蔵での政治活動は「恵まれた日和見」と「野次馬的反体制への興味」、そして成長の過程で誰もが感じる親や社会への反発のあらわれだったかもしれない。そんな中で一九七〇年一一月に起こった三島事件を境に私の反体制運動に対する興味は一気に薄れていった。その背景にはおそらく（思想的背景は別として）「国家」の存在意義とそれを破壊することのむなしさを感じたのかもしれない。こういう表現をすると語弊があるかもしれないが、私にとっての政治運動の真似事もおもちゃ箱の中での出来事だったのかもしれない。

昭和四〇年代の日本は経済的にも大きな転換期だった。戦後の経済成長が具体的な形で現れた一九六四年東京オリンピック、東海道新幹線開通、そして個人レベルでは3C時代から一億総中流へ、そんなイザナギ景気の真っ只中に武蔵に入学したのが私たちの時代だ。さらにメキシコオリンピック、それに続くミュンヘンオリンピックでの日本選手の活躍、また大阪万博と海外が身近になると同時に国民の自信にもつながっていった。確かパンアメリカン航空がジャンボ機を初めて飛ばしたのも一九七〇年、海外旅行も徐々に市民生活の一部となっていった。また企業の海外進出も進み、サラリーマンの海外駐在も珍しくなくなってきたのもその時期だった。それと同時に、成長の弊害がいろいろな形で国内外に顕在化していった。国内的には四日市喘息、イタイイタイ病、水俣病に代表される公害が深刻化してゆくだけではなく抜本的な対策や救済が行われずに社会問題だけでなく政治問題として位置づけられていった。また海外からは「エコノミックアニマル」とか「日本株式会社」といったありがたくないレッテルを貼られ、おみこし経営、長時間労働、官民癒着と成長の原動力となってきた日本的な会社システムに対する批判があちらこちらで報じられていった。私にとっては海外というのは最初は「ミーハー的」な興味であったが、だんだん日本の会社や組織に対する批判的な見方に移ってゆき、将来外資系企業へ就職するきっかけのひとつになったのかもしれない。

## 武蔵での勉強について

江古田というおもちゃ箱の中で中学高校時代を十分遊んでいた私にとって勉強は苦手でかろうじて試験前の一夜漬けで成績を保っていたのが実際であった。それでも思い出に残る授業や先生の数多くの逸話は今でも鮮明に覚えている。

一番心に残っているのが深津先生の漢文である。小柄のごま塩頭でけっして風采ある容貌ではなかったが（すみません）なぜかおもしろかった。論語や孟子の話だけではなく三国志や楊貴妃にまつわる逸話、悪魔祓いのまじないなどはどういうわけか四十年経った今でも覚えている。先生の漢文の授業のおかげで中国古典に対する興味を持つことができた。中国古典の教えは自分の考え方に幅を持たせてくれただけでなく、アメリカでも現地の人を相手に話す時に本当に役立っている。日本のことわざや中国の故事は自分の論点を述べる際の比喩として使うと実に効果的で相手も興味をもって聞いてくれる。そのため英語ではハンディのある私にはありがたい武器である。これも深津先生のおかげだと思う。武蔵退官後も辞書の編纂をされているという、訥々とした年賀状のお言葉から謙虚なお人柄が感じられ、自分も勉強せねばという気持ちにさせていただいた。

中学のときの音楽の授業も思い出に残っている。たしか音楽の授業で実技をしたのは中学一年の試験で「武蔵讃歌」を歌ったのが最初で最後だったように思う。あとはひたすらクラシック音楽の鑑賞だった。歌を歌ったり楽器の演奏が苦手だった私にはうれしい音楽の授業だった。それと同時にクラシック音楽の作曲家や作品の背景にある逸話がずんぶん面白く興味を持ち、今のクラシック音楽好きにつながった。また授業で学んだ逸話や雑学も人と話すときに利用させていただいている。

国語や社会では教科書ではない本を随分読んだ。確か中学一年の最初の国語の教材は夏目漱石の『文鳥』だったと思う。なぜか中学の日本史では『君たちはどう生きるか』を読まされた。中学・高校の政治経済の課題図書には『楡家の人々』『激流』『聞けわだつみの声』といった本が課題図書だった。最初はなんとなく難しく義務感だけで読んでいたが、それでも読み続けると次第に内容もわかり興味がわいてきた。後で何回も読み返したが、そのたびに違った感動を覚えている。武蔵時代に読んだ多くの本は幾度もの引越を共にして今でもアメリカの我が家の本箱に収まっている。今思えば、これらの本を通じてある社会現象の中に自分を置きながらもかつ客観的にも分析できる、という主観と客観の対峙ができる考え方が培われたような気がする。これは大きく変化してゆく世の中で、また価値観の違う異文化のなかで生きてゆくうえで大きな財産になっていることには間違いない。

中学の数学もユニークだった。思い出に残っているのは江頭先生だったと思うが、中一の最初の授業で教科書を開かずに突然黒板にキャップ（Cap）とカップ（Cup）の絵を描いて補集合と和集合を説明されたのは驚きだった。これも中一の時だったと思うがn進法の授業があり十進法から他の進法への変換やその逆も教わった時には中学の入試問題の試験管とボールの問題は七進法だったのかと納得できた。これは道徳の時間だったと思うが、なぜ阿弥陀くじが必ず同じ結果にならないのかという説明にはひどく感心。幾何でも代数でも定理や公式を覚えるのではなく定理を証明したり公式を導き出すことに時間を使っていたように思う。これは暗記の数学ではなく知的好奇心の刺激と論証の訓練だったのだろう。また数字への興味やセンスも知らず知らずのうちに磨かれていった。そのおかげか大学に入ってから論理学と統計学が得意科目になったし数字の感覚は仕事でも大いに役立っている。話はずれるが武蔵の生徒は総じて地頭（じあたま）がよかったし雄弁で議論好きだった。授業でも先生が時事問題を取り上げて授業を全部生徒たちをまじえた討論に費やしたことが多々あったように思う。記憶ではなく原理や考え方を教えたり議論によって思考の質を高め自分の意見を形成、表現するという授業はその後の自分に十分役に立っている。今になって考えると武蔵の教育は「勉強の仕方を教える」高校版リベラルアーツ教育だったのかもしれない。

## 武蔵を卒業してその後

武蔵を卒業後、国際基督教大学（ICU）に進み経営学、会計学を専攻した。リベラルアーツのさきがけといわれる大学で専門科目だけでなく語学から数学、ギリシャ神話と幅広い授業を楽しめたのも武蔵でいろいろなことに興味を持って学ぶことの基礎があったからだと思う。また四年間（弱小チームではあったが）体育会を続けることができたのも武蔵で培われた体力と反発心のおかげかもしれない。勉強、運動だけでなくおもちゃ箱が吉祥寺に広がっていったのは言うまでもない。家族の影響もあり大学、大学院で経営学、会計学を学んだが、実務より理論を好んで学んだのも物事の本質を考えさせる武蔵教育環境のせいかもしれない。会計規則や実務は時間とともに変化し、また国ごとに異なっているが、理論は共通であるため理論をを学べたことは国際社会に出て長くたっている今でも本当によかったと思っている。

大学院を修了後は外資系企業に就職した。この背景にはアメリカへの興味もあったが、「日本株式会社」への疑問、そして自分の「個」を大事にしたいという思いがあった。最初は日本支社の経理部門で、その後アジアパシフィック地域の部門で十八年勤務した。そのうち多くを内部監査、コンプライアンス部門の立ち上げと考え方の啓蒙に費やした。文化や歴史の違うアジア各国の子会社や日本の合弁会社の人たちと当時はまだ一般的でなかった分野での仕事ができたのは貴重な経験だった。特にアメリカ流（本社流）の考え方を押し付けるのではなく相手の土俵に立って考えるということを学んだように思う。その後、一九九七年にアメリカ本社に転勤してから本社の社員に転じてそのまま住みついてしまった。渡米後十五年たったわけだが、おもに事業部の国際財務やM&A関係の仕事で、世界各国の人たちと交流する機会が多くある。その中でいろいろな交渉やプロジェクトを通じて文化的な理解を味方につける重要さを学んでいった。デラウェア州ウィルミントンの本社を皮切りに、テネシー州ナッシュビルにある事業部、本社に戻った後すぐに、中西部ミズリー州セントルイスと国内を転々としているが、現在は硫酸の製造や石油の精製をクリーンにおこなう新規事業とそれに伴い新しく買収した会社の財務の責任者として勤務している。売り上げの大半を海外、特にアジア、アフリカの新興国に頼っているため新しい発見も多いが、コンプライアンス上神経を使うことも少なくない。また英語そのものだけではなく、価値観や思考プロセスの違う人たちと、いかにコミュニケーションをとるかに苦労をしたり、買収した子会社の統合に気を使ったりと、まさに（アメリカという）異文化のなかで異文化交流の真っ只中にいる。財務の仕事というよりいろいろな局面でいかにバランスを保ちながら周囲とひとつになって仕事を進めてゆくかを考えているほうが多いかもしれない。

結局日本で、アジアで、そしてアメリカで三十年以上にわたっていろいろな環境ののなかで仕事をしてきたわけだが、実務的な知識だけではなく文化の違いや変化を理解する能力、いわゆるソフトスキルの大切さを実感してきた。これは大きく社会が変化していった時代に武蔵で過ごした六年間に先生方や友人との交流で培われたと信じている。

## 武蔵的異文化についての私見

武蔵の卒業生は自己主張がこのうえなくうまいと思う。組織に流されるのではなく、同時に組織に逆らうわけでもなく、なぜかうまく自分の考え方や主張を通してしまう。多少の軋轢はあるかもしれないが、その軋轢をも逆に自分に対する評価につなげてしまうという能力が自然に身についているのではないだろうか。日本では「出る杭は打たれる」とか「能ある鷹は爪を隠す」というが、アメリカでは「杭も出なければ目立たない」、「能ある鷹は爪を磨く」といったところだ。その中で杭を少しずつ出しながら爪をみがきながら適応することが必要な処世術を武蔵の仲間は持っているような気がする。そのうえ、「個」と「組織」を客観的に見ることができるので「自己主張」と「自分勝手」ははっきりと分けて考え、それを論理的にしっかり説明するのがうまいので周りをうまく説得してしまう。このように自分の意見を通しながらも知らず知らずのうちに周りの人に能力を認めさせてしまうという武蔵生特有の得な性格も、先生も生徒も頭がよく弁が立ち、しかもおおらかな武蔵の環境で育まれたのだろう。

異文化の中で暮らしてゆく中で大切な姿勢は、短絡的に直感で「良い」「悪い」を判断するのではなく、「違いは違い」として認めることだと思う。まず違いを客観的に受け止め、その背景を考えるという観察眼と探究心、そして柔軟性が必要である。それが異文化のなかで相手を知る第一歩だと思う。もうひとつ大事なのが演繹的な思考だ。「慣習」とか「前例」を大事にする日本社会では演繹的な思考というのは苦手な人もいるようだが異文化の中では不可欠だ。とくに意見が違ったときに当事者同士で原則に向かって議論の段階を高めていき、どこの時点で考えの相違が生じたかを話し合い調整してゆくことがお互いの理解を深めるうえで必要なのだとおもう。

さらに武蔵の仲間は総じて自信家が多いと思うがどうだろうか。決して外面的に傲慢ではないが内面的に強いという意味である。自信があるから今回はたとえダメでも次があるという余裕につながり、違いに対してもさりげなく自己主張をしながらも寛容であったり、相手の能力を悔しいと思いながらも認め、それぱかりかお互いに利用しあえるのかもしれない。

メンタルなタフさ、論理的な思考、そして健全な自信と寛容な心が異文化のなかで暮らしてゆく武器かもしれない。武蔵の先生、友人、そして江古田のおもちゃ箱が大きく変化していった七〇年代のなかでバランスよく私の中に積み木を重ねるように培ってくれたこの武器は私にとってかけがえのないものである。

## 最後に

会社人としてのキャリアも終盤に近づいてきた。当初はあこがれと可能性を求めてアメリカで生活をはじめ、これまでそれなりに充実した楽しい毎日を送ることができた。一方でこの国が多民族社会の弊害からか法律至上主義、拝金主義になってしまい、企業も個人も法律で禁止されていなければ、たとえ一人勝ちであっても自分の利益を追求してもいいという風潮に辟易としてきたことも確かである。それと同時に日本人の謙虚な心や独特な美学がひどく懐かしくなっているこのごろである。それと同時に今の日本の若者たちに少しでも海外に目を向けて、日本人の心を持って海外に出てきてほしい、そして日本の文化や美学を広めてほしいと心から願っている。そしてそのような若者を自分たちがもらったこの宝物を伝えながら応援することが、激動の昭和四〇年代を武蔵というすばらしい環境の中で過ごさせてもらった自分ができる恩返しだと思う。

おもちゃ箱のような楽しい思い出の詰まった武蔵での生活を取りとめもなく、また社会人生活を偉そうに書いてしまって恐縮している。武蔵での六年間で知り合えた先生や友人たちは私にとってかけがえのない財産である。日本に一時帰国するたびに彼らとすごせるひと時が自分の気持ちをリフレッシュし新たな活力を与えてくれる。いつまでも皆で元気に会えるようお互いに健康には気をつけるように努力しよう。体力は年齢には勝てないけれど気力はまだまだという気概でいたい。

**村田精利**（むらた・きよとし）
国際基督教大学、早稲田大学大学院を経て、米国デュポン社の日本法人に入社。一九九七年、米国本社に転勤後そのまま米国在住。日本とアメリカを行き来しながらリタイア後の生活ができないかを模索中。

武蔵高等学校
武蔵中学校
成木先生画

# V クロニクル1967—1973

# アングラと肉体の日々
## ――一九六七年から一九七三年に何が起こったか

西谷雅英

### 第一章　一九六七年

#### 1　中学入学

一九六七年四月、僕たちは少しゆったり目の学生服に身を包み、練馬区江古田の校舎に身を置いていた。これから始まる中学生活への不安で、いささか緊張気味だった。僕たちはこれまでの小学校生活に比べると、比較にならないほど大きな舞台に飛び出そうとしていた。小学生時代の僕たちは、家族や地元の商店街に守られながら生きてきた。しかしそこから切り離されて、一人一人が独自の存在として、この校舎に招き入れられたのだ。その予感と確信が学生服の胸の下からひしひしと感じとれた。未知の、異質で、特別な世界。それは憧れであり、怖れでもあった。

僕の場合、自宅から武蔵までの通学時間は悠に一時間を超える。十二歳の少年にとって、それは毎日が「旅」だった。まだ子供だった僕たちは、やがてこの地で少しずつ世界を広げ、大人への道を一歩ずつ歩んでいくことになるのだが、それを知るのはまだだいぶ先のことだ。ここで過ごした六年間、僕たち全員がさまざまな経験を積み、その後の人生で繰り返し反芻し、そこに立ち戻ってくることだろう。その原点とも言うべき日々が、この時まさに始まろうとしていたのだ。

小学校との違いは、なんと言っても教師の違いだった。

一人の教員にほぼ全教科を受け持たれる小学校とは違って、科目ごとに教師が替わる。当たり前のことだが、これは新鮮な体験だった。そしてどの教師も、ひどく個性的だった。最初の授業で、電車の乗客の鼻の穴についての考察を披露してくれた地理の先生。生徒の出席をとる時、名前の由来に薀蓄を傾けた体育教師。ある生徒が五月一日のメーデーに生まれたことから命名されたことを、「そうかメイピンか」と麻雀用語風に呟いたことが、そのまま生徒のニックネームとなってしまった。鳥の巣のような髪型をした国語教師も型破りだった。一学期の中間試験で入学試験の問題を平然と出した〝いい加減さ〟にも驚かされたが、その先生が近代文学研究の泰斗であったことを知ったのは、三十数年経った後のことだ。当時の校長は道徳の時間枠で、数学をベースにした思考法を語り、あみだくじからモノの見方の原理を教示した。受験の算数に馴らされていた僕たちは、その発想に呆気にとられた。

どの先生をとってみても、〝普通〟とは違っていた。科目の数だけ教師の個性があった。僕ら生徒たちは、互いに顔を見合わせては面白がっていた。何故こんな人たちがこの学校で教師をやっているのだろう。僕らは教師を「尊敬」という目ではなく、個性的な人間との〝出会い〟というレベルで接していたように思う。それが入学したばかりの僕らへの贈り物だった。

教師たちには共通の雰囲気が漂っていた。それはいわゆる「名門」とか「受験校」といったレッテルを張られる学校にやって来たことへの一種の面映さや困惑である。この学校に赴任してきたことを受け入れがたいと思っているシニカルな態度がどことなく感じられた。デキる子たちに勉強を教えて、可能性を伸ばしてやりたいという純粋な教育者的欲求も絡み合っていた。それを今なら、僕はインテリ特有の「屈折したプライド」と捉えることができる。とくに左翼教師のメンタリティが学園の基底部にあったことは、この時代を知る上でのポイントとなる。生徒は味方でも、その親たちはブルジョワ的で敵だ、という感情。また学校法人という支配階級への生理的反発。そうしたものの総体が、まだ敵ではないが、順当に行けば、敵側の陣営に回るであろう生徒たちへの、屈折した感情を醸成していたのではないか。

僕らは、教師を「先生」や「さん」を省略して呼んだ。それを知ったある教師は、時間割に科目名でなく教師名で明記していることが原因ではないかと言った。だが僕らは、教師との距離の〝近さ〟がそう呼ばせたのではないかと考える。武蔵の教師は概して若かった。

武蔵の教育の三大理想の一つに、「自ら調べ自ら考える」という項目がある。当たり前のようだが、これは生徒の自発性を尊重することにつながる。好きなことを勝手にやっていいんだ、と僕らが解釈するのも自由だった。時には授業をサボることや廊下や教室を汚したい放題にすることも〝自由〟だと履き違える者もなくはなかったが、他人に迷惑さえかけなければ、何をやっても咎められない自由を満喫した。英作文に「自由と放縦は違う」という例文があったが、まさにこの言葉の意味を実地で学ばされる日々だった。

もう一つ重要なのは、どの先生もごく当たり前のように、「考える」ことを根底から促したことだ。受験とは詰め込まれた知識を要領良くこなすテクニックに還元される。中学入学まである程度勝ち抜いてきた子供たちに、そのテクニックを復習させる必要はない。ならば原理だけを提示して、なぜそれが導き出されたのかを考えさせる。授業は概ねこうした方向で進められていたように思われる。教師も生徒を小さな〝大人〟として見てくれたのだ。〝大人同士だから言えること〟という暗黙の了解が、教師—生徒間でとり結ばれていた。〝くだらんことは親や学校の上層部には言うなよ〟という目配せが教師から生徒に放たれていたのである。その意味で教師と生徒は共犯関係にあったと言っていい。

これはおそらく、大方の同級生の首肯することだと思うが、僕らが出会った授業の中でも飛び切りユニークだったのは、城谷稔教諭の社会だった。彼はバリバリの左翼の闘士らしく、授業中でもしきりに反体制の言辞を撒き散らしていた。不正を犯す生徒はよくぶっ飛ばされていた。けれども、先生の人気は抜群だった。(「熱血教師　城谷先生に聞く」参照)中学一年の時、彼は専門の歴史ではなく、大学で言えば一般教養に当たる科目を担当した。そこで彼が教材として取り上げたのが、吉野源三郎著『君たちはどう生きるか』という本だった。

科学好きのコペル君という少年の、一種のビルディングス・ロマン(人格形成風読み物)だが、ここには常識を覆して未知なものへの好奇心を引き出すこと、広く言えば科学的思考の端緒が開かれていた。コペル君とはコペルニクスの略称で、自己中心主義を疑い、ひっくり返す想像力を奨励する象徴的な名前だ。と同時に、いじめや差別を糾弾するヒューマニズムの主張も掲げられていた。世間の悪に直面してひるむ心をどうやったら克服できるか。重要なことを発言する勇気をこの本は唱導していた。この本に

十二、三歳の少年たちが出会ったことの意味は大きい。「精神形成」や「人格構築」において、この年代でしか感受できないものがあるはずだ。その一端をこの本は確実に教えてくれた。

震災後、この本について言及されているシーンを二度目にした。一つは、評論家の武田徹氏が論じた文章で、「日本人の書いた哲学書で最も独創的なもの」と絶賛した鶴見俊輔の言葉が紹介されている。そこでは「二十一世紀のコペル君たちは、無意識に暴力を働いてしまう自分」とどう闘うかで締め括られている。(「東京新聞」二〇一一年九月一五日)これは現在の「いじめ」を見て見ぬフリをする中学生の生き方にも通じてくる。

もう一つは、ニュースキャスター池上彰がテレビのブックレビューの番組で、この本を座右の書として紹介していたことだ。世の中が大きく揺れている時に、真に問われるのは、良質な「教養」である。あるいは他人への深慮と洞察する力だ。これはかつての旧制高校時代から連綿と受け継がれてきた学園のメンタリティであろう。

僕たちは武蔵に入学した一年目で、知性の窓を大きく開かれた。

## 2 アングラの勃興
### ——唐十郎=紅テントの出現と寺山修司=天井桟敷の出立

一九六七年八月、新宿花園神社に史上初めて紅テント劇場が立った。主宰は状況劇場の唐十郎。「アングラ演劇」のシンボル的存在だ。

わたしが彼の存在を知ったのは、翌年上映された『新宿泥棒日記』という映画を通じてである。大島渚監督、横尾忠則出演のこの映画は、ジャン・ジュネの原作小説『泥棒日記』とは直接関係がない。けれど、当時の新宿という路上で何が起こっていたのかを知るには、この上なく貴重なドキュメントだ。その中でひときわ印象に残っているのが、紅テント公演の光景だった。ふんどし一つでギターを弾いた唐十郎は、土方巽に言わせると、「日本で久しぶりにとれた男の児」となる。つるっとした卵型の顔に肩まで伸びる長い髪の毛、不敵な笑顔の底には、時代への挑発が漲っていた。

ここで演じられていた芝居『由比正雪』は、七〇年安保と島原の乱が重ねられ、不発の革命の悪夢を描いたもので、時代の薄暗がりで満たされない願望が鬱屈した表現となってぶつけられていた。一見華やかそうに見える日本社会も、一皮剥けば、政治も経済もままならず、内出血した日本の暗部が象徴的に抉りとられていたのだ。

テント芝居で異彩を放っていたのは、役者・麿赤児（現・赤兒）である。二〇一一年に、『怪男児・麿赤兒がゆく』（朝日新聞社刊）が出版されたが、容貌魁偉を自他ともに認めるユニークな俳優の登場は、紅テントの印象を決定づけた。「アングラ」という風俗的な俗称も、彼ら風雲児たちに冠せられた「勲章」でもあったのだ。良識を逆撫でする悪意と挑発は、エスタブリッシュメント（既成の権威）を恐れおののかすのに十分だった。

「アングラ」という言葉が新聞やマスコミを賑わしたのは、この年に流行したフォーク・クルセダースの『帰ってきたヨッパライ』がきっかけだと言われる。レコード盤の回転数をずらし、人を食った歌詞で「アングラ・フォーク」と呼ばれたこの歌は、おふざけ半分で世の中を笑い飛ばそうとした京都の学生たちのなせる業だった。これが大ヒットした。彼らは時代の息苦しさを束の間吹き飛ばそうとしただけで、プロとして続けるつもりはさらさらなかった。実際、予想外に人気が出たため、バンド活動を続けたが、次の曲『イムジン河』が発禁処分になると、あっさり解散し、各自の道に散っていった。才能溢れる彼ら三人のうち二人は、音楽活動を再開することになった。はしだのりひこ（シューベルツ）と加藤和彦（サディスティック・ミカバンド）である。そして北山修は作詞こそ続けたが、本業の医学の道に戻り、後に心理学を究めた。それぞれの道に進んでも抜群の才を発揮したのは言うまでもない。

ここで重要なのは、「素人」がたとえ稚拙であろうとも、自分たちの表現を発信していこうという冒険心ではなかったか。「アングラ」とは、プロでない無名の者たちが、徒手空拳で挑む冒険なのである。それが時として、ジャンルや時代の閉塞感に風穴を開ける。

この年に、唐のライバルであり、兄貴分でもあった寺山修司が「演劇実験室◎天井桟敷」を旗揚げしている。『家出のすすめ』（一九六三年）で一躍若者の教祖となった詩人にしてエッセイスト、映画も撮れば、競馬も論じるマルチアーティストの彼が、最後の表現媒体として、演劇に本格的に参入してきたのである。

『青森県のせむし男』で旗揚げした天井桟敷は、六〇年代の風俗の中でとりわけ異色だった。学生演劇出身の演劇青年たちが既成の新劇団に入らず、相次いで自分たちで劇団を結成していった頃、寺山はすでにカウンターカルチャー・シーンで有名人であり、若者から熱狂的な支持を集めていた。わたしも高校生時代に、「寺山修司詩集」を思潮社版で読んだが、そこに収載されていた彼の短歌がとくに好きだった。古典や名作とは違った、まさに同時代を生きる作家として、寺山修司はわたしの中でひときわ身近な存在だった。「青森」からやって来た「せむし男」とは寺山自身の比喩であろう。それが都会の秩序に毒をもたらす。地方が中央を急襲したのである。都会の若者たちは寺山の持つレトリックと地方性に幻惑された。

第二作『大山デブ子の犯罪』は「百キロ以上のおデブさん募集！」を新聞広告に載せるなど、スキャンダラスを組織しようという寺山の悪戯心の賜物だ。寺山は「素人でも三分間なら観客の視線を釘付けにすることができる」と言って、あえて異形者を舞台に上げたのだ。まさに「アングラ」精神の具現者である。彼が演劇界で革命的存在だったことをわたしが知るのは、まだだいぶ後のことである。

「アングラ」という言葉は、唐十郎と寺山修司の活動に冠せられたと言えるかもしれない。もともとこの言葉は映画評論家の佐藤重臣が、ニューヨークのアンダーグラウンド映画を縮めて「アングラ」映画と命名したのが始まりだと言われる。フォーク・クルセダースの破天荒さも相俟って、この時代の雰囲気を縁取る言葉として、歴史的名辞となった。

何にも捉われないアナーキーな空気は、中学生になったばかりのわたしたちに、やがて密やかな通底路を少しずつ開いていくのである。

## 第二章　一九六八年

### 1　メキシコ五輪とサッカー部

中学も二年目になると、僕たちは外部への関心よりも、学園生活の中に埋没していった。サッカー部に所属していた僕は、学園生活の大半はサッカーで占められていた。ここではサッカーを中心に記していこう。

この年はメキシコ五輪があり、日本サッカーチームは銅メダルという快挙に輝いた。当時の五輪サッカーがアマチュアのみが参加する大会だということを差し引いても、十分評価に値する。まだ社会主義国だった東欧の代表チームはほぼベストに近いメンバーを揃えており、準決勝で当たったハンガリーは、その後結成された世界選抜に二人選ばれるほど世界レベルにあるチームだった。日本代表はそのハンガリーに手も足も出ず、〇対五で完敗した。だが釜本邦茂は初戦のナイジェリア戦でハットトリックを決め、三位決定戦の地元メキシコ戦でも二得点をあげるなど通算七ゴールで得点王を獲得した。サッカー後進国であった日本から、世界に通用するプレーヤーが初めて出たのである。後に絶頂期の釜本は、ドイツの名門バイエルン・ミュンヘンからオファーがあったと聞くが、残念ながら彼は病魔に襲われ、世界に進出する機会を失った。「不世出」という言葉がこれほど似合うプレーヤーも彼以外にいなかった。

サッカー人気は学内でも盛り上っていた。月曜日の朝になると、決まってサッカー好きが集まって、前日の日本リーグのサッカーの話で持ちきりになる。それはサッカー部以外の者たちも巻き込んで波及していった。メキシコ五輪銅メダル獲得もあってか、世は空前のサッカーブームに沸き立った。

体育の授業ももっぱらサッカーだったし、休講になると、皆一斉にグラウンドに飛び出し、サッカーに明け暮れた。テニスボールを使った廊下サッカーも人気があり、中学生同士が押し合いへし合いして敵側にボールを蹴りこむ。何をもってゴールとしたかは記憶にないが、休み時間など時間と体力を持て余した少年たちは、サッカーで憂さを晴らしていた。サッカーは事実上「校技」に等しかった。

サッカー部には、実にユニークな人材が揃っていた。「番長」と呼ばれた男は、中学生離れした体つきで、とくに肩幅の広さが圧巻だった。小学生からサッカーをやってきた彼はキック力が人並み外れていて、中学入りたての頃は、子供の中に一人大人が混じっている感があった。身長が急速に伸びるこの年代では、周りの者たちも次第に彼に追いついていったが、サッカーでは最後まで彼が「番長」だった。

サッカーをやり始めた部員たちは、またたく間にたくましさを増していった。とくに競うように足が太くなっていったのがこの競技らしい。なかでもセンターバックのFは脚が組めないほど筋肉が付いていたが、彼の得意技は何故かダイビングヘッドだった。足の太さでは誰にも負けなかったのはキャプテンOだ。彼のプレースタイルはあくまでイングランド的で胸を張った突進力は他を圧していた。テクニック抜群のセンターフォワードのKは監督から、よく「怖がるな!」と怒鳴られていた。気の弱さが仇になったのか、ゴール前でよくシュートを外した。だが、その心優しさが皆に愛され、女子がいたらきっと人気者になっていただろう。

中学二年の時、部員はなんと十七人もいた。学年全体の一割以上、最大部員数を誇った。だが熾烈なレギュラー争いをした覚えはなく、雰囲気はいたって和やかだった。サッカー部はOBも上級生も優しかったから、〝しごき〟はなかったが、〝こんなことして何になるの?〟と、中学生ながら疑問に思ったこともある。例えば、練習中に何故かけ声を出さなければならないのか、これが理解できなかった。今では理不尽と思われることもいくつかあった。まず一つは、練習中に水を飲むな、という指令。今だったら水分補給をコマメにやり、体内の健康状態を維持することが前提となる。もう一つは、合宿などで課せられた「膝折れ三」という強筋トレーニング。これも今では、膝を壊すから絶対にやらない訓練法だ。時代はまだ科学的トレーニングには程遠く、野蛮なことが当然のように罷り通っていた。精神至上主義が支配的だったのかもしれない。こんなことに疑問を持つのだから、僕はよほど運動部体質が身に付かなかったのだろう

今になって分かったことがある。学問には「ディシプリン」disciplineという言葉がある。訓練や訓育といった意味で、初学者には理屈以前に叩き込まなくてはならない基礎学力がある。サッカーも同様だ。筋力トレーニング、グラウンドを走ること、基本技術の反復練習。これらを身につけた上で戦術がある。体幹という基盤が出来上がって、ようやくイマジネーションの出番となるのだ。そのことに早く気づいていたら、僕のサッカー人生ももう少しなんとかなったかもしれない。でも今でもサッカーは大好きだ。

夏には水泳でしごかれた。水泳で思い出すのは、夏休みの千葉県鵜原での海浜学校という学年あげての水泳訓練だ。中学一年では軽井沢の青山寮で山の生活をしたが、中学二年の夏は目的がはっきりしていた。

夜の消灯後の深夜時間は、力を持て余した百何十人もの若者が集まっているのだから、何が起こっても不思議ではなかった。暑苦しさと欲求不満が増幅して、穏やかならぬ時間が流れた。実際殴り合いの喧嘩も目にした。持て余した力をどうセーブしていけばいいのか。そんなことを考える前に行動してしまうのが、十三、四歳の若い肉体だろう。

もう一つ思い出すのは、日常生活の〝乱れ〟だ。

放課後の教室は荒れていた。エロ本が氾濫し、性に目覚めた少年たちは我れ先に雑誌を読み耽った。エロ本といっても、当時の「プレイボーイ」や「平凡パンチ」など可愛らしいものだが、性への好奇心は否応なく高まった。

男子校というのは、女子がいない分、性的エネルギーの

放散の仕方が独特だ。性的知識の豊富な者は、なんとなく一目置かれる存在になるし、疑似恋愛に近いものもあっただろう。イギリスのパブリックスクールのように全寮制だったら、それがもっと目についたろうが、僕の目にはあまり顕在化しなかった。同性に向ける好奇心は、どちらかというと「いじめ」のような形で発散された。ただこれも今の時代の「いじめ」とは違い、他愛のないものだった。

この年代は体が急速に成長する。一晩眠れば、その分だけ身長が伸びる。ただ大きくなりつつある体を訓育することは覚束ない。どこに暴走してしまうか見定めがたい、そんな年頃だった。それ故、中学生のこの年代を一言で集約すれば、「肉体の時代」だと言えよう。理性で制御できない肉体の欲動。これを持て余した僕たちは、どこへ向かおうとしていたのか。

## 2 肉体の時代——学生運動の頂点と芸術の革命

一九六八年に関する言説は枚挙のいとまがない。近過去における最大の高揚がこの年にあったことは、歴史の教えるところである。日大や東大を初めとする学生運動が最高潮に達した一年だった。大学ではキャンパスにバリケードが築かれ、ストライキが当たり前だった。全国の紛争校ははかり知れないほどの数に及んだ。

大学闘争はいったい何が問題だったのか。これは今でも諸説のあることだが、一つ言えることは、政治や経済といったものより、文化や生活スタイルの変更にこの時代のラディカルな精神があった、ということだ。来たるべく七〇年安保に向けて、左翼政党は決戦意識を煽ったが、どうも問題の核心は別のところにあったように思う。保守—革新の二大政党が伯仲した六〇年安保に比べて、七〇年安保は文化や芸術などの想像力や内面が問題だったのだ。その意味で、芸術のあり方が焦眉の的だったといって間違いない。

芸術界にあって最大の事件は、日本青年館ホールで上演された暗黒舞踏の土方巽による『肉体の叛乱』だろう。正式のタイトルは「土方巽と日本人」。だが、副題の方が有名になった。「舞踏とは命がけで突っ立った死体である」とは土方の舞踏に与えた名文句だが、東北・秋田から出てきた貧しい肉体を武器にする「暗黒」性は、この時代の文化状況を背後から射抜いた。

土方巽の「舞踏」の出発は一九五九年、三島由紀夫原作の小説『禁色』だった。これを土方は作者に無許可で上演した。彼にとって三島は憧れの的であり、なんとか観てもらいたい一心だった。果たせるかな、三島は土方の舞台を観に出かけた。これが文学の王と舞踏の魔王との出会いだった。以後、土方は澁澤龍彦、種村季弘、松山俊太郎、赤瀬川原平、細江英公ら文化人と知己を得、三島には格別の寵愛を受けることになる。まさに六〇年代の暗黒文化、異端芸術の華が一斉に開花したのである。その頂点が、この年の『肉体の叛乱』なのである。

二〇〇一年七月号の「現代詩手帳」で「私にとって、68年とは?」という特集があった時、わたしはアンケートにこう記した。

[現代詩手帳・アンケート]

質問① いま現在、一九六八年という時代を、どのようなイメージでとらえていますか。

質問② 言葉、とりわけ詩的言語にとって、一九六八年とはどのよなものであったとお考えでしょうか。また逆に、一九六八年という時代にとって、詩的な言葉はどのようなものであったとお考えでしょうか。

「肉体と叛乱の季節~演劇の一九六八年」

①一九六八年、わたしは中学二年だった。当時サッカー少年だったわたしには、メキシコ五輪での日本サッカーの銅メダル受賞しか記憶はない。後に、演劇にかかわるようになってから、この年が実に大きな意味を持つ年だということを学習したが、たとえば唐十郎の『特権的肉体論』が刊行され、土方巽が『肉体の叛乱』を踊り、アメリカではリヴィング・シアターの『パラダイス・ナウ』の初演された年でもあったのだ。ということは、言葉よりもそれを大胆に破壊していく「肉体」が氾濫した一年でもあったことになる。いうまでもなく、言語(詩)とは肉体を母体として生まれてくる。その母体が根源的に疑われたのが一九六八年であり、となれば唐十郎や土方巽の「病める肉体」と釜本邦茂の「健全な肉体」が日本を席捲したことがここから伺えるのである。

②言語と肉体という二元論が壊れ、以後、身体=言語へのパラダイム・チェンジが開始されようとしたのが一九六八年である。

この年に唐十郎は『特権的肉体論』を上梓し、「肉体」が一九六八年のキーワードだった。これに引っ掛けて書いたものだが、「肉体」とはそれほど明瞭なものではない。唐は「肉体は痛みである」とその著書で切り出している。詩人中原中也のような病者のそれが「肉体論」の基底にあったのだ。とすれば、時代の趨勢は「病」ということになる。決して華やかで華麗な肉体が舞台を舞っていたわけではない。むしろ暗く、じめじめとして、取り澄ました表面をひっくり返す暴力性が内在していたと考えるべきであろう。中学生の、どこに暴走するか知れない肉体もまた同根だ。唐の「病める肉体」論と釜本の「健全な肉体」が両極にあったということは、この当時の肉体論の幅を意味するだろう。

スポーツの肉体は、人間の可能性をどこまでも肯定する。釜本の鍛え抜かれた太腿の筋肉は、惚れ惚れするほど美しい。スポーツ選手とは人間の限界を突破する最前衛の狩人だ。写真やポスターで誇示されるのは、肉体のプロパガンダである。だがその一方で、釜本が病魔で沈んだように、表層の美はもろくてはかなさも同居させる。これを表現するのが、当時のアングラだった。

世界的に見ても、「肉体」はキーワードだった。パリの五月革命が起こった時、バリケードの空間は一種の「劇場」に見立てられたし、そこで巻き起こったのは、エスタブリッシュメントに異議申し立てする肉体の叛乱だった。肉体演劇の教祖アントナン・アルトーの復権が唱えられたのもこの年だった。言葉への不信、言語に抑圧された肉体の回復。知性や理性に対する感情や情熱の反抗。こうした二元論からまだ自由ではなかったが、近代思想が概ね「言語」でつくられてきたとしたら、反近代、脱近代は明らかに「肉体の思想」から始まったのだ。

一九六八年の思想とは、知性が肉体を持とうとして起こした叛乱だったのではないか。

まだ成長途上だった中学生にもその思想の枠組みは無縁ではなかったに違いない。

# 第三章　一九六九年

## 1　畏怖する同級生たち——道化と虚無

中学の最終学年は、どちらかというと、のんびりとした学園生活を送っていたように思う。受験がないというのは、精神的な重圧という面で他の公立中学生と大きく違っていた。その分、自由な精神の彷徨が許される学年だった。だがこの年は多くの者にとって、その後の人生に大きな方向を見出す一年だったのではないか。個々にとって内省を始めるのがこの歳あたりからである。僕にとってもこの一年は明らかに切り替えの年だった。

例えば、運動部などの部活にエネルギーをぶつける者、文・理系のサークルや音楽・美術など芸術系サークルで自分の好きなことに打ち込む者。彼らは「部活」という名目で存分に学園生活を送っていたはずだ。だがその路線から外れてしまった者、部活からエスケープして、一人道を探ろうとした者も少なからずいた。とくに文学や芸術に目覚めてしまった者は、どこか居場所のない生き方を余儀なくされたように思う。かく言う僕は、そうした一人だった。

この時期を振り返ると、きまってその頃出会った小説や映画のことが思い出される。小説でいうと、この頃もっとも熱心に読んだのはドイツ文学、とりわけヘルマン・ヘッセだ。ヘッセの『車輪の下』は小学六年のときに一度読んだことがあったが、いちばん心にぴたりと来たのは中学生も終盤になってからだった。〝ここにはそうなったかもしれない自分のことが書かれている〟――そう実感できたのがこの年頃だ。自意識を持ち始めた少年が抱きがちな孤独感、誰にも理解されない自己を抱え込む焦燥感。

僕は新潮社から出ていた分厚い世界文学全集を夏休みに読み耽った。ドイツ文学はどこか憂愁が漂う。病弱な少年が学校での競争に疲れ、家では親の期待を重荷に感じ、一人孤独をかこち、自殺を考える。同じく定番だったゲーテの『若きウェルテルの悩み』は恋愛に破れた青年が、やがて自殺を敢行する。十代のあやうい時期、それを繊細になぞる文学に惑溺した少年は、内面の王国に立て籠もるのだ。

太宰治の『人間失格』もまたこの年代の少年に大きな影を落とした。この小説には、主人公が「お道化」てクラスの子供たちを笑わせるシーンがある。だがこのクラスでもっとも劣っていると思われていた少年から、「わざ」とやったと見抜かれて狼狽する。自意識を抱えた少年は、よく見える目をもった「他者」を畏怖する。本当に怖い人間とはこうした目を持った者のことだ。僕の周囲にもそうした「他者」の視線を持った同級生が何人も存在した。

この頃の僕は、小説を読むとともに熱心に映画に傾倒していった。その目覚めには忘れられない出会いがあった。中学三年になる直前の二月。テレビの日曜洋画劇場でたまたま観た映画に僕は心を揺さぶられた。イタリアのプロレタリアの生活を描いた作品で、家庭の不和やお定まりの馘首（かくしゅ）、社会の矛盾に押しつぶされる労働者の日常を描いたドラマだ。その映画はピエトロ・ジェルミ監督の『鉄道員』。カルロ・ルスティケリ作曲のギター曲も素晴らしかったが、白黒映像の情緒が僕の心を捉えて離さなかった。

僕はこの映画を実際に映画館で観たいと思い、懸命になって上映劇場を探した。今と比べて、情報を入手するのが困難を極めた時代である。とにかく毎日、新聞の映画欄に目を通した。その執念が実ったのか、ちょうど「欧州名画特集」というシリーズを上映していた新宿日活名画座で、『鉄道員』の上映日を見つけた。二本立てで二日替わり。僕は中学三年になったばかりの四月に、勇んで映画館に出かけた。

この「欧州名画特集」で僕は宝物のような名画を次々と観た。フェデリコ・フェリーニの『道』『8½』、ジャン＝リュック・ゴダールの『気狂いピエロ』や『男性・女性』、フランソワ・トリュフォーの『大人は判ってくれない』『突然炎のごとく』……。あっという間に僕はイタリア映画やフランス映画の虜になった。

ソビエト映画の『カラマーゾフの兄弟』（イアン・プイリエワ監督）はなかでも大きな体験だった。僕はこの映画を有楽町の映画館で、封切ロードショーで観た。三人の個性的な兄弟と強欲な父親の葛藤を描いたドストエフスキー原作の小説は、人間の生き方を深く考えさせられた。真っ正直で不器用なまでに剛直に生きる長男ドミートリィ。それとは対照的に、ニヒルな無神論者の次兄イワン。天真爛漫で誰からも愛される三男アリョーシャ。三者三様の兄弟にもう一人腹違いの兄弟スメルジャコフがいた。一癖も二癖もある彼の暗躍によって、ドミートリィは父殺しの汚名を着せられ、シベリアに送られてしまう。この頃の僕はドミートリィの生き態がとくに魅力的で、ロシアの大地で展開される壮大な人間ドラマに圧倒された。文学や映画のなかでも、骨太な世界を好むようになったのは、この映画の影響が大きい。

シェイクスピアに出会ったのもこの年だ。これも入り口は映画だった。ローレンス・オリビエ主演・監督の『ハムレット』は映画史に残る名作だが、僕は渋谷の映画館で観たその足で、直ぐ本屋に飛び込み、新潮文庫の本多顕彰訳を買った。土曜の夜から読み始めて、読み終えたら外は白んでいた。詩的な台詞、起伏に富んだストーリー展開、人格彫琢の豊かさ、僕は映画と戯曲の双方からシェイクスピアに挑むようになった。高校一年の時、『ジュリアス・シーザー』と『アントニーとクレオパトラ』で古代史をテーマとした世界史のレポートを書いた。「ブルータスよ、お前もか」で知られる『ジュリアス・シーザー』とエジプトの絶世の美女クレオパトラ。両者をつなぐヒーローはマーク・アントニーだ。彼とエジプトの女王クレオパトラとの恋愛は国家の存亡と命運を左右する。真崎駒男先生は、「史実とフィクションは違うのでちょっと無理があるのでは」と赤ペンでコメントが記されていたが、歴史とはそもそも現在から読み直した過去の解釈だとすれば、フィクションの中にも歴史を新たに読み直す契機がある、そんなレポートだったように思う。ともあれ、シェイクスピアを素材にして、僕が初めて演劇について書いた文章だ。

小説と映画の関係で記憶に残っているのは、アルベール・カミュの『異邦人』だ。「今日ママンが死んだ」で始まる不条理文学の傑作は、中三の僕には衝撃的だった。(この小説は若者たちの間で流行っていて、つかこうへいの『熱海殺人事件』にもこの一節は引用されていたことを後で知った。)僕がこの作品——映画ではマルチェロ・マストロヤンニがムルソーを演じ、ルキノ・ヴィスコンティが監督した——から覚えた言葉は「虚無」である。母親の死んだ日に恋人とSEXし、チャップリンの喜劇映画を観る。この辻褄の合わない行動はさらにエスカレートして、アルジェリア人を理由もなくピストルで殺してしまう。法廷で理由を問われてムルソーが口にしたのは、「太陽がまぶしかった」という一言。行動のつながりには必然性や意味があるわけではなく、すべては偶然の連鎖にすぎない。神という絶対を失った人間は深淵なる無に向かって下降する。

そこで思い出すのは、現代国語の授業で、ある生徒がこの「虚無」という言葉を使って、教師に食い下がっているシーンだ。それは僕には驚異だった。おそらく彼はこの小説を読んでいたのだろう。しかもそれを自分の言葉として消化している同級生がいたという驚き。『人間失格』でもそうだったが、思わぬところに「畏怖する人間」がいるというのが、中学も終わる頃の発見だった。

多くの映画少年・青年がそうであるように、映画を観るだけにとどまらず、僕は映画評論を書き始めた。漠然と将来は、映画批評か映画研究に進みたいと思った。そして映画で「食って生きたい」、そう考え始めていた。映画については、後でもっと詳しく書くことになるだろう。

## 2 新宿路上戦争と小劇場運動

一九六九年は高校に学園紛争の嵐が吹き荒れた象徴的な一年だった。(「紛争」か「闘争」かという記述ではずいぶん迷ったが、最近ではほぼ「紛争」(という評価)に統一されているので、それにならった。)

一九五二年生まれの村上龍はこの年の高校生活を長編小説『69 Sixty Nine』で書き(一九八四〜八五年)、同作は李相日監督、宮藤官九郎脚本、妻夫木聡主演で映画化された(二〇〇四年)。著者の佐世保北高校時代は、ロックバンドとバリケード体験で明け暮れた、ある意味で典型的な高校紛争世代の証言でもある。ただ映画自体は現在の視点から高校時代を見て、〝若い時代にヤンチャをしていた〟とも読め、いささか回顧調に流されている。だが、実際はどうだったのだろう。

村上は小説のあとがきで、「高校時代にわたしを傷つけた教師のことを今でも忘れていない。……彼らは本当に大切なものを私から奪おうとした。……彼らは人間を家畜へと変える仕事を飽きずに続ける『退屈』の象徴だった。」と記している。(同書、集英社、一九八七年、二二九〜三〇頁)

一九六八年を頂点とした大学闘争、あるいは大学紛争は、高校にまで火種を降ろしてきた。中国では文化大革命が起こり、世界中にスチューデントパワーが炸裂した。東大安田講堂に立て籠もった全共闘系学生がついに入試を中止に追いやったのが一九六九年一月。戦後の学生運動のピークを画すとともに、大学闘争とは何だったのかが問われた一年でもあった。

新宿がこの時代のホットスポットであったことは言うまでもない。

新宿の文化と芸術の聖地は紀伊国屋書店とアートシアター新宿文化、両者をつなぐ喫茶店が風月堂だった。一九六四年開場した紀伊国屋ホールは、以後、「演劇の殿堂」と呼ばれた。一方、アートシアター新宿文化は、ATG映画の配給劇場として、有楽町の日劇文化と並ぶ拠点だった。この劇場の地下には「アンダーグラウンド蠍座」も出来た。

蜷川幸雄の演出家デビューはこの年、アートシアター新宿文化である。蜷川の実家は埼玉県川口市で洋服屋を営んでいた。決してインテリ家庭に育ったわけではない蜷川は、下町の商人の優秀な子弟が通う開成中学に入学し、高校を一年留年して卒業、東京芸大を目指したが、あえなく不合格となり、青俳の俳優養成所に入所した。画家になるつもりが、一転して俳優志望者となったのだ。

青俳は岡田英次、木村功など映画界のスターが所属する劇団だったが、当時の演劇界では決してメインストリームにあったわけではない。当時早大助教授だったイギリス演劇の倉橋健の紹介で、蜷川は劇作家・清水邦夫と知り合う。彼は次第に清水の繊細な劇世界に惹かれていく。蜷川は一年年長の清水と意気投合し、青俳を辞め、一緒に現代人劇場を創設した。そして旗揚げ公演に選んだ劇場が、このアートシアター新宿文化だったのだ。

当時、この映画館の最終上映が終わるのは八時半過ぎ。終映を待って劇団員たちは急いで舞台をこしらえ、九時開演に漕ぎ着ける。映画館はスクリーンがあるから、演技エリアは限られる。装置もなく、裸舞台同然で上演するしかない。だが貧しさは人間を発明家にする。

現代人劇場の旗揚げ公演『真情あふるる軽薄さ』（清水邦夫作、蜷川幸雄演出）は、こうしてつい先刻まで映画が上映されていた同じ会場で夜九時開場するという異例の上演形態で始まった。まだ映画上映中にもかかわらず、劇場前には当日券を求める観客が並び始め、劇場周辺には十重二十重の列ができたという。開場して中に入った観客は、劇場内にも舞台に向かって別の列があるのを発見して、ギョッとした。しかも前方にはジュラルミンの楯を持った機動隊員が待ち構えているではないか！　まさに劇場の外部が内部と接続している。事実とフィクションの見事な結合だ。この小劇場で、石橋蓮司や蟹江敬三といった俳優たちが所狭しと暴れまわった。

この劇の仕掛けは「列」である。この列に割り込もうとする若者カップルがいる。だが秩序を乱す若者に大人たちは不快感を募らせる。これはこの時代の世代間の断絶を扱ったドラマだ。権力に反抗する若者と、それを無視し、度が過ぎると暴力によって制圧していく親世代。世代間ギャップは、学生反乱とも通底し、芸術作品の喫緊のテーマでもあった。

新宿は「路上戦争」の真っ只中だった。その前年頃から、西口の地下広場では毎週末になるとフォークコンサートが開かれていた。だがこれを一種の「集会」と見なした警察は解散を命じた。（内田圭哉監督の『地下広場』というドキュメンタリー映画が校内の視聴覚教室で上映された。）

その不穏な空気が爆発したのが、六八年一〇月二一日の国際反戦デーだ。この時、騒乱罪が初めて適用された。新宿は若者の反乱のメッカとなった。

アートシアターの劇場にはデモ帰りのフリーの観客が何気なく飛び込んできたと、清水は述懐する。路上の空気は否が応にも劇場に流れ込んできた。観客は舞台上のフィクションを観ると同時に、劇場の向こう側にある路上の光景をも幻視する。政治的な雰囲気が劇場や舞台を包み込んだ。

（蜷川幸雄らの劇団員には、実際、政治活動に関わった者たちも多かった。だから秋公演でも、国際反戦デーの10・21だけは休演日にする申し合わせがあった。）

清水邦夫と蜷川幸雄は、時代の最先端の問題意識を舞台に次々と持ち込んだ。成田空港開港をめぐって三里塚闘争が激化した時、バリケードを築いて立て籠もる老婆を主人公とした『鴉よ、俺たちは弾丸をこめる』（一九七〇年）。連合赤軍の集団の崩壊を自分たち表現者の問題として問おうとした『ぼくらが非情の大河をくだる時』（一九七二年）は叙情的で鮮烈を極めた。彼らの活動は事実上、一九七三年で終結するが、それは新宿という路上が活力を持った最後の光芒だった。

もう一つ新宿で記しておきたいのは、この年の正月早々に強行された状況劇場による「新宿西口事件」である。

その前年に紅テントは花園神社から体よく追い払われた。風俗紊乱を「浄化」するのが名目だ。新宿はデモや騒乱など若者の過激な行動のメッカとなり、他方でヒッピーやサイケデリックといったアナーキーさが渦巻いていた。その象徴が紅テントだった。唐十郎はこの時、「さらば新宿」というビラを配り、抵抗を企てた。だが公演場所を失った状況劇場は簡単に引き下がれない。そこで目を付けたのが、まだ都庁が移転していない頃の西口公園。だが都は公演許可を下さない。そこで唐たちは無許可で上演を敢行する。公演予定日の当日、公園の入り口には数百人の機動隊が待ち構えていた。だが陽動作戦でまんまと出し抜いた彼らは、闇にまぎれてテントを瞬く間に立ち上げた。熱狂的な観客の支持を得て、機動隊の妨害のさ中、公演を最後まで貫いた。「これは怪人二十面相の手口ですよ」と唐は知り合いのジャーナリストに語ったという。

唐らは終演後、即逮捕され、数日間拘禁された。紅テントは没収されたが、この奪回に動いてくれたのが漫画家の赤塚不二夫である。演劇がきわめて〝政治的〟に映し出された時代で、公演は一種の〝事件〟となった。彼らの表現を取り締まったのは、美濃部知事時代の革新都政だったのも皮肉である。

演劇とはあくまでフィクションであり、遊びにすぎない。が、だからこそ事の本質を露呈させうるのである。六〇年代末、一九六九年とは虚と実の入り混じった、新たな政治性の時代だった。

# 第四章　一九七〇年

## 1　映画館を通して都市と出会う

高校生になった。だが、高校入学という感慨はとくにない。僕らは中学からの延長で、一つ学年が上がったにすぎない。ただ、これまでと違ったことが一つだけあった。中学から進級してきた百四十人余の生徒に加えて、四十人近い高校からの編入生を迎えたことである。

武蔵は中高一貫教育を建前としてきた。これは七年制の時代からの伝統である。だが、七年前から高校入学者を受け入れることになった。当初は中学進級組より学力で劣っていたようだが、その後、これは逆転した。

高校編入生は、当然のごとく猛烈な受験勉強をして、最難関の一つである武蔵高校に入学してきた。そして、この時点で中学からの進級組より勉強が相対的に「出来た」。地方からも何人かが上京して入学してきたが、モチベーションの高い彼らに比べて、進級組の暢気さは際立った。中学受験であれだけ勉強したはずなのに、三年間ですっかりその癖は抜けてしまった。当然といえば当然である。

ただし中学からの進級組には独特のメンタリティがそなわっていた。「受験勉強」をやらなくていい代わりに、好きなことが存分に出来て、すでに自分の世界を持とうとしていたことである。進級組は、受験を潜り抜けてきたばかりの編入生たちを少し遠い目で見ていたように思う。両者の間には、微妙な距離が存在した。正直言えば、その距離はいまだ消えていない部分もある。なぜそうなのか。

中学時代を奔放に過ごしてきた進級組にとって、同じ年月を過酷な「受験生活」で埋めざるをえなかった編入生の生真面目さやリアリズムを、いささか疎ましく思っていたのだろう。自由すぎた進級組は受験戦争体験者を差別した。そこにはある種の特権的エリート意識があった。編入生はその不合理な視線を一方的に感じたことだろう。

元来、編入制度は、学校法人が東大合格者を増やしたいがための戦略だったと思われる。その後、高校からの編入生をとらなくなったのは、生徒間に漂う微妙な違和感が教育的によろしくないと学校法人側が判断したからではないか。少子化によって、以前ほど学力の高い生徒が集まりにくくなってきたこともあろう。その判断は間違っていないと思うが、その代償に、二〇〇〇年代になって、武蔵は東大合格の「御三家」から滑り落ちた。学校側は受験に特化する世の風潮にますます背を向けていった。

これを苦々しく思う卒業生もいるだろうし、これで文字通り「リベラル」な学校になったと喝采する者もいよう。受験戦争から超然としていたいというポーズは、たしかに武蔵の「校風」である。だから受験で商売しようとする週刊誌にあえて情報を洩らさなかったし、世間にはびこる価値観とその序列を無視しようとした。この風潮は、学園にそなわった美徳ではあるが、現実主義的ではなかったかもしれない。

それを裏付けるように、武蔵には休講の多さと補習や受験指導に〝不熱心〟という校風があった。僕たちはこのことを尊重したし、誇りに思った。休講のさいにグラウンドに飛び出してサッカーに興じたことは、僕たちの楽しい思い出だ。今のモンスター・ペアレントの時代にこんな〝自由さ〟は許されるだろうか。それが通用したことこそ、この時代の特性だったし、僕たちはこの学校に来たことの矜持（きょうじ）だとさえ思っている。アナーキーなこうした校風を共有することに、編入生はなかなか馴染めなかったのではないか。中学三年間の積み上げとは、こうしたメンタリティの確立にあったのだ。

だが編入生も時間が経つにつれて、進級組と混ざり合っていった。付き合ってみれば、彼らは違う空気、異なった水を飲んできた分、僕らにはない新鮮な土俵を提供してくれた。東京育ちで、世間の狭い僕らより、はるかに広い土壌から彼らはやって来た。とくに静岡や和歌山、群馬などからの新友は、別の文化的背景をもって僕らの前に現われた。ただしそのことの貴重さを知るのは、むしろ大学に入ってからである。

大学では当然のことながら、全国から学生が集まってくる。その地方性、多彩さに触れると、武蔵の時代はいかに狭いところで生きてきたかを知った。

高校を卒業し、予備校、大学と、いちばんよく行動を共にしていたのは編入生のK・Kだった。文学青年の彼とは話が合ったし、大学を卒業した後も一緒に仕事をした。就職もせずフリーライターをやっていた僕に仕事をくれたのも、当時サラリーマン向けの雑誌編集をやっていたKだった。彼がクライアントで僕が請負人。たった一年だったけど、自分の専門とは違った世界に触れ、ずいぶん面白い取材もした。高校入学時には思いも寄らぬことで、僕の中では進級組も編入組もなかった。

僕らが高校に進級した一九七〇年は安保闘争が激化した年でもある。当然のことながら、安保条約が批准される六・二三前後は「政治の季節」が学園を吹き荒れた。ヘルメットをかぶり始めた同級生も少なからずいたし、その色も多種多様だった。朝学校に着くと、ビラを配る生徒と先生がもみ合うシーンもしばしばあった。なかでもいちばん勢力を誇っていたのは「反戦高協」という中核の高校生組織。一つ上の学年には「反戦高連」という革マル系が生徒会（代表委員会）を牛耳っていたが、主導権争いは一年上の方が熾烈だった。この当時は学年が一年違うだけで政治意識がまるで違ってくる。僕らの一つ下の学年になると、政治色はさらに稀薄になった。右翼まで出現する始末だ。

ともあれ、ベ平連など遊び感覚で政治活動を行なう者、民青という日本共産党の下部組織も勢力を持っていたが、百家争鳴といった体だった。

活動家たちは皆一様に狂信的だった。何かを強烈に信奉し、そのためなら多くのものを捨てる覚悟があるように見えた。授業に出ず、ビラを切る同級生。彼らはこれからのエリート街道の進路を断念する。ついこの前まで超真面目な野球少年が髪を伸ばし、マイクを片手に迫力ある演説を始めた時には心底びっくりした。顔つきもまるで違っていた。高校に入学したばかりの編入生の中にもいきなりビラを配り始める者もいた。彼ら活動家の主張内容より、その変身振りに僕はどう反応していいか分からなかった。僕はちょっと離れたところで、学園内の動きを眺めていた。この年には二つ上の学年が学内にバリケードを築くという噂もあった。学校側とも団交で鋭く対立していたが、決行寸前に霧消した。

そして僕なりに本を読んだ。マルクスの『共産党宣言』の書き出しはカッコよかったし、レーニンの『国家と革命』は、国家はやがて役割を終えて消滅する運命にあるという一説が気に入った。いずれも後年になって、演劇論を書くさいに利用させてもらった。「ヨーロッパを徘徊する亡霊」を僕はドイツのある劇作家になぞらえたし、国家の死滅は「劇作家という権力の死」と重ね合わせた。その他、エンゲルスの『空想より科学へ』、スターリンの『文学論・芸術論』などにも目を通したが、さほど役に立たなかった。ただし、三一書房から出ていた『全学連』（中島誠著）という新書が学生運動の見取り図として役に立った。

六・二三は全学的に休講となり、安保についての討論会になった。クラスの中で、活動家たちはやや浮いていたものの、初めて経験する政治的事件に興奮しなかったわけではない。七〇年安保は左翼陣営の側で「旧」と「新」のつばぜり合いに終始して、向こう側にある権力には届かないもどかしさが強かった。本当の敵は味方の中にあるのか？

それではあまりに文学的・哲学的すぎるだろう。僕は哲学的な論争は嫌いではなかったが、政治とはもっとリアリスティックなはずだ。高校生は高校生なりに一所懸命頑張っていたのだろうが、彼らの語るコトバが他人（敵対する党派）を論破することに力点があって、議論や何かを共有しようという姿勢がないことに同調できないものを感じた。安保も政治にも興味があったが、セクトに入って活動するのは、ちょっと筋が違うと考えていた。自分の戦場はもっと別のところにある、というのが、この頃の僕の心境だ。

そこで、僕個人のレベルで言えば、この年から、映画を本格的に観始めた。「政治か芸術か」という二者択一でいえば、僕は後者を選んだことになる。

なぜ映画だったのか。今から思うと、理由は二つに集約できるように思う。まず、映画は早く大人になろうとする少年・青年にもっとも身近なジャンルだということ、いわば世界の窓口が映画、とりわけ外国映画なのだ。イタリア映画やフランス映画に続いて、僕が魅せられたのは、イギリスのドキュメンタリータッチのフリーシネマだった。とりわけトニー・リチャードソン監督の『長距離ランナーの孤独』がいちばん好きだった。感化院に入れられた少年は抜群の走力を誇った。ある日、地域の感化院同士のマラソン大会があり、彼は当然代表選手に選ばれた。だが周囲の大人の期待に応えるフリをして、ゴール直前でわざと足を止め、優勝を他人に譲るのだ。必死に喚き叫ぶ大人を尻目に、ふてぶてしく見返す少年の目が忘れられない。その後、アラン・シリトーの原作小説も読んだ。階級性の強いイギリスでは、絶対上昇できない労働者階級の鬱屈は想像以上に大きい。カレル・ライス監督の『土曜日の夜と日曜日の朝』も同様で、伊仏とはかなり違ったテイストがイギリスにはあった。シェイクスピアの古典とは違った現代イギリスの複雑な様相に直面した。

もう一つの理由は、映画そのものと同時に、「映画館」に興味があったことだ。正確に言えば、「映画館のある街」が僕は好きだった。お金がそう自由にならない僕ら高校生にとって、映画を観るとは名画座に行くことだ。この頃よく通った名画座は両手できかないだろう。池袋の文芸座と文芸地下、銀座並木座、渋谷東急名画座、新宿日活名画座、シネマ新宿、テアトル新宿……都心の繁華街にあるこれらの名画座にはとくによく通ったが、もう少しマイナーな駅にも渋い名画座があった。高田馬場パール座、飯田橋佳作座、後楽園シネマ、五反田名画座、等々、僕はこれらの映画館に通うため、山手線を乗り継ぎ、私鉄や地下鉄に乗り換え、さまざまな道草を食った。後年、芝居に関わるようになってから、もっとマイナーな駅で劇場を探すことが多くなったが、その原体験は高校一、二年がベースになっている。

　映画館を通して、僕は街の中に潜入していく、そんな感覚も磨いていった。それはスクリーン上に投影される二次元の体験をはるかに超えて、まさに身体ごとぶつかっていく異次元体験に他ならなかった。封切り大作のかかるロードショー専門館は別として、僕の観たいマイナーな名画座は街の喧騒から少し離れたところにひっそりと佇んでいた。

　どんな街に行っても、僕の目指す映画館や劇場は、そこだけ少し窪んでいた。その影の部分にこそ、僕の居場所があった。街中をふらふら歩く遊蕩者、ベンヤミン風にいえば、「フラヌール（遊歩者）」になろうが、僕の生活スタイルは、この頃にほぼ固まったように思う。

## 2　反安保闘争と三島由紀夫の割腹事件

　一九七〇年になって、われわれは大きな状況に投げ込まれた。言うまでもなく、「七〇年（反）安保闘争」である。六〇年安保の自動延長を阻止するかは、当面の目標ではあったが、十年前に比べると、七〇年はどこか白けていた。六〇年が純粋な政治闘争だとしたら、七〇年は明らかにそれが変質していたからだ。ありていに言えば、問題の核心は、文化や意識、生活のスタイルに移行していたのである。一九六八年を潜り抜けたことの意味もそこにあった。

　一九六二年生まれの社会学者・小熊英二の『１９６８』（新曜社）は、細かいチラシやビラなどから当時の時代を浮かび上がらせる労作だが、今ひとつ事の核心に迫り得なかった要因は、この時代の文化や芸術にいっさい触れない事を基本姿勢にしたからである。これは問題設定として「ありえない」選択だとわたしには思われる。

　この年、われわれにとって重要なのは、高校にまで紛争が降りてきたことである。一九六九年、東大入試が中止になり、全国に学園闘争は拡大していった。政治運動と違って、高校や大学の学生運動は、学内の民主化が焦点になるケースが多い。授業料値上げ、学費の使途不明といった学校理事会の問題もあった。高校紛争の場合、受験偏重への反発、校内規則の厳しさ、教師と生徒の間での不信感が大きな火種になるケースが多かった。これは世代間ギャップにも通じる戦後社会の歪みに収斂していく面もあった。学生運動は日本という国家が青春時代を迎えた時に、否応なく湧出する内部矛盾だったのかもしれない。

『高校紛争　1969―1970』（中公新書）の小林哲夫に言わせると、そのピークは一九六九年一〇月から翌七〇年の三月だという。この年卒業した学年、すなわち一九五二年生まれの世代が実質的な中心だったというのだ。六〇年代の半ばに高校生組織がつくられ、ほぼ一〇年で命運が絶たれた。

　六月二三日の自動延長が阻止できず、表立った活動は下火になっていった。無力感が漂い始めたのも事実である。

　われわれの精神史にとって重要なのは、一一月二五日、市谷自衛隊駐屯所に乱入した三島由紀夫と楯の会、その結末としての「割腹自殺」事件だろう。翌日の授業はクラス討論に切り替えられた。しかし、そこで何が話されたか、今となってはほとんど思い出せない。おそらく、この時、スキャンダル以上に事の本質を見極めた者は余りいなかったに違いない。右翼思想家としての三島は、狂信的で、時代遅れの天皇賛美者にしか映し出されなかった。

　一九六九年に三島は東大全共闘と対話集会を持ったことがある。この企画を仕掛けた一人は、当時東大生だった故小阪修平だ。彼は『思想としての全共闘』（ちくま新書、二〇〇六年）を著すなど、この世代の代表的論客だった。彼は大学中退後、大学制度への疑問と真摯に取り組み、学習塾で生計を立てながら、市井の哲学者として活躍した。彼には『非在の海――三島由紀夫と戦後社会のニヒリズム』（河出書房新社）という三島論もある。彼は学生時代に演劇に関わり、わたしは八〇年代によく劇場でお会いした。

　東大での集会の時、話題を集めたのは芥正彦だった。彼は劇団駒場の主宰者で、当時、前衛演劇の旗手の一人だった。彼は会場に赤ん坊を背負って登場し、客席から三島に質問を浴びせた。この〝芝居〟がかった演出は、三島、芥、小阪がいずれも何らかの形で演劇に関わっていたから成立したのだろう。全共闘の学生は、思想こそ対極にあるが、日本の危機を憂うことにおいて、三島にシンパシーを抱いたのである。

　ところで三島由紀夫には『英霊の声』（一九五九年）と言う短編小説がある。「などてすめろぎは人間（ひと）となりたまいし」が有名な一説で、戦後の天皇の人間宣言を根底から批判した小説である。とすれば、三島は単純な天皇讃美者とは違うスタンスで、戦後思想を批判したのではないか。

　二〇〇五年、『三島由紀夫が死んだ日』というアンソロジーが編まれた。編者の一人は中条昇平。彼はわたしたちと同学年の麻布高出身者である。彼もまた文学癖の強い早熟な高校生で、その時の衝撃が三五年経って、こうした本を編ませたのだろう。

「一九七〇年は日本人の近代精神史における分水嶺だったのでしょう。この年が分水嶺であることを痛切に意識した日本人は、三島由紀夫を除いてほとんどいなかったといっても差し支えありません。」(同書より)

この指摘は、実に正鵠を射ていた。一九七〇年以降の日本は、三島が予見したように、たしかに「無機的な、からっぽな、ニュートラルな、中間色の、富裕な、抜目がない、或る経済大国が極東の一角に残るであらう」となっていった。理念を持たぬ経済至上主義の、つまり「何もない国」になったのだ。

一九七〇年で注目すべき事柄は、赤軍派のよど号ハイジャック事件と大阪万博だ。

「我々は明日のジョーである」というマンガチックな宣言が記憶に残るハイジャック事件は、その後北朝鮮と日本にとっての長い歴史の始まりとなる。拉致事件はそれを端的に物語る象徴的な事件だ。

大阪万博は、東京五輪のいわば文化版であり、日本が科学技術で世界に追いついたとする国家的セレモニーである。五輪が東京を活性化したとすれば、万博は関西を活性化しようとする国家的戦略がこめられていた。この頃まで東京と大阪はたしかに並び立っていた。東西決戦という言葉が、野球でも文化でも、何から何まで通用していた。この構図が崩れていくのは、八〇年代になってからである。

ここで演劇史の方にも目を向けてみたい。

この年の最大の演劇的事件は、演劇センター68/70による移動用の黒テント劇場による全国ツアーだった。出し物は『翼を燃やす天使たちの舞踏』。当時このセンターに所属していた四人の劇作家、佐藤信、山元清多、加藤直、斎藤憐による共同執筆台本だ。

この演劇センターはもともと俳優座養成所出身の自由劇場、早稲田の学生劇団だった六月劇場、舞台芸術学院出身者の発見の会の三劇団が、協力して旅公演をするための情報センターである。けれども、具体的に動き出すには、作品をもって旅するのがいちばん賢明だろうということで、冒険主義的に始めたのだ。

全国百二十都市を回る旅公演は、資金的にも人材的にも底をつき、帰京後、このセンターに残る者と去る者に別れ、劇団はほぼ解体した。串田和美や吉田日出子らは脱退し、オンシアター自由劇場を結成し、六本木の自由劇場を拠点とした。(オンシアターとは、明らかにアンダーグラウンドに対するコトバである。) 同じ時期に脱退した斎藤憐は座付き作者的なポジションに付き、大ヒットしたミュージカル『上海バンスキング』(一九七八年)はここから生まれた。発見の会は瓜生良介を中心としたアンダーグラウンド集団で、斎藤晴彦が黒テントに移った以外は、ほぼメンバーは元に戻った。

新たに再生された演劇センター68/71の中軸になったのは佐藤信と自由劇場出身者であり、これに六月劇場出身の理論家、津野海太郎と佐伯隆幸が加わった。ここに、実践と理論を合体し、演劇運動を自覚的にすすめる独自性のある集団が誕生した。

ところで何故テント劇場だったのか。唐十郎の紅テントは六七年に開始され、黒テントは後発である。けれども、黒テントによる移動劇場は、全国を回ることこそが眼目だった。紅テントは六九年に「日本列島南下興行」と称して、全国をトラック一台で旅した。彼らの旅は、海があれば勇んで海に飛び込み、泳ぎに興じるといった、まさにアナーキーで開放的なものだった。だが黒テントは違う。彼らは「運動の演劇」を標榜し、高度な文化論、運動論を展開していった。彼らが目指したのは、東京以外の地に自分たちの表現を届けることであり、新しい演劇の形態を拡げ、次世代の担い手をつくり出すことだった。演劇はメディアを通さない直接的なコミュニケーション・ツールだと彼らは確信していたのである。

彼らが一九七〇年に出した「コミュニケーション計画」とは、拠点劇場、移動劇場、壁面劇場、教育・出版など多岐にわたる。演劇という想像力の領域の更新は、同時に社会変革の一貫であり、その射程は政治的転覆まで入れていた。日本の近代演劇以後、これほど壮大な構想を持った演劇集団は他になかった。

一九七二年に、当時の首相・田中角栄は「日本列島改造論」を唱え、地方の時代の先駆けを唱導したように思われるが、対極の側から「日本列島」を相対化する思想は生まれていたのだ。演劇がいかに社会化された表現であることかを認識させる一面である。

# 第五章　一九七一年

## 1　十七歳のパワー

高校二年になった僕は、秋には十七歳になった。この年はそれ以前の数年間の集約点と言ってもいいほど充実感があった。物の見え方、感じ方が一段上がったと自覚できた。

　十七歳という年齢は、ある意味で特別な年齢だ。実際、この年齢を扱った文学作品は数多い。ミドルティーンとハイティーンのちょうど真ん中、その宙吊りにされた中間性は、どちらに転ぶ分からぬ岐路とも言える。子どもから大人になる過渡期。それ以前と以後を両睨みできる年代は貴重だろう。この年頃を知るのに格好の作品が、大江健三郎の『セヴンティーン』だ。

　十七歳の誕生日から開始されるこの小説は、若き日の大江の瑞々しい感性が迸り（ほとばし）に出た、おそらく作家にとっても一生のうち一回しか書けない作品だろう。ここで描かれている主人公の「おれ」はまるで自分たちのことが書かれているのではないかと思えるほどリアリティーに溢れている。

　自意識が最高潮に達した年齢、だが他人の目に映る自分の姿は理想とあまりにかけ離れている。そのぶざまさに打ちのめされてしまう未熟な自分。この鬱屈は、肉体的には極度の性的関心へと転移される。「いつでも勃起している」（同小説より）自分の欲望を持て余しつつ、妄想だけは無限大に飛躍する。そこをどう折り合いをつけるか。肉体と精神という二元論的分裂をもっともダイレクトに生きるのが、十七歳ではないか。

　『セヴンティーン』の主人公は、この二律背反をある偶然の啓示によって克服する。いや、「克服できた」と錯覚しただけかもしれない。彼はトリックスター的な「新東宝」という同級生に唆されて、「右」のサクラを引き受ける。新橋駅前で皇軍派の党首の演説を聞き、まるで神の啓示を受けたかのように電流が走る。主人公は、扇動家・逆木原邦彦の言葉に魅せられ、一瞬のうちに「右」の活動家になる。すると、これまで葛藤してきたさまざまな事柄が一挙に解決する。自衛隊に勤める姉への軽蔑、肉体的コンプレックスで女子にいつもみっともない姿をさらけ出してきた屈辱感、八百メートル走で失禁してしまって憐れみを買ったこと、これらがすべて正当化できてしまうのだ。しかもそれを敢然として引き受ける「男らしさ」というヒロイズム。彼にとっては、満たされない日々を克服し、生きている根拠を与えてくれればいいのであって、それは「右」でも左翼思想でも、どちらでもよかった。ただ自意識が満足させられれば、理由は何でもよかったのである。

　十七歳の奇跡。世界の中心とダイレクトにつながっている直情的パワーを持ちうる（たとい錯覚であろうとも）と感じられる時期は、一生のうち一度しかないのではないか。だとすると、高校二年生だった僕たちは、そのような危うい、けれども可能性に満ちた時間を生きていたことになる。その鍵穴をどこに探し当てられるか。

僕の例を一つ挙げよう。

この時期に僕がいちばん念頭にあったのは、映画、とりわけ映画批評だった。僕はある評論を読んで、心に留めた言葉がある。英語で言うと、Ambiguity、日本語に訳せば、曖昧さという単語だ。アンドレ・バザンというフランス・ヌーヴェルヴァーグの映画理論家は、「アンビギュイティとは、解釈の多義性ということであり、簡単に割り切れるものではないところの現実を、その割り切れない複雑さのままで示すことである。」（佐藤忠男著『ヌーベルバーグ以後』中公新書、一九七一年、四九頁）と述べている。映画という芸術は、映像自身が記号性豊かな分、意味を確定することが難しい。いや決定不可能である。それは今でいえば、観る側の（解釈の）自由と捉えることができる。けれども、一つの正解を持たぬ芸術表現は、論理的な緻密さで迫っていく学問領域に比べて、なんとも胡乱で物足りないものに映った。少なくとも、性急に結論を求めたがる若い僕らには、劣等なものと捉えられたとしても不思議ではない。

だが「アンビギュイティ」という言葉を知って、そこに積極的な価値を見出した僕は、それまでのコンプレックスからある程度自由になった。明証さとは違う価値観、正統とは異なった文脈があるのだということを知った。価値は一つではない。生き方もまた一つではない。武蔵にいると、決まったライン、定められた路線が暗黙のうちに前提にされる。それが進学校の宿命だろう。だがそれは絶対ではない。「多義性」「多様性」、もう一つの生き方。今ではこれを「オルタナティヴ」という言葉で括ることができる。（もっともこの言葉を知るのは、八〇年代になってからだ。）悶々とした日々で僕が考えていたのは、そういうことだったと今になれば整理することができる。

一九五〇、六〇年代の世界をリードしたのはアメリカだろう。そしてアメリカの若者たちは、規定路線から外れ、コンミューンなどを媒介にして、他に先駆けて、「オルタナティヴ」な生活革命を遂行していた。便利で安価なジーンズが日常生活に登場したのもこの時期だ。マリファナやヒッピーが出現したのも同様だろう。日常生活のたがは外れ、確実に更新されていった。

アメリカン・ニューシネマと呼ばれた一連の映画は、そうした若者たちの姿を映像の上で結晶させていた。『卒業』のダスティン・ホフマン、『イージーライダー』のデニス・ホッパー、『俺たちに明日はない』のウォーレン・ビューティ、『真夜中のカーボーイ』のジョン・ボイド……この頃観たアメリカ映画には、惨めさを省みない若者の潔い敗北が描かれていた。オルタナティヴな生き方を選んだ若者の苦い現実が僕らを魅了した。僕らもやがて敗れるだろう。しかしその敗北には意味がある。「負けるが勝ち」と言ったのは、たしかサルトルだった。遠く日本のまだ年少の若者だった僕らも、雑誌や映像などを通じて、その香りを徐々に身体化していった。十七歳とはそういう年代だ。

近年の日本でも十七歳の犯罪が相次いだ。「人を殺す経験をしてみたかった」と言って初老の女性を殺害して、「殺人」を実験した高校生。僕は彼の「経験をしてみたかった」という奇妙に余裕のあるコトバに違和感を覚えた。同時に世に出る前の「実験」段階を生きることの意味を重ねた。どちらに転んでもおかしくないエネルギーと直情的パワーに溢れた年代、それが十七歳だったと思う。

この年齢になると、同級生たちの中にも、飛び抜けた力量を誇る者たちが出始めた。先生よりも数学が出来るといわれたSは化学部に属していたが、将来はきっとノーベル賞でも獲るだろうと噂された。高校二年ですでに二十数ヵ国語を習得したと言われる猛者もいた。彼は文化人類学を学んだ後、今は京都の大学でエコロジー関係の重要なキーパーソンになっているという。毎日長靴を履いて登校してきたNは、カントやキルケゴールを平然として読んでいた。凡庸な僕には及びも付かない才能が、身近なあちらこちらで開花していた。

学園ではバンドが数え切れないほどあった。音楽好きというのは、いちばん大きな輪を作っていたのではないか。長髪にジーパンとギターという出で立ちは単純にカッコ良かったし、運動部からミュージシャンに鞍替えする者も多かった。比喩的にいえば、バットや竹刀、ゲバ棒をギターに持ち替えて、あっという間に変身していったのだ。一年前とはまるで違っていた。七〇年からわずか一年で、まさに分水嶺がここにあった。

僕がこの頃覚えた習慣は、喫茶店通いだった。とくに新宿の喫茶店には何の目的もなく、よく入った。友達と一緒に行くことも多く、よく喋った記憶がある。三越の裏にある「海賊」という店は、なかでも強烈な記憶がある。

店に入るには、地下に通ずる階段を背を丸めながら降りていかなければならない。まさに穴倉のような喫茶店だった。中央に大きなテーブルが置かれ、そこへ横並びに座る。仲間と出かけても、居合わせた他の客とごく普通に会話を交わす。そんな仲間意識が充満していた穴倉喫茶(アングラ)だ。

僕はこの頃からよく人と喋るようになった。別段自分の殻に閉じこもっていたわけではなかったが、他人とどうコミュニケートしていいか、よく分からなかったのだ。そんな僕に他者との距離を縮め、言葉を持てるようにしてくれたのが、「海賊」の空気だった。政治的には挫折ムードがあったが、僕たちはまだ何も始めていなかったし、これから何かに着手するところだ。受験をそろそろ意識し、進路を探り出す前に、僕らは喫茶店で友人と語り合うことで、言葉を持とうとしていた。

トップスという喫茶店にもよく出入りした。いかにも若者が集まる喫茶店で、仲間たちは女子高生との待ち合わせ場所によく使っていた。僕も友達たちに誘われて行ったのだが、僕にはガラス越しの隣の喫茶店の方が気になった。大人が出入りする喫茶店は、「らんざん」と言った。後年、僕は演劇に関わるようになってから、実に良くこの喫茶店を利用した。「らんざん」からトップスを顧みると、ずいぶん青臭い連中が屯(たむろ)しているな、と思ったものだ。(この店も数年前、突然閉店になった。)

僕は確実に大人になったのだ。

## 2 優しさの時代の始まり——連合赤軍事件と運動の終焉

七〇年安保が沈静し、世の中は次第に「挫折」ムードが漂いはじめた。この当時を思い返してみると、フォークの消長がなにもまして大きかったように思われる。

フォークソングはもともと民謡を意味する言葉だが、六〇年代末に登場したニューフォークは時代の感性を先取りする表現の革命だった。歌謡曲が作詞、作曲、歌手の分業制だった時代に、ギター片手に登場したのがニューフォークだ。彼らは自ら作曲し、詩を書き、自分で演奏して、歌った。それはいかにも「貧しい表現」だったが、もっとも簡素で手作り感あふれる生まの表現行為でもあった。資格も必要なければ、これといって明文化された技術も要らない。ただ自分の中に何かを主張したい欲求さえあれば、それでよかった。

六〇年代のアングラ演劇もまたヨーロッパの輸入文化だった「新劇」を否定した。自ら戯曲＝台本を書き、演技を発明し、劇場も小さな空間を利用し、野外やテントなどを使って、自らの表現を生み出した。彼らは決して正統的とされる演劇教育を受けていたわけではない。素人が徒手空拳で挑む、自らの存在を賭けた「貧しい演劇(プアシアター)」だったのだ。シンガーソングライターと、演劇の作・演出・出演は見事に合致する。フォークもアングラ演劇も同根だった。それを支えたのが六〇年代という稀有な時代精神である。

映画ではすでに五〇年代末に松竹ヌーヴェルヴァーグが始まり、大島渚、篠田正浩、吉田喜重ら若手映画監督が登場していた。彼らは松竹という五社の映画撮影所に入ったものの、その旧態依然さに飽き足らず、独立してATG（アートシアター・ギルド）という配給会社を自力でつくった。そしてアートシアター新宿文化という常打ち映画館を確保し、一〇〇〇万円の予算で映画を撮り始めた。新作を創ることと、上映する映画館を確保することは、相補的な関係にあったのだ。

大島の『少年』（六九）や『儀式』（七一）、篠田の『心中天網島』（六九）や『沈黙』（七一）、吉田の『エロス＋虐殺』（六九）などはほぼアートシアター新宿文化で封切られた。日本映画もまた「革命」のさ中だったのだ。

美術の分野でも、高松次郎、赤瀬川原平、中西夏之の三人組が「ハイレッドセンター（高・赤・中の英語の頭文字をもじった造語）」を結成し、既成の勢力に反逆する運動は絶頂を極めた。読売アンデパンダンをはじめ、既成の画壇に支配されていたシステムに風穴を空けるムーブメントは苛烈を極めた。

都市や建築についても同様だろう。劇場論は両者を結ぶ媒介項となった。大学時代に如月小春と一緒に演劇をやっていた吉見俊哉は後にその思考を『都市のドラマトゥルギー』（弘文堂、一九八七年）という好著に結晶させた。彼は自らの演劇体験を学問に適用し、都市の虚構空間に分け入っていったのである。磯崎新や安藤忠雄は劇場建築でも多くの仕事をし、清水裕之や伊東静雄もまた、近代劇場を超えた新劇場をデザインした。身体や空間を媒介とする表現は、ほぼ同時期に表現の革命を経験している。それは横並び一線といっていいほど、同時代性を感じさせるのだ。

話をフォークに戻そう。この時代のメロディや詩（歌詞）はひどく優しかった。岡林信康の『友よ』（六九）、五つの赤い風船の『遠い世界に』（六九）、赤い鳥の『翼をください』（七一）も、曲調と歌詞は今だったら「癒し」といっていいほどだ。反戦歌もよく歌われた。寺山修司作詞の『戦争は知らない』（六九）はカルメン・マキが歌って大ヒットしたが、戦争で死んだ父を想う娘が、嫁ぐ日を前にした心情を綴ったマイナーポエットだ。そこには幼くして父を失った寺山の個人史が投影されている。もともと寺山もカルメン・マキもアングラ演劇出身で、小劇場演劇とフォークは近しい関係にあった。小室等作曲の『雨が空から降れば』（七〇）は、別役実の『スパイ物語』の劇中歌だったし、あがた森魚はつかこうへいの舞台でよく生演奏して歌っていた。

これらの特徴は、マイナー（短調）で、決して声高に反戦を謳うわけではない。『自衛隊に入ろう』（六九）の高田渡や泉谷しげるの『春・夏・秋・冬』（七二）はやや例外的に攻撃的だったが、概ね優しさが全体のトーンを決定していた。

韓国でも民主化時代に歌われた曲はマイナーなものが多かった。八〇年代の民主化運動の渦中で歌われた『セノヤ』や『朝露』など往時の反戦歌は、いずれも心優しいメロディと歌詞で、自然の情景を謳ったものが多い。デモやバリケードで闘う若者たちは束の間の安寧を得て、ヘルメットや首に巻いたタオルを外し、武装を解く。その時に、聞く曲がこうしたフォークソングなのだ。彼らの緊張をほどき、次の闘いまでの猶予の時間を過ごす。緊張と弛緩が交互に訪れるさいの隙間をフォークが埋めていた。

当時、文化祭など若者が集まる場で圧倒的に歌われたのは、『友よ』だろう。夜の闇の向こう側にはきっと明日を告げる朝が来る。夜明けは近い――。自らを励ますように歌われる歌詞は、連帯しながら孤立を恐れない学生たち若者の心情を痛いほど掬い上げていた。心優しさの中に闘いの炎が燃え盛っていた。『友よ』は集会の定番ソングだったが、この歌の背後には、多くの若者たちがいた。

こうした反戦歌が変わり始めるのは、おそらく井上陽水と吉田拓郎の登場を待ってであろう。よく言われるように、陽水の『傘がない』（七二）は都会で自殺する若者が大勢いても、今の自分の関心は、目前の雨を防ぐ傘が必要だ、という文句である。自己を棄てて全体のために動いていた大状況が失効し、個人の利益が優先される小状況がすでに始まっていた。演劇の世界で「小状況」が問題視されたのは、七〇年代末だったが、陽水の時代認識はそれよりはるかに早かった。吉田拓郎になると、時代認識はもっと変容した。『結婚しようよ』（七二）は、僕の髪が肩まで伸びて彼女と同じ長さになったら、町の教会で結婚式をあげよう、とまるで時代に頓着しないのだ。ベトナム戦争や反戦という大状況下から自在になった若者は、ある種のミーイズムを主張し始めたのである。

これを別の観点から言えば、「暗さ」からの解放でもあった。「貧しさ」から脱却し、「軽さ」を称揚する時代が始まったのである。この感性をいち早く作品に結びつけ、商品化していったのもフォークだった。エレック・レコードというインディーズ系で出発した吉田拓郎は、やがてメジャー・デビューを果たしていく。

あがた森魚の『赤色エレジー』(七二)は反戦の暗さを引きずった最後の曲と言ってもいいが、明るく反戦を歌った『戦争を知らない子供たち』(北山修作詞・杉田二郎作曲・七〇)は開き直った空虚さを謳ったものだろう。その後、いわゆる「四畳半フォーク」のようにしみったれた世態風俗を描いた曲も増えていったが、カウンターカルチャーとして始まった音楽も、次第にサブカルチャーへと包摂されていった。おそらくその結節点は、南こうせつとかぐや姫の『神田川』(七三)あたりだろう。もう後戻りできない若者は、確実に敗走を始めていた。

七〇年代に入ると、急速に政治の反動化が押し寄せた。おそらく七一〜二年を境に、若者は街頭から個室に向かい、広場や劇場は変質していった。「書を捨てよ町へ出よう」と煽った寺山修司は六〇〜七〇年代を代表するアジテーターだったが、もはや時代は逆方向に反転したのだ。そのもっとも典型的なジャンルが音楽、とりわけフォークの世界だったと言えばいいか。音楽は商業と結びつき、「売れる」「売れない」に敏感なジャンルだからである。

翌一九七二年、連合赤軍事件が起こる。この事件は、孤立した集団性の破綻を意味した。ここから反体制運動の衰退が始まったとされるが、なるほど集団を基盤とする演劇もまた、同じ問題を抱えていた。

一九七三年にはオイルショックが起こり、右肩上がりの日本経済の停滞はここから明確になっていく。日本は世界的同時性で動いていた一九六〇年代後半から七〇年代前半を経て、針路を見失い、徐々に保守化の道に進んでいく。なぜそれを食い止められなかったのか。近代的な価値観は中途まで解体されたものの、新たな価値軸の構築に至らなかったことの証左でもある。

言い換えれば、若者および若者文化の敗北の始まりである。

# 第六章　一九七二年

## 1　一所散開——マイナーな生き方を選ぶ

受験を前にした高校三年生で、進路に悩まない者はいないだろう。

僕は漠然と映画で「食っていく」ことを望んでいたが、

ではどうやってその道を切り開いていけばいいか、これは想像以上に難問だった。

単純に映画を創りたいなら大学に入ってから映画サークルに所属すればいい。専門的に研究したいなら、映画学科のある大学に行けばいい。批評を書きたいなら、大学の文学部で理論や技術を学ぶという選択肢もある。

そこで近隣の分野まで視野に入れて調べてみたところ、早稲田の文学部の演劇専修がアカデミズムとしてはいちばん本格的だったことを知った。（結局一年浪人してそこに進むことになる。）だが自分の目指す道がかなり狭い専門領域であることを知って、暗澹たる思いにかられた。だいいち、映画など大学に行ってまで学ぶものなのか。仮に学問として認められたとしても、そんなマイナーな領域に進もうとするのは、よほど奇特な変わり者ではないのか、そう自問せざるをえなかった。要するに、一生を映画に賭けるか、それとも趣味に留めておくか、という選択で煩悶していたのである。

高校二年生から大学の映画サークルが主催する映画上映会によく出かけた。立教大学のタッカーホールで一九三〇年代のフランス映画上映会を観に行ったり、東大駒場の佐藤忠男映画ゼミにも顔を出した。佐藤忠男氏は僕が尊敬する映画評論の第一人者で、彼の著書はずいぶん読んでいた。こういう評論家の弟子入りは出来ないものかと淡い期待を抱いたこともある。大学に行くとは、そういうことだと思っていた。（昨年（二〇一一）、京都賞の審査を担当するようになったさい、芸術・思想部門の審査員に佐藤氏がいて、四十年経って、そのことを思い出した。）

どういう世界で生きていくのか。学部選びはその最初の関門だ。僕はサラリーマンには向いていないのではと思っていたので、今後の生き方はそうた易くないなという予感はあった。

僕は自分の映画評論のノートに、「プロフェッショナルのための映画評論」といささか背伸びしたタイトルを付けていた。ある時、そのノートを友人に見られたことがある。彼は題名を見て、フーンと反応した後、僕にノートを返した。僕は恥ずかしかった。きっと彼には僕のような〝趣味〟で生きる選択肢は眼中になかったのだと思う。彼はその後、絵に画いたようなエリートコースを歩み、高級官僚となって日本の中枢を担っているはずだ。この時、同じ教室に席を並べて座っていても、すでに階級差というものはあるのだ、ということを痛感した。彼の真意は分からないが、当時の僕の心境は、マイナーな選択に向かう自分というものをはっきり自覚した。
「マイナー」という言葉に自信を持てるようになったのは、三十代になってからである。ジル・ドゥルーズという哲学者が有名なカフカ論を書いているのだが、その副題が「マイナー文学のために」だった。ユダヤ人作家フランツ・カフカを論ずるにあたって、ドゥルーズが注目したのはカフカの「マイノリティ性」だった。カフカの小説は必ずしも多数の読者を楽しませるものではなかったが、その特異性は二十世紀前半を代表する作家として世界性を獲得した。僕はそれに倣って「マイナー演劇のために」という評論を書いたことがある。(一九八七年雑誌「新劇」)

進路のことで、少し可能性が開けたのは、当時フランス文学を大学で専攻していた兄の助言だった。受験も押し迫った冬のある日、大学で映画や演劇を勉強するつもりだと言った僕に対して、兄はこれを読んでみたらと一冊の本を差し出した。それは『ゴドーを待ちながら』という戯曲だった。二十世紀の演劇史を変えたといわれる前衛戯曲の古典だ。作者のサミュエル・ベケットは一九六九年にノーベル文学賞を受賞し、僕も名前だけは知っていた。

さっそく読んでみたが、正直いって、雲を摑むような感じだった。ゴドーと呼ばれる人物を待っている二人の浮浪者がいる。けれども肝腎のゴドーは一向にやって来る気配がない。そこで彼らは退屈を紛らわすために首吊りごっこなどをして時間を潰すのだが、結局ゴドーはやって来ないという奇妙な作品だ。ドラマが起こらないこの作品を、いったいどう読んで何を楽しめばいいのか。深淵なテーマに到り着くことはできなかったが、時間だけが確実に流れていくさまはなんとなく理解できた。時間ばかり気にする者に向かって、「いつかある日じゃダメなのかね」と反論する登場人物の台詞が僕の中に引っかかった。

僕はこの作品を読みながら高校一年の時に、国語の課題で読まされたチェーホフのことを思い出した。『桜の園』と『三人姉妹』が収録された旺文社文庫だったが、これを読み進めるのも大変だった。この戯曲にも、働きもしない登場人物が〝ああだこうだ〟ととりとめのないお喋りするシーンがある。「百年後のロシアの生活はね」といった生活感のない台詞にどう反応すればいいのか、僕には理解できなかった。すでにシェイクスピアは読んでいたし、三好十郎や秋元松代、安部公房の前衛的な芝居も高校一年で観ていた。けれども、ベケットもチェーホフも歯が立たなかった。ただつまらないことを楽しむことも「楽しみ」の一つだという小理屈だけは手に入れた。後に得た知識でいえば、これは「メタレベル」ということになる。
ベケットの作品そのものには馴染めなかったけれど、ベケットはフランスのヌーヴォーロマンと近親関係にあり、ヌーヴォーシネマにも近いことを知った。そうであれば、僕がこの頃いちばん好きだったアラン・レネの映画『去年、マリエンバードで』にも通じるところがあるはずだと思い、その演劇版かもしれないと勝手にこじつけた。こうして僕は演劇への道をほんの少しではあるが、開いていった。

演劇と言えば、高校三年の秋に、僕は不思議な体験をした。どこかの予備校の模擬試験の帰りだったと思う。僕はある高校の文化祭に立ち寄った。サッカー部が招待試合をするということを小耳に挟んで、試合を見るのが動機だった。だが僕が観たのは、サッカーの試合ではなく、校庭の隅の特設舞台で演じられていた寸劇風パフォーマンスだった。内容はあまりよく覚えていないのだが、客席が沸きに沸いていたことは強く印象に残っている。舞台に立つ役者は軽妙な語りと人を食った演技で抜群の人気を獲得していた。僕は笑い転げながら、違和感も抱いた。高校の文化祭といえば、真面目な社会問題を扱った展示が主であった時代である。この舞台の〝軽さ〟はそうした時代の風潮に背を向けていた。けれども僕は、この舞台に不思議な解放感も覚えた。何か時代が変わっていくのではないか、そんな予感がした。

後で気づいたのだが、この不思議な人物は教育大駒場（現筑波大駒場）高校二年生の野田秀樹だった。野田は、高校卒業後一年浪人して東京大学に入学し、学生演劇サークルに入部した後、二年上の高萩宏らと「夢の遊眠社」を結成した。駒場小劇場を拠点に活動し、やがて七〇年代以降、小劇場演劇のトップを走り続けた。彼は現在では演劇界の中心的存在である。若き日の彼の習作に、僕は偶然出会ったのだ。

時代の変化は徐々に押し寄せてきた。しかしそれは何らかの実態を伴うものではなく、あくまで表層的な感覚にすぎなかった。僕はそうした物を探り出す「素材」にいくつも出会っていた。

高校三年になると、皆、予備校に通ったり、受験を中心とした生活に切り替わる。だがそうでない者も少なからずいた。例えば、野球部で最後の一人となっても部活を続けていたU。彼は才能ある同級生が次々辞めていく中、最後まで二塁ベースを守り通した。何が彼をそこまで駆り立てたのか。単なる意地だろうか。あるいは何かの使命感だろうか。たぶん言葉にしてしまったら、そんなことになろう。

けれども彼の中にあった感情はそんな一語に集約されるものではなかろう。

彼の最後の試合を観た。夏休みに入ったばかりの東京都予選である。たしか神宮第二球場だったと思う。グラウンドには後輩に混じって、Uがいた。彼はいつものように声を出していた。けれど劇的なことは何も起こらなかった。

試合はあっさりと負けた。たぶんコールドゲームだったと思う。彼の三年間、いや六年間の野球部生活は終わった。おそらく、大学に進んでもスパイクを履くことはないだろう。しかし最後まで部活をやり抜いたことは立派だと思った。グラウンドにはUがいて、スタンドには僕がいた。その時、僕は「見る人間」なのだと改めて実感した。とっくの昔に僕はスパイクを脱いでいたのだから。でもチームは去っても、「見ること」は続けようと思った。それが僕のポジションではないか。ユニホームを脱ぐとスポーツそのものから離れてしまう者が多い。これはどこの世界にもあることだ。劇団を辞めたらその劇団を見続ける者は少ない。それだけは避けたいと思った。

思えば中学二年で十七人もいたサッカー部員も最後まで続けたのはたった二人である。この二人は次々と去っていくメンバーをどう思って見送っていたのだろう。残り続けた者は何を守っていたのか。生き残るのか、負け残るのか。いずれにしてもある種の「苦さ」は禁じえない。

大人になってからの僕は、去っていく者を見送ることが多くなった。そのための敗戦処理の役割さえ負うようになったこともある。調子の良い時は誰でもすすんで任を負おうとする。だが風向きが悪くなると、火中の栗を拾う者は極端に少なくなる。人間の評価はそこで決まることが多い。山口昌男に『敗者の精神史』という本がある。ルポライターの沢木耕太郎著『敗れ去る者たち』という秀抜なエッセイ集もあった。負けることも悪いことではないとさえ思うようになった。

この年から開始した、僕の作業について記しておきたい。ある日、僕は朝日新聞の小さなコラムに目が止まった。それはフランスの詩人ポール・ヴァレリーについて紹介されたもので、彼は生涯「カイエ」という手記を書き続け、それが二四六冊にもなったという。僕はこの記事に刺激を受け、自分なりのカイエを書き始めた。「カイエ」とは手記や手帳という意味である。語感として今一つしっくりこなかったが、(その後、このタイトルの芸術文化誌も刊行された)高校三年の冬にノートを書く作業を開始した。読んだ本の感想や気に入った言葉、観た映画などのメモや日々思いついた事々など、とにかくこのノートに物を書くのが習慣となった。このノートは、その後、日程表、一週間単位の「作業日誌」、年間スケジュールなど精度を上げていった。二〇一二年三月現在、このノートは四十年間で一四六冊になった。それでもヴァレリーの二四六冊には遠く及ばない。B5版のノートで一〇〇頁前後、これを使い切るのに三ヵ月かかる。ということは、年四冊平均で残り一〇〇冊書くのに、二五年かかる計算になる。

受験を前にして、僕は書くことの愉悦を感じ始めていた。小説の習作も書き始めた。きっかけは三島由紀夫の小説を乱読したことにある。美しい日本語が読みたい。こうした熱病に冒されて、三島や谷崎潤一郎、泉鏡花の文章に惹かれていった。日本語が上達するには、たくさん書かねばならない。ノートを書くようになって、僕は自分の生活のベースが築かれた。「映画で食っていく」は「物書きになりたい」に進路が絞られていった。もちろん成功の確率が極めて低いことは承知の上だ。受験を前にした秋から冬にかけて、そんな迷妄に陥ってしまった。

お蔭で、この年の受験はことごとく失敗した。

## 2　戦後最初の挫折

沖縄が返還された。戦後の日本はGHQの指導の下、徐々に復興していったが、米国の支配は過酷を極めた。とくに中ソをにらむ極東の軍事基地の獲得は、米国の国際政治の要諦だ。それが沖縄だった。日本政府は米国に沖縄を「さし出す」ことで、本土での基地化を最小限に食い止めた。しかしそんなことが許されていいだろうか。ここに戦後最大のトラウマが残った。

沖縄が日本に復帰したのは、戦後二十七年も経ってからのことである。だが、米軍は相変わらず復帰前となんら変わることなく、沖縄に居続けた。それは現在に至るまで続いている。「沖縄問題」とは何だろうか。昭和天皇は死に、「戦後史」に一つの幕が引かれた。だが沖縄問題は依然として何一つ解決されていない。戦後はまだ決着がついていない。

この年の最大の事件は、何と言っても連合赤軍の浅間山荘事件、それに続く内ゲバ事件だろう。過激な政治集団が赤城山麓で軍事訓練を行なっていくうちに、次第に闘争の目標が見えにくくなり、組織を維持するために内部に向かって攻撃が加えられていく。集団が内部から自壊していくというのが事の顛末だ。過激な政治集団の末路によって、左翼運動の崩壊は目に見えるほどになった。それまであった一般市民からのシンパシーも急速に冷えていった。

個人が高次の目的のためにいかに集団に関わるか。これはすぐれて哲学的課題を内包している。演劇もまた小集団で営まれる表現行為だとしたら、連合赤軍事件は決して他山の石ではなかった。

この頃の演劇界について、演劇評論家で武蔵の卒業生(三四期)の扇田昭彦氏は、「芝居はどれもひどく暗かった」と書いている。そして「自分たちが生み出した『演劇』そのものがダメになろうとしているのではないかという深刻な危機感だった。」と続けている。(『開かれた劇場』、一九七六年)そのさい、彼の念頭にあったのは、連合赤軍事件に至る政治的陰惨さと無縁ではなかったと思われる。

この年、もっとも話題を集めたのは清水邦夫作、蜷川幸雄演出の『ぼくらが非情の大河をくだる時』である。精神を病んだ弟と行方不明になったその弟を探す兄はどこかの政治集団に関わっていたのかもしれない。この家庭劇は、政治活動に参加した青年の家庭を思わせた。彼らは負けていくしかない。この苦い現実を見据えるのが、この劇の主題だ。ここには明らかに連合赤軍への仄めかしがある。

翌七三年になると、憂色はいっそう濃くなっていく。清水=蜷川コンビは、この年、演劇結社櫻社を解散する。その理由について、清水は観客が「同志」ではなく「消費観客」に変わってしまったからだと述べている。新宿の路上の雰囲気をそのまま舞台に呼び込んできたアートシアター新宿文化だからこそ、時代の空気の変化をいち早く察知したのだろう。連合赤軍以降の政治状況の衰退は、演劇界にも等しく流れこんできた。解散公演は、その題名も『泣かないのか? 泣かないのか一九七三年のために?』となっている。そしてこの舞台には彼らのこれまでの舞台が引用され、五年間が総括されていた。状況とともに走りきった清水=蜷川の五年間が美しくもはかなく幕を閉じたのだ。

この年、流行したフォークの名曲に『赤色エレジー』がある。あがた森魚の歌詞は陰惨きわまる時代を活写していた。「愛は愛とて何になる/男一郎　まこととて/幸子の幸はどこにある/男一郎　ままよとて/昭和余年は春の宵/桜吹雪けば　蝶も舞う」。二番は、「さみしかったわ　どうしたの」とあり、最後に「お涙ちょうだい　ありがとう」で締め括られている。

これは激動だった時代の敗者の精神をもっともよく象徴した歌詞である。と同時に、叛乱と狂騒の昭和の、ある意味での終焉を意味している。あるいは、「終わりの始まり」と言うべきか。

暗さと陰惨さに塗りこめられた時代は、同時にまったく新しい時代の幕開けをも告げていた。先述した「消費観客」の出現はまだ予兆にすぎなかったが、それを準備するように、情報誌「ぴあ」が創刊された。中央大学の現役の学生が、見よう見まねで創った雑誌は、八〇年代以降の情報化社会を先取っていた。六〇年代に端を発する政治の季節は、徐々に後退していった。政治や体制など既存の権威に対して「反抗」や「対抗」を意味するカウンターカルチャーは、対抗軸を持たない下位文化、あるいは従属文化としてのサブカルチャーへと嗜好を変えていったのだ。

一九七三年には、オイルショックが起こった年としても記憶される。第四次中東戦争が始まり、イスラエルに協力する国への石油輸出を行なわないというＯＰＥＣの方針の中に、日本も含まれていた。その結果、石油価格は高騰し、トイレットペーパーなど石油から製造される商品もまた枯渇状態に陥った。日本はかつてない商品（モノ）不足という事態に慄いた。戦後復興―高度経済成長といった右肩上がりが当然だと思っていた日本人にとって、初めての挫折でもある。三島が予言したように、「日本は何もない国」になろうとしていた。その決定的な年が、一九七三年だったのだ。

# 終章　六年間のBefore/After

## 1　戦後民主主義からアンダーグラウンドへ――Before

ここまで、ざっと僕の来歴について述べてきた。その中で、後にアンダーグラウンド・カルチャーに傾斜していく僕の性向についても触れた。だがそれは結果であって、そこに至るプロセスを明らかにするためには、もう少し時間を遡らねばならない。それは武蔵中学に入学する以前、すなわち小学生時代を過ごした六〇年代前半についてである。

僕の父は小出版社を経営していた。その関係もあってか、僕の家には多くの著者が出入りしていた。今と違って、人と人の付き合いは互いの家を行き交うことで成り立っていた時代だ。喫茶店でちょっと打ち合わせを、という関係になるのはもう少し後である。本を作るのも、編集者と著者の個人的・家族的な付き合いをベースにしていた。僕の家にも、地方から上京する著者がよく泊まっていた。母は客へのもてなしのため、相当な苦労をしていたと思う。三人の子供が育ち盛りでそれだけでも大変なのに、専業主婦の労働ははかり知れないものがあった。長期滞在する女性史学者などもいた。自宅を改築するさい、二階にわざわざ客が泊まる部屋をつくったほどだ。東京五輪以前の東京にはホテルも少なく、知り合いの家に泊まるのが当たり前の時代だった。

僕の父は著者である大学の先生の家をよく訪ねた。末っ子の僕はよく相伴させられた。大人の会話に興味があったわけではないが、帰りに近くの喫茶店や甘味屋に連れて行ってもらうのが楽しみだった。なかでも一番の楽しみは、学芸大学に住んでいた経済学者の家に連れて行ってもらうことだった。何故かというと、その帰りに駅前のボクシング・ジムの練習風景がガラス窓越しに見られたからだ。小学校低学年の僕は、ファイティング原田の大ファンだった。プロボクサーの練習を生で見られることに僕は興奮した。残念ながら、原田を生で見た記憶はない。たぶん一流ボクサーはすでに練習を終えていたのだろう。僕が行ったのはたいてい夕方である。

そんなこんなで、僕は子供の頃から大人の中で暮らすことにあまり苦痛を覚えなかった。来客があれば、よく応接間に顔を出した。大人に物怖じすることもなかったし、気の利いたことを言うのが得意だった。だからある著者には、「この子はホープだねえ」と期待までされてしまった。もっとも小学校三年の通信簿には、「人見知りする」と書かれ、学校ではまったく違う人格だったようだ。

この頃、一番記憶に残っているのは、劇作家の木下順二氏だ。『夕鶴』の作者として知られる戦後最大の劇作家は、僕にとっては、よく家に遊びに来る「キノシタのおじちゃん」だった。小学校に通っていたある日、教科書に木下順二の民話劇が載っていた。『三年寝太郎』か『赤い陣羽織』だったか記憶は定かではないが、先生は確かに木下順二を紹介した。家に帰って、今日学校でこういうことを習ったが、この「木下順二」はあの「キノシタさん」じゃないの？　と母親に訊くと、「そうだよ」と母は答えた。「へえ、あのおじさんは教科書に載る偉い人だったんだ」とちょっと見直した。その後、家に出入りしていた著者の名前を何人も教科書の中に見つけた。小学生ながら、僕はその大人たちをずいぶん近しい目で見ていた覚えがある。

少し年長になると、埴谷雄高や花田清輝、橋川文三、広末保、千田是也、東野英次郎らも身近に感じた。その中で、直接会ったことはなかったが、特別の存在だったのは、丸山真男と吉本隆明の二人である。戦後思想を代表する大学の知識人と、その後の六〇年代を牽引した在野の思想家は、父たちの会話にしばしば名前が出てきた。この思想界の巨人たちは、僕の中では何の違和感もなくつながっていた。そこで二人は対立的ではなく、ごく自然に「並んでいた」のだ。

花田清輝と吉本隆明の論争も戦後文学では有名なものの一つだが、僕には両者は家の中の本箱で仲良く隣り合っていた。思想の系譜では、そんなことはありえない。けれども、僕の「家」を通してみると、こうした著者の距離はきわめて近しかった。

小学生の僕は、実際に書物を手に取り読んだこともないのに、すでに「耳学」として丸山や吉本の思想が体内に入りこんでいた。それが「育った環境」だ。僕は知らぬうちに、戦後の進歩思想の洗礼を受けていたことになる。

このことを知らされたのは、中三と高二の時の上原一郎先生の授業である。先生の「政治経済」の授業は、大学の教養課程か、専門課程のレベルを誇っていたと思う。上原さんは丸山真男の門下生で、それを誇りに生きてきたところがある。丸山真男の『現代政治の思想と行動』を授業で取り上げるなど、中身の濃さは破格だった。僕は丸山の「日本ファシズム研究」という論文を自宅の書棚から拝借して読んだ。戦後思想と自分の家が直結していた。いや、その発信源の渦中で自分が育てられていたことを知った。

吉本隆明の『芸術的抵抗と挫折』も家の書棚から抜き取った。そこには「転向」というものが『聖書』から語り起こされていた。吉本思想の出発点に当たる著書だ。戦後思想の根幹にあたる部分に僕は直接触れたのである。

戦後文学や芸術思想の系譜を自然に体感していたことが、その後の僕の思想形成に大きな影響を与えたことは言うまでもない。近代という太い幹を後続者はいかに踏み越えていくか。この構図は、演劇でいえば、近代の進歩思想を体現していた「新劇」と、六〇年代半ば以降に「新劇」を打ち破ろうとして登場した「アングラ」や「小劇場運動」の関係構図に置き換えることができる。高校生から大学生になって、僕は明らかにアンダーグラウンド寄りになっていくのだが、それにはこういう経緯があったのだ。

知的な部分でもう一つ影響を受けたと思えるのは、京都にいた親戚である西谷啓治さんの存在だ。京都大学の哲学や宗教学の泰斗で、「近代の超克」を唱えた京都学派、西田幾多郎門下の四天王の一人だ。父は若い頃からこの叔父の家によく出入りして、いろいろお世話になっていた。そうしたこともあって、京都の西谷家とは家族ぐるみの付き合いがあった。僕も子供の頃、何かと京都に連れて行ってもらい、啓治さんらと接していた。京大の吉田神社の傍にあった自宅は、うなぎの寝床のように本当に小さな家だった。畳が見えないほど本や新聞が積まれ、階段の脇にも本が置かれていた。机に向って仕事をしている啓治さんの小さな背中が記憶に残っている。学者の生活なんて本当に貧しくつましいものだ、と、その時僕は知った。大学の先生は暮らしに恵まれなくとも、好きなことをやっていられるのだから、それでいいのだと子供心ながら思った。

僕の家を訪ねてくる作家や著者は概ね貧しかった。演劇に関わる人たちはもっと貧しかった。でもそれが悪いことだとは全然思わなかった。父は演劇が好きで、貧しい演劇人によくカンパをしていた。二歳で父と死別し、母親の実家の佐渡で育った苦労人の父は、不器用だけど、弱い人間に妙に優しかった。

父のことで記憶するのは、一緒によく旅行したことだ。だがそれは単なる旅行ではなく、必ず仕事を持って行った。父は「日本の民話」というシリーズを企画していて、全国各地に著者がいる。旅先でも必ずといっていいほど著者を訪れる。それは半分仕事で半分プライヴェートだ。両者が分かちがたい父の仕事ぶりを見ていて、本当に好きで仕事をやっているのだなあと思った。僕は、大人になって同じことを自分もやっていることに気づいた。

地方の劇場に行って芝居を観たり、講演などの仕事もするが、それに付随させて周辺の旅も加えた。これが親子の血なのか。僕は気づかぬうちに、父親の背中を見て育ったのだろう。

小学生の僕は、父を含め、そうした大人たちを家の中で見ていた。それが僕の価値観を形成していたことを、後に知るのである。

## 2 演劇と出会ってから——After

高校を卒業してから、わたしは本格的に演劇に出会うことになった。その転機となったのは大学三年生の時である。十代であれば、いちばん感覚的に訴えてくるのは音楽だろう。だが二十代になると、出会いは感覚よりも、もっと知的な部分に負うところが大きくなる。

その中で、もっとも衝撃的だったのは黒テント（演劇センター68／71）の「喜劇・昭和の世界」シリーズだった。この三部作をまとめて最初に観たのが梅ヶ丘・羽根木公園でのテント公演。天皇制と軍国主義が日本を迷走させた昭和の時代を、芝居として展開していた。二・二六事件と当時の猟奇的事件をからめた『阿部定の犬』（作・演出＝佐藤信）は芝居を観始めたばかりのわたしを強烈に演劇の世界に導き入れた。

その二年前に、つかこうへいの芝居に出会っていた。饒舌でとどまるところを知らない会話体は、日本語の美しさとは別の次元でわたしを魅了した。役者たちの肉体から飛び出す言葉の当為即妙さに笑い転げながらも、次の瞬間、毒の効いた言葉の刃に凍りつく。紅テントの唐十郎（状況劇場）は、内容や筋は難解だったが、役者たちが醸し出す雰囲気に圧倒された。満員のテント劇場で押しつぶされそうになりながら観た体験は、他に譬えようのない熱狂的なものだった。（唐十郎氏とはその後、わたしの勤務する近畿大学に特任教授として招き、五年間楽しく仕事をさせてもらった。）寺山修司（天井桟敷）の舞台はクールでおよそ熱狂とは程遠い実験劇だったが、知的な刺激が満載で、J・A・シーザーの呪術的な音楽が眩惑的だった。鈴木忠志の早稲田小劇場（現・SCOT）の舞台は、大学の近くにあった小劇場の狭さと至近距離で演じられる役者の演技に呑みこまれる思いだった。太田省吾（転形劇場）の舞台を初めて観たのは矢来能楽堂だったが、端正で洗練された舞台は、息を飲むほど美しかった。

わたしは、大学三年の時までに、現代演劇の主だったものにほぼ出会い、その知的なムーブメントに惹かれていった。彼らの舞台は「アングラ」と名指され、六〇年代後半以降、一つの潮流を形成し、すでに七〇年代半ばには「権威」にまで昇り詰めていた。それを遅ればせながら観るようになって、わたしはそれらについて論じてみたいと強く思うようになった。七〇年代の半ばまでは演劇にとって十分高揚期だったのだ。

大学に入って、文学や芸術を愛する友人たちと知己を得知り合えたことは、わたしには望外な収穫だった。武蔵ではマイナーな領域が、ここでは大手を振って罷り通っている。大学で学ぶということは、専門性を自分なりに絞りこむことである。ようやくわたしは、自分の新しい居場所を見つけた。

大学は高校時代と何から何まで違っていた。地方の高校からやって来た新しい友人たちは違ったメンタリティと育ちを持っていた。大学に入ったばかりのクラスには、麻布や開成出身者がいて、ライバルであり、最大の同志でもあった。都立高校出身者からは、同じ東京育ちでもずいぶん違う世界があることを知った。わたしがいちばん憧れたのは、地方の名門県立高校出身者のメンタリティだ。彼らは大都会とは違った環境に育ち、コミュニティといったゆるやかなつながりの中で育ってきた。自然と街と文化がバランス良く共存し、そうしたおおらかな環境ですくすくと育ってきた。そうした彼ら彼女らに言い知れぬ羨望を抱いた。

東京に育ったわたしたちは、たしかに進んだ文化的・芸術的環境に恵まれていたが、それはいい面と歪(いびつ)な面との双方が入り混じっている。武蔵の温室のような学園で、かなり狭い特殊な世界で生きてきたのだと思う。もしかすると、かなりゆがんでいたのではないか、とさえ考えた。こうして武蔵の独自性、特権性は、ひとまず相対化された。

愛校心や愛郷心といったものは、つねに両義的である。二十代までのわたしは、武蔵の温暖な環境で育ったことを必ずしも好ましいとは思っていなかった。自分たちは特別なのだという根拠のないエリート意識と、世間知らずの、いわゆる「お坊ちゃん」体質。そうした甘さはいずれ破綻するに違いない、と。

こういう考えに至ったのは、わたしが演劇というジャンルに関わったことが大きく起因している。二十代のわたしは、大学で出会った同級生と二人で劇団を立ち上げ、都合四年間活動した。麻布出身の相棒が劇作・演出を担当し、批評家志望のわたしが理論的な側面を担った。俳優たちは養成所や都内の大学劇研から集めた。発端はわたしがたまたま旅行していた伊豆大島で野外劇場を発見したことである。通常、キャンプファイヤーを行なう営火場なのだが、わたしたちはそれを「大島野外円形劇場」と名付け、毎夏ここで野外公演を行なった。十五人ほどの劇団員が一ヵ月ほどバンガローやテントに寝泊まりし、芝居の稽古に励む。おんぼろトラックに劇団員が乗り込み、島巡りをしたり、時には海水浴を楽しんだ。

公演を成立させるためには、島民に協力を仰がなくてはならない。そこでエコロジー関係の活動家たちのところに出向き、学習塾を運営する人（彼は後に大島町長になった）、花の栽培を生業とする人など、意識を持ったさまざまな人たちに会いに行った。演劇とは社会や現実との関数である。わたしは人間関係の渦の中に進んで身を投じていった。

観客として観に来てもらうためにあらゆる手を尽くしたが、東京から来た無名の若者たちに島民は厳しかった。頭や眉毛を剃った異形の者たちに彼らは好奇の目を向けるばかりで受け入れようとはしなかった。〝変な奴らが東京から来ている〟、そうした風聞を超えることは、なかなかできなかった。一年目は芝居の出来はともかく、公演としては惨敗だった。だが翌年も性懲りもなく出かけた。少し好転した面もなくはなかったが、観客動員は大して伸びなかった。三年目も同様だったが、わたしはこの経験を通じていろいろなことを学んだ。二十代の若者たちが集まって集団生活をするのだから、何が起こってもおかしくない。酒を飲んでは喧嘩をし、演劇論をぶつけ合っては、最後は殴り合いになる。地元の不良と衝突して、病院に運び込まれた者もいた。お金が儲かるわけがない演劇に集まる若者たちの目的は何なのか。試行錯誤の四年間だった。

合宿生活は一日三千円で賄わなければならない。十五人分の食費が、である。空腹と貧困、だが不思議に解放感があった。次第に外部から才能のある協力者も出てきた。後にスカトロ漫画で大家になったMはポスターを描きたいといって参加し、学生映画監督で世に出たYや劇団員の先生で後に江戸学で名を馳せたT女史が客としてはるばる大島までやってきた。

四年目の大島の夏では、東京で自然食などの活動をしていた人たちと出会い、かなり大がかりな祭りを開くことになった。そこで音楽のイベントと演劇公演が合体した。喜納昌吉や白竜、りんけんバンドなどと合同でフェスティバルを開催した。閑散としていた野外劇場の客席が満杯に膨れ上がった。まだ「シルクロード」でブレークする前の無名だった喜多郎にも出会った。当時珍しかった彼のシンセサイザーの音楽を芝居の劇番で使っていたこともあり、わたしたちは喜多郎にひときわ親しみをもっていた。演劇は本当に多くの人との出会いをもたらしてくれた。

無名の劇団で、結局四年間しか続かなかったが、演劇を知る上で貴重な学習をさせてもらった。何よりも人間とむき出しで付き合った四年だった。東京の小劇場でも公演を打ったし、野外に陣幕を張っただけで、冬の寒空で野外公演もした。東北にもトラック一台に劇団員を乗せて旅公演もした。東北大の学生や岩手の劇団にもお世話になった。本当にお金はなかったけれど、よくあんな無謀なことが出来たものだと、二十代の若さと馬鹿さに呆れるほどだ。

演劇とは、他者との出会いの宝庫である。いちばん心に残っているのは、俳優という人種との出会いだった。集団就職で上京した者、俳優養成所で将来を夢見て生きている者、そうした新しい仲間たちは肉体一つで生きていた。大学や大学院などで通用した言葉が彼らにはまったく通用しない。それは今まで経験したことがない戸惑いだった。彼らとの付き合いを通じて、自分の甘さや特権性を何度も気づかされた。人と人が出会い、付き合うことの苦さも優しさも知った。こうして自分の経験の幅が一挙に広がった。

演劇という仕事はなかなか経済的に恵まれず、それだけで「食っていく」のは至難の業だ。最初はなかなか仕事として成立しない。次第に演劇での収入の比重が大きくなり、やがてアマチュアからプロになる。ただしその境界は不分明で、先に進める保証はどこにもない。ましてや演劇批評という職種はなおさらだ。わたしは二七歳で演劇雑誌に書くようになったが、批評家だけでやっていけるようになったのは四十歳を過ぎてからである。それまでは他に仕事を持つ兼業でしかなかった。こうした境涯からすると、武蔵の温暖な環境ははるかに遠く、そこで生きているかつての同級生たちは別人種に思えた。演劇など表現の世界でまがりなりにも生きていくことは、つましい生き方を選び取ることなのだと改めて思う。

だが、こうして一旦武蔵から離れてみると、逆に武蔵の持つ良さも見えてきた。とくに「伝統」や「校風」といった、外側からではなかなか気づかなかったエートスについてである。エートス（ethos）とは、ここでは共同体が生み出す気質や精神的な風土性といったものと解しておく。

ではそこで見えてきた武蔵の「伝統」とは、どういうものだったか。

例えば、武蔵生の典型は、理系が強く、学問に打ち込むというものがある、（『名門中学　最高の授業』（鈴木隆祐著、学研新書）より「武蔵のアカデミズム」）こういうタイプに当てはまる同級生は数多く思い浮かぶ。ただしこのタイプは純粋な研究者魂と引き換えに、いささか社会性に欠ける。いわば「アカデミック・フール」に近い存在だ。好きなことに打ち込んで他を省みず。これが一つの典型だろう。

その反面、社会運動や活動家が生まれにくい傾向がある。もっとも近年では、派遣村村長の湯浅誠などが出ているし、公害や人権問題に従事する地味だが、堅実な社会運動家、ボランティアに精を出すものも少なくない。功利を求めず、理念を追求するタイプは、武蔵の別の一面を代表するものであろう。

では「好きなこと」に専心するとはどういうことか。不合理を追求することである。少なくとも、現世的な「利」から無縁で、どこにあるか分からない超俗的な「理」を求めることだ。それを可能とするには、ある環境が整ってなければならない。家庭環境や学校関係など、他が用意してくれた文化資源を自分なりの才覚でいかにうまく使えるかが、「好きなこと」を追求する生命線となる。湯浅は『反貧困』でその資源を「ため」という言葉で表現している。

もっとマトモな人生があったはずなのにと後悔に襲われ

ることも多いし、研究室にこもって、いつ成功するか知れぬ実験に没頭することは、とんだドン・キホーテ的振る舞いだと自嘲にかられることもあろう。

そこに向かうには、一つ条件がある。リアリストでなくなることだ。「ロマンチスト」とまで美化はしないが、覚悟を持って夢を持ち続ける者でしか、研究者や表現者であることに耐えられない。わたしは演劇と関わることで、特権的エリートとは無縁な多くの人たちと出会った。わたし自身も高校卒業時点で、いわゆる「エリート」の道から外れていった。それは確かにある種の挫折でもあった。だが、演劇という職業を選ぶことを通じて、わたしはようやく自分の生きる道が見えてきた。それは「マイノリティとして生きる」ことである。世間一般でいう「出世」や「成功」とは違った別の生き方、それは少数かもしれないが、独自の価値観を持って生きることだ。それは必然的にマイノリティの人生を選ばざるをえない。

「社会的成功」というものは、たしかに誘惑的だ。だが日本の中世にも「隠遁」や「漂泊」、「出家」といった、すぐれて超俗的な生き方があったように、日本人の伝統的な生き方の根底には、近代リアリズムとは異なった「超俗の思想」があるのではないか。近年注目されている種田山頭火など、その良い例であろう。武蔵の「伝統」とは、言い換えれば、そうしたものに通ずるメンタリティ、エートスではなかったか。「学者肌」とは、言い換えれば、清貧に耐える容器であり、つましい生活を受け容れることだ。

人間というものは本来受動的な存在である。誰も親を選べないし、環境も選べない。武蔵に入学したのも、厳密にいえば選んでそうなったわけではない。学校を受験するのは個人の選択だが、入学者を選ぶのはあくまで学校側である。ここにおいてもわたしたちは受動的である。だがこの受動性を引き受けることで、人は初めて能動的になりうる。これは能を大成した世阿弥の考え方にも通じる。

受動的であるとは、他からの指示を待つ消極的な態度を意味しない。何が起きても従容として受け容れる、泰然自若の構えを持つことだ。それは現行の資本主義的リアリズムを超え出て生きるということだ。

こう考えるにいたって、わたしは中学高校六年間で身に付けたことが、ようやく肉体化できたように思う。一度切れて、またつながる。高校卒業して四十年経過することで、清も濁も併せのむ受容器、アリストテレスの言葉でいえば「ファルマコン」をようやく手に入れたのである。

（了）

# 熱血教師、城谷先生に聞く

0

二〇一一年九月三日と四日、この本の編集委員である西谷、岡、宇野、磯野が大分県に城谷稔先生を訪ねた。本をまとめるに当たり、西谷編集長が「僕たちがもっとも印象に残っている城谷先生の話を聞きに行こう」と提案したからだ。

初日に国東半島にある先生のご自宅でまず手渡されたのが一冊の週刊文春だった。昭和四〇（一九六五）年七月一二日号。定価は五十円。日に焼けて変色した表紙の写真のモデルは上戸彩に似ているが、若いころの大原麗子である。この号の巻頭「四大特集」のひとつ。「私立某高校深夜の〝醜学旅行〟」の見出しが躍る。サブタイトルは「東北本線を荒らした高校生のクレージー行状記」。穏やかではない。城谷稔先生が前任のT高校を辞めるきっかけになった事件、言い換えると武蔵に転職するきっかけになった事件が取り上げられている。

「あの学校（週刊文春で取り上げられた東京都杉並区の私立

▼大分別府温泉にて

T高校。記事では実名）はすごかった。武蔵と違って体を張ってなきゃやってられなかった。武蔵に来てほっとした」と先生は述懐する。不良のレベルが武蔵とはまったく違うのだ。

事件の概要は週刊文春によればこうだ。六月二二日から一週間、T高校の三年生一八十人が北海道に修学旅行に出かけた。上野駅発の夜行列車の中で、窓から牛乳瓶を投げるわ、網棚に上がって寝そべるわ、の狼藉ぶり。さらに、車掌室にある手動のブレーキをかけたり、車中の丸型蛍光灯を外してうち一個を外に投げたり、仙台駅ホームのそば屋には生徒が殺到し、どんぶりを無断で持っていったり、無銭飲食した生徒もいたという。

そこに登場するのが引率責任者だった城谷稔教諭。同誌の取材に「いまの段階では、何も申し上げられません。当局と話し合いをしたあとでなら、申したいこともありますが、いまはただ、引率教諭としての監督不行届きを反省するだけです」と答えている。

実はこの記事には前段があり、事件発生直後の六月二四日付朝日新聞朝刊社会面に四段見出しで「ブレーキにいたずら　東北本線　東京の修学旅行生」という記事が掲載された。一行は二三日夜に函館市の旅館に泊まり、三年生主任の城谷稔教諭（三四）が次のようにコメントしている。

「生徒がブレーキにさわったのは知らなかった。ケイ光灯の件は、荷物を網ダナに上げるとき一本こわれたが、わざとこわしたわけではない。また、眠るには明るすぎるので、数本はずした。そこで車掌さんが来て〝勝手にはずしては困る〟としかられ、もとのように直した。言葉足らずだったために誤解を招いたのかも知れない。教師は八人付添って来たが、すべて私たちの責任です。帰りに生徒代表を連れて仙台鉄道公安室に寄り十分陳謝したいと思っています」

その後ろについている校長のそっけないコメントに比べると、三十代前半の「熱血教師」の城谷先生の応答はとても丁寧なものだ。今の教育現場での取材では考えられない。「すべて私たちの責任」という城谷先生の姿勢は、その後、武蔵で教鞭を執る間も変わることはなかったように思う。

城谷先生がT高校に赴任したのは一九六三（昭和三八）年九月。その数年前には日本共産党に入党している。編集委員の一人が聞いてきた話はこうだ。ある集会に参加した先生は最前列に座っていたが、他の参加者からプラカードを預けられ、それを担いでいたところ米軍のMPが駆けつけてきて、捕まった。プラカードに描かれていた内容が米軍

私立某高校深夜の〝醜学旅行〟

フラッシュ

東北本線を荒らした高校生のクレージー行状記

雲にそびゆる高千穂の……もしくは「新戦艦高千穂」。いずれにしてもかつては神国日本を象徴した畏れ多いことばであった。その名を冠した私立・高千穂高校（東京・杉並区）の三年生が、こともあろうに、修学旅行の途上、前代未聞の乱暴の数々を働いたとあって、あたら霊峰・高千穂も、時の流れにはさからえぬかと嘆きたくもなるのだが、さてその真相やいかに

危うく脱線転覆の直前に

女友達をつれていくんだ



を刺激したらしい。ご本人は黙秘を続け何日間か留置され、釈放された時にはすっかり「ハク」がついて、筋金入りの闘士が誕生していた……。

さて、本当のところはどうだったのだろう。

T高校の教員になったのは「(共産党の)組織を作るため」だったようだ。この修学旅行の一件で責任を取らされる形となり、城谷先生は翌年（われわれが入学する一年前）武蔵に移った。当時三六歳。それから五七歳で退職するまで、二一年間、先生は練馬の武蔵高校・中学校で教員生活を送ることになる。

## 1

武蔵での奮闘ぶりを語ってもらう前に、先生の生い立ちをうかがった。場所は先生のご自宅のほか、われわれと一緒に一泊した別府温泉の旅館での宴席、朝食、あとは、岡君が運転するレンタカーの中などである。別府温泉一泊後は、宇佐市にある大分県立博物館や国宝の宇佐神宮にも足を伸ばした。歴史家でもある城谷先生の話を聞きながらの見学は、四十年前の子弟関係に戻ったような気がした。

「もともとは福井出身だが、爺さんが北海道に移り住んだ。名前は豊三郎。中・小地主だ。父親は早稲田に入学し

たが、地主の息子に学問は要らぬと引き戻された。兄弟は男が三人で（ほかに姉妹が二人いる）、自分は真ん中。弟が東大に入った時には新聞記事になった」。

一九五九年四月九日付の「室蘭民報」の記事を見せてもらった。大きくはないが、三人の顔写真も載っている。城谷三兄弟は室蘭では秀才の誉れが高かったのだろう。

長兄の城谷豊さんについては、同じ建築の道に進んだ宇野君が詳しいが、東大の建築を出て、建設省建築研究所から福井大学に進み、長年教授、名誉教授を務めた。二〇一一年二月、八四歳で亡くなった。弟さんは札幌在住。中国文学者。

城谷先生は裕福な家庭に生まれ、恵まれた子供時代を過ごしたようだ。

「小学校四年から六年までゴルフをやっていた。今でいう石川遼君みたいなもんだ」と話しながら、誇らしげでもあり、照れているようにも見えた。室蘭で育ち、浄土真宗の「坊主になるつもりだった」という。弘前高校では陸上をやったが、体調を崩し、吐血したこともある。一九三〇（昭和五）年の早生まれ。地主の息子とはいえ、戦中戦後の食生活は豊かではなかったようだ。

東京大学文学部では国史（日本史）を学んだ。新制の一九五三（昭和二八）年三月卒。卒論は「満州事変」。学生時代の先生の肖像画（クロッキー）を描いてくれた母方の従弟、今関鷲人画伯から昨秋、六十年ぶりにその作品を入手したそうだ。ご本人によれば「真面目そうな学生像」という。

そのころ、日本共産党は武装闘争路線を堅持しており、それを放棄したのは一九五五（昭和三〇）年の第6回全国協議会（六全協）だった。われわれが十代後半に反権力を志向したように、当時の城谷青年は日本共産党の活動に目を向けたのではなかったか。

一九五二（昭和二七）年二月、東大ポポロ事件が起きる。本郷キャンパスで大学公認の「ポポロ劇団」が松川事件を素材にした演劇を公演。観客の中に私服警官がいるのを発見した学生がその身柄を拘束し、警察手帳を奪って、謝罪文を書かせた。学生二人が暴行罪で起訴され、大学の自治をめぐって最高裁まで争われた。

城谷先生はこのポポロ事件にかかわっていたのかを聞いたところ、「かかわってはいるが、非公然の立場だった」とのこと。東大卒業後は党活動、組合活動、あらゆる下積みの仕事、東大学力増進会の講師まで手広く仕事をした。教員として働きながら、左翼運動家としての生活も送っていたのだろう。

## 2

「武蔵はいいところだ。何しろおれを雇ってくれたんだからな」と城谷先生は豪放に言い放つ。久しぶりにわれわれと話ができてうれしかったようで、城谷先生は早口で、あちこちに話がとんだ。

「武蔵に引っ張ってくれたのは島田さんだった」。島田俊彦先生は東大国史の大先輩（昭和九年卒）で、一九五〇（昭和二五）年から武蔵の先生を務められた。一九六五（昭和四〇）年には『関東軍　在満陸軍の暴走』（現在、講談社学術文庫に収録）の著書がある。

「おれがコミュニストで武蔵に入ったことを島田さんは知っていたと思う。それなのにおれは島田さんが『関東軍』の著者であることを知らずに、（その本の内容を）批判したこともあった」

同じ社会科で少し前に武蔵の先生になっていた「上原（一郎）さんにも面倒を見てもらった」という。「ただ上原さんは丸山真男門下のエリートで、最初赴任した時、お茶を入れろと命令された。試されたんだな。翌日、上原さんに前日のお返しにお茶を入れさせた」

それから、大坪秀二さんの名前もよく登場した。数学の先生で武蔵の卒業生（一六期）。当時は教頭だった。その時、城谷先生は武蔵に移って二年目で中学三年の担任。「坪（大坪さんの愛称）さんには、二一年間、ずいぶんお世話になった」。大坪先生との関係は、やんちゃをしても許してくれる上司・先輩という間柄ではなかったか。一九六七（昭和四二）年、紀元節（二月一一日）が「建国記念日」として国民の祝日に制定された時、大坪先生はその日も出勤し、教頭室で執務をしていた。二人には歴史観で共通するものがあったと思う。

当時の武蔵の先生の中に日本共産党の「細胞のキャップ」がいた。党ではキャップのほうがえらいので頭が上がらない。毎日、天皇制の問題で自己批判を強要されたこともあった。そんなこともあってか、あるいは、日本共産党の活動そのものに魅力を感じなくなったのか、一九七五（昭和五〇）年には城谷先生は党を離れた。

「角南（泉）さん（地理）や加藤（侃）さん（地理）、百済（弘胤）さん（生物）たちとは全国をよく旅行をした」。ほかに数学の江頭昌平先生や青村繁先生の名前も出てきたが、当時の社会科の先生たちは個性派の人たちが多く、社会科研究室は武蔵の「梁山泊」のようでもあった。

## 3

先生仲間の話はこのくらいにして、城谷先生とわれわれの関係に話を移したい。

「武蔵ではおまえたちを殴ったり、好きなことをやった。(殴っても) あとでわかってくれるだろうという感情はあった。殴り方にもいい殴り方と悪い殴り方があるんだ」

私の記憶では城谷先生の〝体罰〟は鼻を強くつまむことだと思っていたが、一緒に大分に行った岡君や宇野君は何度も殴られたという。宇野君によれば「平手のビンタ。往復で何発か。パーン、パーン、パーンという感じ」だったそうだ。

別府温泉一泊後、旅館の前で記念撮影した写真 [二五七頁] を見てもらうとわかるが、城谷先生は小柄な体格だ。おそらく跳び上がるようにしてわれわれを熱血指導してくれたのではないか。私は悪ガキではなかったせいか、殴られたことも、鼻をつままれたこともない。今考えればもったいない気がする。

——先生はわれわれのことをどう思っていたのですか?

「正面から付き合いたかった。教師と生徒という意識はなかったな。人と対する時は真面目だったからな、おれは」

——武蔵で活動家を育てたいと思っていましたか?

「それはあったな。武蔵にいる間はともかく、大学に行ってからやってもらいたいと……」

——新左翼についてどう思いましたか?

「内部抗争……」

——政治運動としてはアマチュアであるということですか?

「おれは今も気になっているが、あれ (新左翼が勢力を持ったこと) は日本共産党が逃げて責任を負わなかったからだ。はっきりまとまっては言えないが、野坂参三に好きなように振り回された結果だと思う」

われわれの十五年後輩 (六二期) に湯浅誠という卒業生がいる。二〇〇八年暮れの日比谷公園での「年越し派遣村」の村長を務めた。ほかにも自立生活サポートセンター「もやい」の事務局長、反貧困ネットワーク事務局長を務めている。菅政権で内閣府参与。武蔵の卒業生としては異色だ。城谷先生は彼が高校二年の時に日本史を教えている。おそらく湯浅氏にも影響を与えたのだろう。

一年上の六一期には国際交流NGO「ピースボート」共同代表の川崎哲がいる。彼も武蔵OBとしては変わり種だ。城谷先生がそろそろ武蔵を辞めようと思ったころに教えていた卒業生たちが、現在、社会を変えようとする活動を担っている。そのめぐりあわせに不思議な思いがする。

——武蔵を辞めようと思ったのはどういう理由だったのですか？

「T高校では生徒がおれに向かってきた。武蔵ではおれが辞めるころになって、やっと向かってきた。そんなことでおれの側に気迫がなくなったのかもしれない」

「それにあんたらはしっかりしている人が多いから、もう引け時だと思ったし、草の根運動でもしようかと」

## 4

城谷先生が武蔵を辞めたのは今から二五年前、五七歳の時。現在のわれわれの年齢とほぼ同じだ。それから四年して六一歳で奥さんの実家である大分県の国東半島に引っ越した。老後というにはまだ早いが、武蔵を辞めてから、昭和が終わって平成になり（一九八九年）、天安門事件（第二次）があり、ベルリンの壁が崩壊した。そしてソビエト連邦も解体した。

「もう自分の時代ではないと思った」という。

「あのまま武蔵にいたらおれは何をしていたか。辞めてよかったと思っているよ」

われわれがご自宅を訪ねた時、先生は杖をついて迎えに出てくれた。

「河原で転がって足首をねじってなぁ。アルコール依存症かなぁ。痴呆はないんだが」と苦笑い。

奥さんとのなれそめは「父親が治安維持法でひっかかった娘がいる。しっかりしているからと紹介された」という。

二〇一〇年一一月八日の岩手日報に、宮沢賢治の詩集『春と修羅』の初版本が約八十年ぶりに故郷に戻ったという記事が載った。この初版本は一九二七（昭和二）年に大分県で小学校の先生をしていた故相良吉郎さんが賢治に注文し、自筆の郵送で届けられたという。この相良さんの娘が城谷先生の妻の登美さん。記事に添えられた写真には、花巻市の宮沢賢治記念館に展示された初版本を覗き込む城谷夫妻が写っている。

——大分では晴耕雨読の生活ですか？

「うーん。好きな作家は藤沢周平。司馬遼太郎はあまり読まない。権力側だからという訳でなく、筋がわかってしまうので……。藤沢は弱者の側に立っている。」

——先生の基本はヒューマニズムですよね？

「まぁ、滅茶苦茶やってきたからな、おれは。子どもみたいだ。ズルをやるやつは気が合わないから」

今は、われわれのように卒業生が訪ねて来たり、手紙や年賀状を寄越すのが楽しみのようだ。同期の森本和男君(千葉県立上総博物館)は二〇一〇年六月に彩流社から『文化財の社会史――近現代史と伝統文化の変遷――』を出版し、城谷先生に贈っている。「歴史感覚を身につけ本を執筆できたのは、武蔵中高校で日本史の教鞭を取っておられた城谷稔先生のおかげです。私は成績が悪かったので、武蔵での楽しい思い出はあまりありません。けれども、城谷先生には大変可愛がっていただき、いつも勇気づけていただいたことを今でも深く感謝しています」。彼は同窓会のホームページの著書紹介の欄にこう書いている。

「あんたたちに声をかけてもらいよく東京に行ったが、もうしんどくなった。こういうところで生きていくには少しは毒を抜かないと」

いえいえ、城谷先生、毒を抜くにはまだまだ早いです。いつまでも元気で長生きしてください。

以下はインタビュー番外編。城谷先生の知られざるエピソードについて。

「誰も知らなかったが、おれは徳球(徳田球一)派だった。レポ(連絡員)もやっていた」

徳田球一氏は一九二二(大正一一)年に日本共産党が設立された時の幹部。長年にわたって日本共産党に君臨するも、ソ連共産党と内通していたことを理由に一九九二(平成四)年に除名された野坂参三氏と同世代である。戦後初代の書記長を務めたが、レッドパージを受けて中国に渡り、現地で亡くなった。

城谷先生のご自宅で「無頼亭通信」と題するミニコミ誌を手渡された。一九七九(昭和五四)年一月二六日号の二ページから三ページにかけて「影」と題する記事が掲載されている。内容は日本共産党の戦前の大物スパイのことなど。ペンネームは「倶寸久坦(グスクタン)」

「通信二度目の持ち込み原稿。初めての匿名。名を秘す訳は、文中から推察されたい。オモテ世界の賑い・空騒ぎ・混沌の背後に、黒い影(が)蠢くウラの世界。そして、その影を陰を執拗に追い続ける眼!」と編集長が注釈をつけている。この筆者が城谷先生だった。沖縄の言葉で「グスク」は「城」、「タン」は「谷」。なるほど「城谷」と読める。

それ以外にも、一九八九年から一九九〇年代に先生が切り抜いていた記事資料も受け取った。一九九二年一二月二九日の野坂氏除名の記事や、一九九三年一一月六日の一〇一歳で亡くなった野坂氏の訃報のほか、女優の岡田嘉子さんとサハリンの日ソ国境を越えて逃亡し、獄死したとされていた演出家の杉本良吉氏が実はスターリンの粛清に合い、拷問を受けたあと銃殺されていたことが明らかになった記事もある。

戦前の共産党員で、転向後、政商として名を馳せた田中清玄氏の訃報、国会審議、政界再編など、切り抜きの対象は幅広い。それらに共通するキーワードは「日本共産党」だ。四十年以上前に党を離れても、関心を持ち続けたということなのだろう。

「野坂参三が五十年スパイをやっていて誰もわからなかった。なぜだか教えようか?」

別府温泉の旅館で城谷先生から謎解きを持ちかけられた。しかし、戦前、戦後の共産党の歴史に疎い私はまともに応じることができなかった。先生はさぞがっかりしたことだろう。これらの記事の切り抜きを私に託したのは、元新聞記者として日本共産党の歴史をしっかり覚えておいて欲しいということだったかもしれない。

二〇一一年暮れ、大分を訪ねたわれわれのところに城谷先生からお酒が送られてきた。大吟醸「男子の本懐」。城山三郎が浜口雄幸首相と井上準之助蔵相の生涯を描いた作品のタイトルで、大分県出身の井上準之助の生家の酒蔵メーカーが製造している。

添えられた手紙には「ご家庭を大事に、友人も大事に、よい年を迎えてくれたまえ」とあった。先生のご厚意に感謝しつつ、われわれは二〇一二年の新年を迎えた。

(文責=磯野彰彦)

**〈アンケート〉**

以下の三つから一つを選んで、四百字以内でお答えください。

**①在学期間（一九六七～七三年）で、あなたがもっとも気にかかった社会的事件は何でしたか。具体例を挙げてお願いします。**

**②学園内でもっとも心に残るエピソードについて記してください。**

**③あなたが最も印象に残った先生について記してください。**

（到着順）

## 寺本 研一（てらもと・けんいち）

③　最も印象に残った先生の一人は城谷先生である。彼の名前を挙げる同級生は多いと思われる。何しろ、一クラス全員に往復ビンタをおみまいした強者である。しかし、私が城谷先生を挙げた理由はそれではない。私の記憶に間違いなければ、我々に吉野源三郎の「君たちはどう生きるか？」を提示した教師だからだ。中一の時であったと思う。その単純で根源的な問いはインパクトがあった。現代は多種多様な価値観が交差する時代である。「君たちはどう生きるか？」に示された単純で本能的な根源的な価値観が重要でないだろうか？

そしていま還暦を迎えようとする元少年に対する根源的な問いは「君たちはどう死ぬか？」である。私の現在の関心は死を日常に引き戻すことである。私は仕事柄、病院での死と家での死を多く見てきた。しかしながら、そこでの感想は現代のような隔離された死は間違っているということである。死は忌避すべきものではなく日常にあるべきものである。

臨終近くの山岡鉄舟を勝海舟が見舞った。「いよいよご臨終と聞き及んだが、ご感慨はいかがかな」

「現世での用事が済んだので、お先に参ることにいたす」

「さようか、ならば心静かに参られよ」

こんな別れをしたいものである。生きることは死ぬことであり、死ぬことは生きることなのだから。

このような思考の基礎を与えてくれた城谷先生がもっとも印象に残った先生の一人である。

▼武蔵を卒業して外科医になった。肝臓や膵臓を専門にしている。町医者になった現在最大の関心事は、日常に死を取り戻すことである。一人の人間が死んでいく様を周りの人間は凝視し洞察すべきであると考える。

## 川合 義彰（かわい・よしあき）

②　エピソードというほどではないのですが、「武蔵の思い出」として真っ先に頭に浮かぶのは、手作りの教科書と独自のカリキュラムですね。これは、多分、歴代の先生方がそれぞれの教科でのノウハウを積み重ねたものだと思うのですが、今、思い返してみてもなかなか味があったような気がします。小学生の時に使っていた画一的な教科書と違って、少しワクワクしながら新しいページをめくったような記憶があります。そんな中でも音楽と現代国語がすごく記憶に残っています。あの当時習った音楽史は今でも「教養」としてしっかりと機能していますし、現代国語は教科書ではなく、いきなり夏目漱石の旧仮名版『文鳥』の読解だったと思います。そして、中学二年生になってからは、梶井基次郎の『檸檬』や『泥濘』といった具合で、かなりマニアックでしたね。先生の趣味だったのかもしれませんが、本当に印象に残りました。武蔵らしい良き伝統だったと思います。

▼一九五四年八月一四日東京都新宿生れ。一

橋大学商学部卒。野村證券入社、札幌支店を経て、約十年間のヨーロッパ勤務。その後、リーマン・ブラザースを経て、株式会社マークアイ入社。現在、同社代表取締役社長。

**中曾 宏**（なかそ・ひろし）

② 武蔵学園在学期間中に記憶に残る大きな社会的イベントは一九七〇年大阪万博だ。「人類の進歩と調和」をテーマとした万博は、あの当時、日本全国を覆っていた「熱気」の象徴だった。一九六四年の東京オリンピックの成功を契機に科学技術力を急速に高め、労働力人口が総人口を上回って増加する「人口ボーナス社会」にも恵まれた日本経済は右肩上がりに発展し、誰も明日の経済繁栄を信じることができた。高校一年の私は、そんな熱気に誘われるように、夏休み、自転車で万博を目指した。道中の熱気は、強い太陽の日差し、むせ返る草の香、そして蝉時雨の記憶とともに脳裏に鮮やかに刻まれている。たどり着いた万博会場の夜景は未来都市のように幻想的で、三時間並び垣間見た月の石に、科学の無限性を感じた。社会に出て私たちは、かつて信じていた未来とは少し異なる現実に対面することになる。それだけに、当時の熱気は遠い記憶の中で一層輝きを増して感じられる。

▼大学卒業後、日本銀行に就職し、バブル崩壊後の日本の金融危機対応や経済の立て直しなどの仕事に従事してきましたが日本社会の持つ頑健性を信じています。今年の秋には一九六四年以来となるIMF・世銀年次総会を東京で開催します。

**森本 学**（もりもと・まなぶ）

① 沖縄「返還」

武蔵の中学生らしく当時スポーツなどに専念していた私は、特段、沖縄返還問題に関心があった訳ではなかった。ただし、「沖縄返還 両三年内に目処」といった新聞の大見出しは妙に印象に残っている。「二」を勿体つけると「両」と言うことを、この時初めて知った。沖縄返還問題は、この一九六七年の日米首脳会談の後、一九六九年一一月に「核抜き、本土並み」の返還が合意された。ベトナム戦争下、嘉手納基地からB52が北爆に向かう中で、米国がなぜ沖縄を返還し、米軍は何を維持するのか、当時の私には何となく理解出来ないものが残った。

それから暫くして西山事件が起った。高校生で人並みに性的好奇心もあった私でも、「情を通じ」より密約があったかどうかの方が大事だろう位の感想は持った。現在では、西山事件など問題の実相がより分かってきている。しかし、私が中高生時代に抱いたモヤモヤ感は、当時の対立の構図が何だったのかを含め十分晴れていない気がする。

▼東京大学法学部卒業後、一九七七年大蔵省（現財務省）入省。証券局、銀行局、在英国大使館、理財局などを経て、〇五年近畿財務局長、〇六年国際協力銀行理事、〇八年東京国税局長、〇九年金融庁検査局長、一〇年同総務企画局長（現職）。

**澤田 恭明**（さわだ・きよあき）

①でしょうか、②でしょうか？

昨日ロンドンオリンピックが閉幕しました。自分の武蔵時代とオリンピックとはほとんど結びつかないのですが、唯一今でも鮮明に記憶に残っている出来事があります。

それは一九六八年のメキシコオリンピックで日本男子サッカーが銅メダルを獲ったあの日のことです。僕らは中二でまだ旧校舎にいた頃でした。開催国メキシコとの三位決定戦、どの先生の授業だったかは覚えていませんが、とにかく皆んなして授業はそっちのけ、でも大っぴらにするのは一応はばかりながらラジオのイヤホンを耳にして試合の実況中継に傾注していたのでした。オリンピックのサッカーといえば常にあの時の光景が甦ります。

確か二対〇でメキシコを降し見事銅メダルを獲得した瞬間は、授業中にもかかわらず万歳三唱でもしましたっけ？　あれから四四年、ロンドンで久々のメダルの夢も膨らんだのですが、結局は四位に終わり武蔵時代の思い出を更新してくれるには至りませんでした。

▼一浪、一橋大経由で日産自動車に就職。三十余年経理中心の仕事でしたが、ルノーとのアライアンス直後にはかのカルロス・ゴーンと仕事する機会にも恵まれました。現在は金融子会社に勤務しています。昨年初孫誕生、無条件で可愛い。

**森本　和男**（もりもと・かずお）

② 在学期間中は、学生運動、七〇年安保闘争の真っただ中にあり、社会全体が騒然としていた。その影響は武蔵の中高校にもおよんで、私もその末端にあった。確か七〇年安保改定は高校一年の時で、当日学校は自主討論の日となり、その後で安保反対のデモが校舎から出て、練馬の町を練り歩いた記憶がある。

学園紛争だけでなく、沖縄返還やベトナム反戦、水俣病など様々な社会運動が盛んだったが、大阪万国博覧会が華々しく開催される一方で、ビートルズ、ヒッピー、フーテン、新宿駅西口反戦フォークなどのサブカルチャーも、雨後の筍のように、次から次へと生まれていた。あの頃は、社会も自分も、得体の知れない熱気に包まれていた感じだった。

しかし高校を卒業して、日本が高度経済成長をまっしぐらに突き進むようになると、何かしら白けた陰鬱なムードが社会全体を覆ってしまったような気がする。

▼千葉県で長らく考古学の発掘調査に従事している。二〇一〇年に近現代史と文化財に関する本を出した。

**鈴木　浩一**（すずき・ひろかず）

① 武蔵在学中と当時の社会的事件という組合せで一番印象に残っている出来事は「学生運動の劇場化」です。昭和四四年（一九六九年）一月一八日土曜日に、前年から全共闘ほかの学生によりバリケード封鎖されていた東大安田講堂に、警視庁機動隊が突入して封鎖解除をした「安田講堂事件」。そして、卒業の前年昭和四七年（一九七二年）二月一九日土曜日の「あさま山荘事件」のクライマックスへと。当時は考えも及びませんでしたが、学生運動が劇場化することにより、大多数の国民を心情的支持者から安全な所にいる観衆・傍観者に変えてしまったきっかけが両事件であったと思います。何故か、武蔵恒例の強歩大会の日に、狭山から江古田の学校まで歩いている途中、たまたま持参していたラジオで実況中継を聴き続けていたとの不確かな記憶と結びついて覚えています。他にも、昭和四三年の新宿騒乱の翌日、苦労して登校したら休校だったとか、多感な時代の想い出です。

▼武蔵では理系科目を選択し剣道部に在籍。大学は統計と経済の間の計量経済学を専攻し弓道部に在籍。SEを嫌って勤労部に配属され、以後三十年余メーカーの人事畑を一貫して歩むことに。現在は心理学に興味。

**有住　一郎**（ありずみ・いちろう）

① 一九六九年、アメリカはウッドストックで空前の規模の野外コンサートが開催された。その記録映画は、翌七〇年に日本でも公開されたと記憶している。我々の学年が中三から高一にかけての日々である。七〇年安保闘争

の季節がそこに大きくのしかかっていた。

その頃の私は、美術部で画布に絵具を塗りたくったり、ポロポロとギターを弾いたりしていたものだ。そんな落ちこぼれかけの私の背中を強く押してくれたのが、このウッドストックに象徴される時代の風であった。

こんなことをしていてよいのか？　まったく違う価値観を生きてみないか？　けなげにも密かに決意した十六歳の夜。やがて母校も退学処分となり、今に至る私の長い旅が始まった。

あれからもう四十二年が流れたな。あの頃の若い俺よ、この先にいろんなことが君を待っている。今の俺は当時の決意のままに今も生き抜いているのかい？　いっぺんお前と飲みながら話でもしたいもんだな。
▼長い旅を続けてきたようだ。いつしか流れついた港町は神戸の北野坂。ワインと料理の店を始めて九年目になる。店の窓から世界を眺めながら、ギター片手に唄ったりと、昔と相も変らぬ日々である。

**福田　隆哉**（ふくだ・たかや）

②「ペレの初来日とチョイ悪少年の誕生」
一九七二年五月二六日、純真無垢（クソ真面目）であった私は、「尾崎豊の一万分の一の勇気」を持って、生まれて初めて授業をサボった。欠席を隠すために、机と椅子をベランダに出したが、数人が同じことをしたので、スカスカでバレバレ。中間試験の少し前で後ろめたい気がしたが、無断早退して国立競技場へ急いだ。王様ペレを擁するFCサントス対日本代表の国際親善試合を見るために。たかがクラブチームに日本代表が対戦するなど、現在では考えられないが、四十年前の日本サッカーの実力は情けないものであった。誰一人、日本代表の勝利など考えておらず、釜本が一点取れるかくらいしか期待はなかった。それにしても、この試合でのペレのパフォーマンスは素晴らしいものであった。昨今の日本サッカー界（男女ともに）の隆盛を見るにつけても、まるでお伽話のような出来事。そして、この日を機に、私自身は暗黒面に落ちて行ったのである。
▼武蔵中学サッカー部出身。早稲田大学理工サッカー部卒業。福島原発の設計計画に関わったことを生涯後悔する。「医療器販売会社」代表取締役となり，現在に至る。サッカー（テレビ）観戦、荻窪ラーメン、第三のビール（リキュール①），詰将棋をこよなく愛す。

**中村　聡**（なかむら・さとし）

②我々四七期生にとって、武蔵在校中の最も大きな出来事の一つが新校舎への移転であろう。中学入学時の旧校舎は古いが趣のある建物であった。生徒を徹底して大人扱いする先生がたの教育方針、そして正田健次郎校長先生の「道徳」の授業と相俟って、これまでの小学生とは違う大人（になりかけ）の自分を強く意識した記憶がある。旧校舎時代の武蔵のキャンパスは広々と自然に恵まれ、旧・集会所や旧・練心館（剣道場）といった旧制高校の香りを強く残す施設も残されていた。一方で、中学三年の途中で移った新校舎はたいへん巧みに設計された建物で、昼休みの「水入りビニール袋合戦」も瞬く間に定例化し、学年を越えた生徒間交流には至って好都合な建物であった。職場の東工大にも武蔵の先輩・後輩が多く在職・在学しているが、卒業年度が数十年違っても習った先生は同じであったり、共通する話題には事欠かない。新旧校舎両方で学べたことに感謝している。
▼東工大を卒業後、帝人で医薬品の開発研究に携わる。その後、母校に戻り現在に至る。極限環境微生物というへそ曲がりな生物が作る酵素の研究を行っている。武蔵で剣道

を始め、現在は東工大剣道部長を拝命。

## 佐野 彰俊（さの・あきとし）

① 私は五八歳のいま建設業の環境エンジニアという立場にいます。

一九六七〜七三年と言えば「公害反対住民運動」ではないでしょうか。

今でこそ典型七大公害と九大地球環境問題等と語りますが、一九六〇年から七〇年代は高度経済成長の中、政治・行政・企業ののひずみが、「公害」という姿で国民に仕返しされた時期だったと思う。

Wikipediaによると「安中東邦亜鉛カドミウム公害訴訟」で「一九七三年九月二七日五五名の訴訟救助が高裁決定、八〇年結審までの裁判ようやく開始」とあります。この間、大気、水質等環境基準が定められ、六七年の公害対策基本法、環境基本法と日本国も環境法体系が整備された。現在、工場設計で「環境基準、環境法令を順守しているか」と始めるが、美しい環境思想ルーツは武蔵高生であった七〇年代の公害に対する国民の悲痛な声だった。

これは当時渡廊下走隊水落作戦より重要な事であった。そうだ上海へ行ってみよう。

▼八〇年三月東大建築学科修士卒。ゼネコンエンジニアリング本部（工場施設等）環境管理責任者。

## 三木 哲郎（みき・てつろう）

② 武蔵での生活を振り返ってやはり最も心に残っているものは、水泳部と私設フォークバンド「インフレーム」を通しての経験でした。水泳部では我々が中学の時に水球を復活させて、正に一夜漬けの練習から東京都を制覇したのを切欠に高校一年で東京都リーグに初参戦。翌二年で優勝を果たし、その後暫く（後輩達の代も含めて）黄金時代を築くことができました。これは恩師高橋先生のご指導によるところ大ですが一種のパイオニア的な存在となり後輩への影響や自分自身の人生での自信となりました。又高校時代の同時期に四人の仲間と結成&スタートさせた「インフレーム」は文化祭毎にステータスを高めて、卒業時には四年後輩へのバトンタッチが実現すると共にその伝統は暫く武蔵に生き続け、我々はここでもパイオニアとなりました。今から振り返るとこれら二つの活動を通して通常の勉学とは異なった経験をし、所謂青春を謳歌していたと懐かしく思い起こされます。

▼中学・高校六年間水泳部に所属。一九七三年四月東京大学機械工学科入学、一九七七年三月卒業。同年四月三菱自動車工業㈱入社京都製作所配属。東京本社、名古屋製作所等の勤務を経て、二〇〇八年六月よりNedCar会長兼CEOでオランダ勤務。

## 小原 光雄（こはら・みつお）

③ 「横トンの授業で寝てしまった」

在学中最も苦手だった授業は、横井徳治先生の英語だった。とにかく怖かった。「わかりません！」と答えると、「ちがう！ 以前教えたから、『忘れました』だ。」と怒られた。そんな恐ろしい授業でこともあろうに寝てしまった。

季節は高一の冬。席は入り口最前列。質問に無事答え、これでしばらくは安全だと気が緩んだ。前夜の深夜ラジオと教室の暖房も加わり不覚にも寝てしまったらしい。異様な気配で我にかえると目の前に横トンが立っているではないか。しまった！ 瞬間頭が真っ白になった。左隣りにいた薬袋善郎君によると、順番が一巡した時、先生は私が熟慮中と思ったらしい。周りの級友は状況を把握して恐怖に慄いた。あまりの沈黙に気づいた先生の「えっ、君寝ているのか！」の声で目をさました。本来爆笑の場面だが、その時は教室中水をうったようにシーンとしたという。必死の謝罪と、自分の授業で居眠りをする奴がいたという先生の驚きからか、思いのほかお叱りは軽かったようだ。横井先生、本当に不出来な生徒ですみませんでした。

▼一浪し東京都立大法学部入学。卒業後、東京都民銀行に入行、二六年勤続。五十歳を機会に選択定年で退職。薬剤師の家内と地下鉄東西線神楽坂駅前に小さな薬局を開局し現在に至る。子供なし。

**難波 宏樹**（なんば・ひろき）

① 中学三年生の春に腎臓を患い、中三、高一と欠席することも多かったため、高校生活をエンジョイした思い出はありませんが、その間、最もインパクトの強かった出来事は一九六九年七月一六日、アポロ計画で人類が初めて月面に降り立ったことです。入院生活の中、深夜のTV放送を見るために初めて外泊許可をもらい、家で家族と見ました。ベトナム戦争の泥沼で勢いを失いつつあったアメリカでしたが、高い理想と確かな科学力で夢を実現した大国の底力を感じた出来事でした。アポロ計画に関しては様々なことがいわれていますが、自分の将来が見通せない病床の中、エネルギーをもらったことを覚えています。また、闘病中は多くのクラスメートに支えられ、留年することなく皆とともに卒業できたことを、この場をお借りして御礼申し上げたいと思います。その後、医師の道を進んでいるわけですが、困難に出会うたびにあの頃を思い出し、健康に仕事ができるだけで感謝に値することを再確認しています。

▼十四年前に前妻（小児科医）を癌で亡くし、その後浜松医大に赴任しました。前妻との三人の娘の内二人は両親と同業の医師になっています。九年前に再婚し、現在五歳と三歳（五女！）の娘がおり、この子たちが成人するまで健康でいることが現在の目標です。

**吉野 晃**（よしの・あきら）

③ 加藤侃先生

地理の授業で柳田國男について習った。フィールドワークの愉しさを教えてくれた。人類学を仕事としているのは、加藤先生の影響も大きい。

深津胤房先生

剣道部の顧問であったのみならず、私の教育実習の指導教員もつとめて頂いた。きわめて実直な人格者。いろいろと迷惑かけっぱなしだった。

▼中学の時は老荘思想にかぶれた隠遁思想。大学へ入って人類学にかぶれそのまま今日まで。定年近くなって再度隠遁思想の傾向。タイの山奥に籠もりたい。

**葭内 博史**（よしうち・ひろし）

① ■一九六六（小六）：米国ベトナム派遣兵四十万人、文化大革命、羽田沖墜落・富士山墜落■一九六七（中一）：日本人口一億人超す、ハプニング、帰ってきたヨッパライ、青い影■一九六八（中二）：とめてくれるなおっかさん、サウンドオブサイレンス、クロスロード■一九六九（中三）：アポロ11、東大入試中止、ウッドストック、ホンキートンクウィメン■一九七〇（高一）：ビートルズ解散、ジャニスとジミヘンドラッグ死、三島割腹、大阪万博、光化学スモッグ、ブラックマジックウーマン、いちご白書、イージーライダー、原子心母■一九七一（高二）：円変動相場制移行、沖縄返還協定調印、成田強制代執行、一七才（南沙織！）、ユアソン

グ、イッツトゥレイト、イマジン、八月の濡れた砂、小さな恋のメロディ、風街ろまん■一九七二（高三）：札幌五輪、パンダ、浅間山荘、列島改造、ビューティフル、いとしのレイラ■一九七三（大一）：オイルショック、ハイセイコー、悲しみのアンジー

▼（株）竹中工務店設計部部長、APECアーキテクト。一九八一年早稲田大学理工学部建築学科大学院修士。二〇〇二〜八年日本大学理工学部建築学科非常勤講師。二〇〇九年早稲田大学創造理工学部建築学科非常勤講師。二〇〇四年〜東京建築士会事業委員。二〇〇七〜九年日本建築学会代議員。

## 水上　陽介（みずかみ・ようすけ）

③　武蔵で最も強い印象を受けたのは江頭昌平先生である。高校から武蔵に入った自分にとっての最初の組主任が先生だったこともあり、武蔵の文化、校風の洗礼を受けたのも、先生を通じてのものが多かったように思う。

先生は、授業などで折に触れ、社会情勢や学問一般についてご自身のお考えを述べられた。その表現は謎めいたところを残した独特のもので私には十分に理解できないことも多々あったが、先生のお人柄には不思議な魅力を感じた。

武蔵卒業直後、何人かの同級生とともにご自宅にお招き頂いたことがあったが、ご自宅は、東京から遠いと当時は思えた飯能の市街からさらに離れたところにあり、先生が仙人か世捨て人のように感じられたことであった。

残念なことに先生はかなり早い時期に鬼籍に入られてしまったが、今でも「あの時、先生は何が言いたかったのだろう」とか「これに対して、江頭先生だったら何と言うだろう」と思うことが多い。

▼昨年来、JR東日本パリ事務所に勤務しています。欧州は二度目なのですが、当地においては鉄道や交通全般の状況がすっかり変わってしまったことに強い印象を受けています。

## 下川　宏治（しもかわ・こうじ）

①　それは一九七二年五月二六日。二限目から授業を抜けて同期の仲間達と国立競技場へ。サッカーの神様、キングペレの来日試合です。五万人以上の超満員の中、バックスタンド中央やや下の見やすい席から観戦。ナイターに映えた試合は三対〇でサントスが我が代表に快勝。後半のペレの二得点に大興奮。特に二点目は至高の一点。ペレは自身の最も素晴らしいゴールの一つだと言っていました。

ペレの全ての動きと妙技・神技を見逃すまいと、そして歓声の連続で、ボルテージは上がりっぱなし。サッカーマガジンの見開きページに満員のスタンドが掲載されましたが、そこに写っていた我々武蔵高校の面々。円熟期のペレを生で見ることが出来た、夢のような至福のひと時のワンショットです。やはりペレは我々世代のサッカーの神様でした。

メキシコ五輪の銅メダルと釜本に始まり、エウゼビオを見て、神様ペレ。我が代表はとても弱くまだまだ黎明期でしたが、いい時代でした。

▼武蔵高校卒業後早稲田大学理工学部へ進学。一九七九年同大学院終了後、千代田化工建設（株）に勤務。横浜本店にて主として海外プロジェクトの防災設備関係のエンジニアリング業務などに従事。『マイアミの奇跡』の一九九六年から一九九七年の間米国Houston, TXの子会社にて勤務。一九九九年七月よりZurich Insurance Company Ltd Japan Branch に転職。現在同社企業保険事業本部リスクエンジニアリング部部長。

**平岡 幹康**（ひらおか・みきやす）

① 在学期間は、ベトナム戦争や浅間山荘事件など、激動の時期だったと思いますが、僕には、好きな音楽との出会いの時期でもありました。中一のとき、強烈な印象を受けたのが、ザ・タイガース。親父と武安君と日劇のウエスタンカーニバルに行ったことを覚えています。多くの女性の歓声の中で、男性は僕たちだけだった（笑）。当時、海老原君、細川君、山森君、弘田君たちとMBSに所属していた僕は、お昼の校内放送で「タイガース特集」を放送し、洋楽ファンの顰蹙をかったものでした。毎日のようにレコードを聴きながら、数学の問題を解いていました。親に買ってもらったギターで、ベースラインを真似していたのが、後に住友君、三木君、山田勝朗君と結成した「INFLAME」でベースを担当するきっかけだったと思います。高一の冬、ザ・タイガースは解散しました。四一年後の同日、親父バンドのベーシストをしている僕は、「沢田研二 LIVE2011 ～ 2012」を見に行ったのでした。

▼大学卒業後、公認会計士の傍ら、「人」との絆の重要性を感じ、小学校のクラス会など、人集めを趣味とする。武蔵の同期会は毎年の新年会や五年おきの周年記念同期会を二十周年、以来五年おきに開催。今年からは夏の同期会も開催。来年は四十周年を開催予定。現在は監査法人の人事部門で、キャリアカウンセラーとして、会計士の相談相手を務める。また、地元の民生委員、町会役員、さらに親父バンドのベーシストとしてライブ活動中でもある。

**原 彰夫**（はら・あきお）

③ 一九七〇年四月高校から編入した私にとって、武蔵は驚きの連続でした。個性あふれる先生方と中学より上がってきた公立中では考えられないような大人の雰囲気を醸し出す同級生の面々。そういえば編入組も只者ではなかったような気がします。最初はどうなるかと思っていましたが、アットホームな雰囲気のおかげで、すぐに武蔵に馴染んで行くことができました。さて先生方の中では鉄腕アトムのような髪型をなされ、飯能シューズとみんなが言っていたような記憶があるのですが、今で言うトレッキングシューズをいつも履いていられた数学の江頭先生が一番記憶に残っています。多分高一の時、代数を教えて頂いたと思います。代数の式を、鼻歌を歌うような感じで（実際に歌っていた？）黒板にきれいに板書され、時々ウイットに富んだ発言をなされていた記憶があります。試験の点数は散々でしたが、数学を学ぶ楽しさ美しさを教えて頂きました。

▼小学校から中学校で二回転校し、また大学も付属高校があり、思えば小学校から大学まで編入生でした。現在は医師として和光市の病院で管理職をしています。練馬区に隣接していますので健康にお困りの時はご相談ください。

**中村 裕一**（なかむら・ひろかず）

② 武蔵からの贈り物

武蔵は人が生き抜く為に必要な体験と智慧を与えてくれた。それは自然との出会いや先人の叡智との遭遇である。

自然とは軽井沢の青山寮、外房の鵜原寮で出会い、更に、山岳部での経験へと続く。夏山合宿に加え、冬は八方尾根の〝赤い小屋〟での生活。雪やツララから水を作り、冷凍庫は雪穴、冷蔵庫は二重窓の間であった。グルノーブル冬季オリンピック映画の〝白い恋人たち〟に触発されスキーも極めた。

叡智の伝承たる授業も素晴らしかった。英語は社会人となってからの武器となり、シカゴの会社に一人で乗り込んだ時にも、窮地に陥る事は無かった。音楽の授業では数々の名曲と出会った。それは、今の安らぎにも役立っている。数学、理科、社会科、漢文等々からも論理と情緒を教えられた。

武蔵での六年間の生活が僕の考え方の基本にある。そして、時折湧き上がる・懐かしい・という思いは、何よりも素敵な・武蔵からの贈り物・である。

▼三菱ＵＦＪモルガン・スタンレー証券常勤監査役。昭和五二年三菱信託銀行（三菱ＵＦＪ信託銀行）入社。市場業務、海外プロジェクト、支店経営、企業年金業務、プライベートバンキング業務を経験。信託銀行で執行役員、理事、業務顧問を経て証券会社での現職。
趣味：水泳、スキー、音楽・絵画鑑賞。

**鍋田 英一**（なべた・えいいち）

③ やはり、城谷先生。私が、日本史教師になったのも何かの縁か。とにかく、生徒への接し方が小学校までの先生と全く違っていた。支持政党を公言して憚らず、入試問題の秘密（「武蔵良いとこやって来な」）も明かし、上級生を殴ってきた話をして驚かせる。社会科職員室には『忍者武芸帳』が並んでいた。思えば、城谷先生をはじめ、武蔵の先生方は我々を「子ども扱い」しなかった。

一方、武蔵は私の持っていた「良い子」のイメージを根底から覆した。個性的な先生方、自由な校風。授業だけでなく、「オープン」から逃げ回ったり、集会所のＴＶで「指圧」を熱心に見たり、昼の集会で「イムジン河」を歌ったり……国際反戦デーやソンミ村虐殺事件や安田講堂攻防戦なども気にかかった。しかし、武蔵の自由を履き違えた私の通知表は「要注意」が続き、高校へは進めなかった。

▼千葉県の私立東京学館高校で日本史の教師をやって三二年。いろんな生徒に出会うが、武蔵での経験（挫折？）が役立った。ところで、渡り廊下の「この頃、武蔵にはやるもの…」の落書。誰か、記録していませんか？

**石橋 直人**（いしばし・なおと）

②オープンそして休講

今、いじめ問題が取りざたされている。僕らのあの時代にもオープンという〝遊び〟があった。休み時間に誰からともなく「オープン」という声がかかると、ある友達をみんなで羽交い絞めにしてベルトを抜き取りズボンを引き摺り下ろす、という行為です。まさしく今でいう〝いじめ〟です。やられた本人はきっと本当にいやだったのでしょう。しかし妙に明るいエクササイズだったように思います。もうひとつの想い出、休講コール。いわば授業のボイコット、強制拒否。先生が教室に来るころを見計らって机を後ろに下げて、みんなで「休講、休講」とシュプレヒコール、そうすると、本当に休講になってしまうこともたびたび。今思えば、なんて幼稚な行為だったことか。でもそんな僕らを受け入れてくれた先生もおおらかでした。そんな雰囲気の中でのびのびと育まれたことにあらためて感謝。

▼一九五四年一二月生まれ、慶応義塾大学大学院工学修士　会社勤務を通じて米国、ドイツ、イギリスで生活、そして今はスウェーデンに滞在しています。

**渡辺 祥司**（わたなべ・しょうじ）

② 学園内で最も心に残るエピソードを一つに絞ることはできません。しかし、今でも、武蔵高校時代を思い出すと浮かんで来るのは、サッカーチーム「プフェルド」でプレイして

いた同級生の姿、学園祭で、ピアノ、クラリネット、サックス等をプロ並みに演奏していた同級生の姿です。勉強だけでなく、スポーツや音楽を楽しんでいた同級生の自由闊達な姿が一番輝かしい思い出として残っています。

地方都市の中学を卒業して武蔵高校に入学して、武蔵高校の自由な校風の下、才気煥発な同級生と過ごしたことが現在の自分の生き方、考え方のベースになっています。現在は、未だ過去を振返る心境にはなれないので、自分の新たな人生を切り開きたいと思って、足掻いています。武蔵の三理想の一つの「自ら調べ自ら考える力のある人物」は、個人的に達成できたと思っていますが、「東西文化融合の我が民族理想を遂行」し「世界に雄飛」するについては、未だ道半ばです。

▼食品会社、エアライン、電子部品メーカー、仏壇・墓石販売会社と会社は変わりましたが、企業法務の仕事を一貫して続けてきました。国際取引法、国際独占禁止法等の研究を継続し、発信して行きたいと考えています。

**石田 知久**（いしだ・ともひさ）

① 三島由紀夫の割腹自殺

学内のどこかで（集会所のTV？）このニュースを聞き、クラスに戻った時に誰かに話したら、「それは大事件だ、授業やめて緊急討論会だ、お前が司会をやれ」ということになりました。結論はもちろん覚えていませんが、七〇年安保の時代でもあり、よく一部の人を中心に討論会をやりました。

三島事件は議事録に載っていませんが、安保等の政治に関わる討論は発言者名と発言内容が記録されています。

▼東大応物修士卒業後、ずっと㈱ニコンに勤務しています。

**新井 充**（あらい・みつる）

③ 加藤侃 先生

定期試験の問題の、「江戸時代の鯨捕りの様子を絵で描け。」が衝撃的でした。

確か、当時の地理は、加藤先生と角南先生が二人で担当していて、加藤先生担当分の試験問題は、この一問だけだったと思います。点数は正確には覚えていないのですが、壊滅的だったことは間違いなく、その学期の地理の成績は、十点評価の「二」でした。

もともと地理は大嫌いで、全く興味の持てない科目でした。その中で、江戸時代の鯨捕りに関する授業だけは、何故か印象に残っており、にも関わらず絵を描く能力が足らずに悲惨な結果になったことは無念でしたし、地理の試験が美術の試験になったことに憤慨もしました。

しかしながら、今にして思うと、それも大事な教えであったような気がします。現在、私は教師を生業にしておりますが、「絵を描いて説明できれば」と思うことが多々あり、あの時を境に、絵を描く練習をしなかったことを悔いています。

▼東京大学環境安全研究センター教授。一九八二年東京大学大学院工学系研究科反応化学専門課程博士課程修了。工学博士、新日本製鐵株式会社での九年間の会社生活を経て現職。

**篠田 勝**（しのだ・まさる）

② 私が武蔵に在学していた七〇年代は、音楽界において多種多様な分野が台頭してきた。フォークではピーター・ポール＆マリー、ロックではビートルズ、ストーンズ、レッドツェッペリンなど。武蔵記念祭では多くのバンドが個性的に腕を競っていた。その中で特に心に残ったのが二年先輩のワールドオブペ

インというロックバンド。ライブの知らせをうけ、小講堂に出向くと客席は超満員。遅れて登場したペインのメンバーはステージ上で一向に演奏を開始する気配はなく、黙々と音あわせ、セッティングを続けること三十分、いつになったら始めるんだ、とうとう観客が騒ぎだし、一部の学生は退座をはじめた。騒然とした雰囲気の中、突然演奏が開始され、それは流行にへつらうことのない異次元のオリジナル曲、観客全員がそのすばらしさに聞き入り自分も全身鳥肌がたったのを覚えている。あの時代は三無主義という言葉が流行った反面、皆が自分をどう表現するか、今と将来をどう生きていくのか、真剣かつ純粋に探していた時代だったように思う。

▼大学卒業後医療機器専業メーカに勤務、AEDと呼ばれる心臓蘇生装置の輸入や開発に携わり、官民が一体となって日本国内への定着化を推進。現在では駅や学校など約五十万台が稼動し、万一の事態に備えています。

**矢作 祥之**（やはぎ・よしゆき）

② 中学校は公立だったので、当時の武蔵高校の校舎が大変きれいで、とりわけダルマストーブではなく、スチーム暖房だったのが印象に残っている。

武蔵高校が男子校というのも印象が強い。女性に対する配慮は不要なので、全てがストレートな表現・行動になる。

授業中の態度も決して褒められたものではない。先生の威厳？によるのであるが、ある授業では教室の外側にあるベランダで、飯盒炊爨の要領で早弁の為にお湯を沸かしたり、弁当を温めたりしている輩がいたし、極めつけは、当時の武蔵大学の前にあった万福という中華料理屋から、授業中の教室に出前が届き、いきなり教室に入った配達人が、ラーメンお待ちどうさま！と言ったときには本当に驚いた。今となっては全てが懐かしい。

▼高校から入学させてもらいました。現在はローソンと言うコンビニの役員をしています。社会のインフラとしてお役に立てるよう、日夜励んでいます。

**桑水流 正邦**（くわずる・まさくに）

② 私の場合、武蔵と言われてすぐ頭に浮かぶのは、バスケットボール部（籠球武蔵、RKM）と畑公のことであるが、この原稿を書くにあたり今一度思い返すと、旧校舎（現在の大学三号館）での授業、中学一年・二年当時の学校生活もまた貴重な経験であった。

正田健次郎校長の授業で「アミダクジ」について教わったことがある。まだ子供であった私には、何の変哲もない一筆書きが高尚な学問の対象になることを感じた貴重な瞬間であった。きっとこの経験が理科系に進むきっかけかと。

臨海学校で、褌が恥ずかしかったこと、海で泳いだ後の和菓子がめちゃくちゃ美味しかったこと、殺虫剤を振りまいて怒られたこと……

「もっとも心に残る」と言われても、特定のイベントは思い浮かばず、日々のたわい無い出来事が今の人間形成につながっているように感じた。

▼結婚して姓を変え、戸籍上は渡瀬（わたせ）ですが、仕事でもプライベートでもほとんど桑水流を使ってます。五八歳の今、十歳と七歳の子供がおり、毎日バタバタの生活を送ってます。早く悠々自適、晴耕雨読の生活をしたいと望んでます。

**須賀 英之**（すか・ひでゆき）

② 黒い詰襟の制服。ブルーブラックのイン

ク瓶とGペン。昼休みに流れるチャイコフスキーのピアノ協奏曲。小学校には無かった武蔵中学での最初の体験は、今でも新鮮に脳裏に甦ってきます。

先生から「今日から君達を一人前の大人として応対する」と言われたものの、当初、その意味は分かりませんでした。Yシャツをインクで汚しつつ、アルファベットをGペンで練習する度に、ちょっと大人に近づいた気分でワクワクしたものでした。

担任で英語を担当された清水先生の、英国紳士風の背広を着こなし柔和な笑顔と毅然とした態度は、何故か大欅と講堂の佇まい同様、思い出すと、自然に背筋が伸びる気がします。

私は現在、実家の宇都宮で中高一貫校の校長を務めています。英語教育に筆記体の練習は無くなり、大学入試センター試験に向けてリスニングが重視されています。自立への自覚を育む教育はどうしたら良いのか？　生徒には、「自ら調べ、自ら考える」を唱える毎日です。

▼東京大学経済学部卒業。日本興業銀行で産業調査部主任部員、本店営業部副部長等を歴任。現在、宇都宮共和大・宇都宮短大学長、同附属中学校校長。宇都宮商工会議所副会頭。

**熊谷　陽**（くまがい・よう）

②武蔵の学園祭にロックバンドが来て、当時は自分もあやしい物を見る好奇の目で見ていたのが、時代が変わっていき、結局大学卒業後そのような音楽の仕事に就いて 今に至っているのが不思議な感じです。

僕が武蔵にいたころ憧れと差別感を持っていたものがだんだんに、完全に社会に公認されたエスタブリッシュメントになり、僕らの世代は何か若干乗り遅れた感じが弱みでもあり強みでもあると今感じています。

僕らが感じているふたつの価値観の断絶を十年単位でおりあいを付けるか、百年単位でおりあいをつけるか千年単位でおりあいをつけるか、もっと大きい単位でおりあいをつけるか、よく考えて行動するのが下り坂にさしかかった今の自分の人生において考えていることです。

僕にとってその価値観の断絶がはじめに意識されたのがたしか〝祭り〟と題されたその学園祭の記憶です。

▼一九八〇年東京大学卒業、東芝EMI入社。一九九五年UNIVERSAL MUSICに移る。二〇〇五年退社までに、制作ディレクターとして忌野清志郎、EGO-WRAPPIN'、Y.M.O.再結成など手がける。その後鬼束ちひろのマネジメントと、渋谷で音楽イベントなどを行うSUNDALAND CAFEをやっている。

〈資料〉

# 高一D議事録

以下の議事録は、一九七〇年六月二〇〜二三日までの高校一年D組の記録である。反安保闘争の前後に、高校生が何を考え、何を議論したのか。その一端がここに刻まれている。（編集委員）

—1970年6月20日（土）　2限

議題：安保に関する討論会を組としてやりたい。（提案者A）

A．僕達高校生も安保について考えなければならないし、具体的な意志表示をやらねばならないのではないか。

B．今まで討論会に出なかった人の意見を聞きたい。

A．安保に反対することはアジア侵略反対につながる。具体的な意志表示（デモetc）をしよう。

C．何も考えていない。

D．みんなの行動についていく。

A．クラス決議をとろう。

E．考えていないという人が多すぎる。まだ決議をとっても数字だけの空回り。ひとりひとり考えて欲しい。決まった人の意見だけ聞いていても進展しない。

B．ただ安保が近づいたから討論会やろう、討論会やったからそれでいい、そんな考えでは全然意味がない。

F．討論会が行き詰っているのに、無理に進めるのは無駄。

G．討論会で結論がでないのは、あたりまえ。だからといってやめるわけにはいかない。

E．無関心の人へ。何故無関心なのか、自分達の問題だというのがわからないのか！　今、無関心な態度を取る事は、今やられている事、やられようとしていることを暗黙のうちに認めることになるのだから、考えて欲しい。

H．無関心の人を無視するのは危険だ。

E．かといって、無理にひっぱっていくのもよくない。

I．一部の人が全体の意見を聞くために会合を開くのはおかしい。

B．何故、一部の人と区別して考えるのか。考えていく場を広めていくために、この会合を開いたのだから、取り違えるな！

J．さきの自主討論会の延長をやろうというのは無理。

B．何も延長しよう、などといっていないよ！

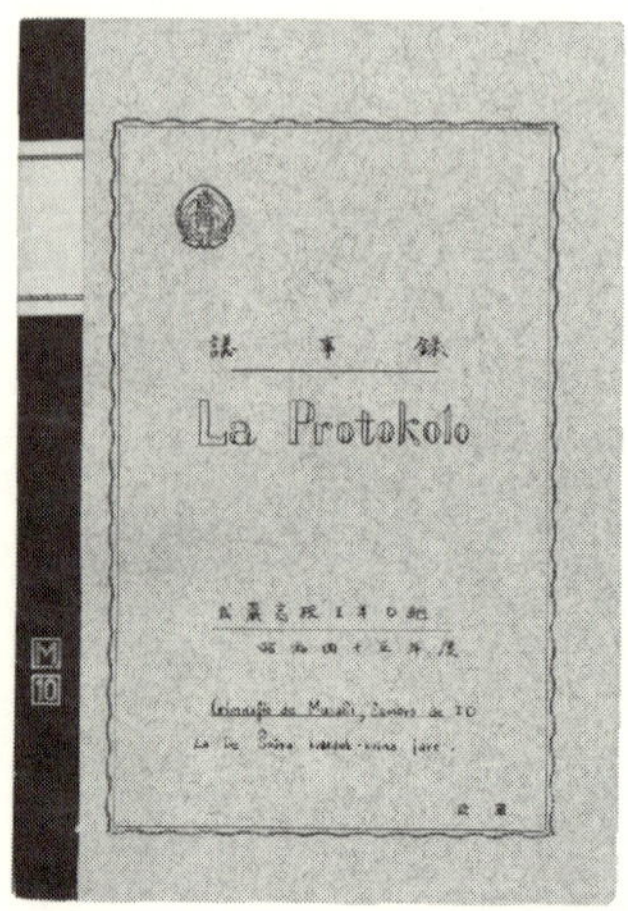

（後記）この討論会は、二限の体育の時間が休講だったので、それを利用したものだが　全体として沈滞ムード。

　まず、第一発言～第三発言で、A、Bがみんなにアピールしたのに、何の反応もなかった。その後、Eから「乱暴だけど、何人かの人を指名して考えをいって欲しい」との提案を議長が受諾し、Cに指名したが、書く方もいやになるくらいのやる気のなさ――トランプをやりながら、〝考えてないよ〟とだけ言った。そんなわけで、この討論会を続けることに疑問をもった諸氏が発言。議論は、この討論をやることの意義について進められた。

　議長によって「この討論会を打ち切ったほうがよい人」に手を挙げてもらって、それぞれの所見を聞いた。第8発言　第9発言など。そこでGの第10発言となるが、このあとKが「僕をはじめ多くの人は無関心です」と発言、これをEがかなり激しく非難したが、何の反応もなかった。

　そして、議論は「無関心の人」について、という方向に進み、第14発言で、初めてこの討論会の主旨が批判された。これに対し、Bがかなり激しい口調で反論。

　以下はもう書く気がしない進行となった。

　この討論会、明らかに失敗――大失敗である。議事録を読んでわかるように、まったくまとまっていないし、主旨からそれている。

　結局、時間切れ、解散となってしまった。

１９７０年６月22日（月）３限

G．結論を前提しないものにしよう。
E．決議を最後は取りたい。
B．最初から取るとか、取らないとか決めてかからないで。（拍手）
L．一人一人当てていこう。
M．当てていくのはおかしい。
J．やはり一人一人あてていったほうが多く意見が出る。
　議長同意
N．今のままでは戦争になりかねない。反対。
K．安保には反発するが安保なしの日本というものを恐れる。
O．戦争への道をたどる原因になる。反対。
F．安保の賛否を問われたら、棄権する。
A．中立とか棄権の立場は、肯定することになってしまう。そういう立場は捨てるべきだ。
M．（矛盾したことおっしゃいました）
G．もし知らないなら、知ろうとするべき。
P．安保には反対する人たちが、今後の日本をどう捉えているかが、はっきりしない。棄権。
Q．漠然とよくないと思っているが、やはりなくした後の状態が不安。
M．日本の今の力を考えるならば、安保延長はやむを得ない。
B．日本のことだけ考えず、もっと大きい視野で、この問題をとらえるならば、安保延長は否。また、その後の軍備は必要だが、その軍隊は一部の人のものでなく、人民のものでなくてはならない。
Q．というと憲法改正も必要か。

B．考えられることだ。
〈5分休憩〉
R．安保がなくなって、良くなる悪くなるというのは、みんなの主観に過ぎない。本当のことはわからない。自分が良くなるようになれば、安保があってもなくても構わない。
P．Rの考えによると、沖縄などで起きていることを是認することになる。
G．（上と同様）
N．だからといって、黙っているというのはおかしい
R．僕達が何かやることに意味があるのか。政治はえらいひとに任せておけばいい。僕達にあるのは、えらいひとを選ぶ権利だけ。それも20歳過ぎてからの話で、20歳に満たない今は、何も考える必要も、する必要もない。
A．単なる主観で言っているのではないと思うが。
R．未来は不定なものであって、それを考えるのは、主観に過ぎない。
G．未来は不定と考えるのはおかしい。過去こそ記録であることからして主観である。
M．（またも矛盾）
S．安保反対　because　戦争を承認していることになっている。
T．知識不足で、よくわからないが、漠然と反対。
U．今、安保を解くことは、外にオオカミがいるのに扉をあけるに同じ。
L．自分を守るのは、自分でなければならない。
J．日本が力を持つことは、他国に脅威を与える。
V．防衛と攻撃をごっちゃにするな。
J．安保条約は平和のためにある。
B．一部の人の平安であって、平和ではない。
M．資本主義的考えは必要。平和のために軍備は必要ない。
V．安保がアメリカの侵略に加担している、という点から廃止すべき。自衛のための軍隊こそ必要。
W．現在、安保があるのは仕方ない。
X．よくわからないが、漠然と反対。
Y．漠然と反対。
J．安保反対にも賛成にも矛盾があるが、意志表明するとなれば反対。
E．資本主義の枠の中で考えるのは何故か？　また安保は日本のものだけではない、ということを考えて欲しい。

決議：安保条約に反対します
　賛成18　反対0　保留5　棄権21（今、この決議をとるべきではない）

ー1970年6月23日（火）ー限〜

E．具体的な行動をとるべき。
U．デモどまり。署名運動の方が効果ある。
H．デモはかえって国家権力を強めるだけ。
E．具体的行動とは、別にデモに限らない。要するに沈黙すべきではないということ。もちろんデモで暴れることではないし、暴れることがデモでもない。
B．決議ではなくて、アンケート的に安保の賛否を問いたい。

アンケート：安保条約について
反対40　賛成1　棄権2　（総数43　欠席2）

A．「日米安全保障条約廃棄のために」というプリントの編集に加わった人がいたら、この内容を説明して欲しい。

（いませんでした）

B．高校生として　どう行動すべきか考えよう。

〈江頭氏登場〉

一同、しらける。議長ひとりで何とかやろうとするが、一同しらけりんぐ……

B．意志表示すべきか否か、決をとろう。アンケート的に。

E．まず　2、3人の意見を聞こうや。

議長諾

A．行動にでるべき。

江頭　手続きを経ない行動というのは、おかしい。

A．戦争になってから反対するのは遅い。今のうちから憲法の範囲内でも意志表示をしていくことが必要。

アンケート：意志表示すべきか
したらよい30　しないほうがいい2　棄権8

B．希望。棄権という人の意見を聞きたい。

P．意志表示は必要だと思うが、まだ議論が熟していないし、主体性を持つ自信がない。ベトナムのことに限らないが、もし今、日本が安保を廃棄したら、日本は対外的に何をしていくのか。また、安保後、武装していくことについてはどうなのか。

N．武装中立！

U．武装することによって、日本は核保有しなければならない。

N．核保有は必要ない。

U．核保有しなければ、武装中立は保てない。

B．Pが言ったことは、既にかなり討論された。

U．興味ある問題だから討議したい。

G．やめる形態によって　だいぶ違ってくる。

Z．違ってくるし、今、考える問題ではないと思う。

E．問題がずれてきているし、空論的になっている。自動延長に抗議する決議をとりたい（動議）

B．動議を支持。意志表示の第一段階としてクラス決議をやるのがよい。

〈決議〉

決議：安保条約の自動延長に抗議する
賛成34　反対1　棄権8　総数43　欠員2

A．安保条約自動延長抗議行動として、ストライキを提起します。

G．その内容は？

A．4限から、会合が教師の管理から、自主管理にすること。

I．それが何故、意志表示になるのか。

A．内容的には同じでも、自分達の中からおこった討論会であるということに意味がある。

G．これからの文部省の弾圧に、どう対処するか？

B. 武蔵の教育方針からして大丈夫だと思う。
G. くわしく、それについて先生の意見を聞きたい
(必要ないんじゃないか)
決議:ストライキ
賛成17　反対12　棄権
B. 反対の人が12人もいながら、事前に意見をいわなかった人がいるのはおかしい。再審議要求
I. 実際に効果があるのか。
U. 今も自主討論会なのに、名目だけ替える必要はない。
G. 名目だけの問題ではない。
再決議:ストライキ
賛成20　反対14　棄権4　保留5
A. 保留の人は、やはり関与しない人と考えるべき。
B. 提案。高一D　反安保集会をやろう。　12:00~
N. 保留5をぬかすのは危険ではないか。
議長　どうしようか?
G. 休憩動議。
議長　再決議します。賛成者が過半数越せば、可決とする。
再々決議:ストライキ
賛成20　総数39　(欠6)

B. ストライキをやったからには集会やろう。(提案)
U. 半数を0・5人越しただけで、クラス決議とするのは乱暴です。
議長　異議を問いただしたとき、いわなかったからダメ。
J. 反対者も強制参加か?
B. 強制することはできない。
Q. でも、反対者としてはクラス決議として決められてしまって納得できない。
B. ストライキとごっちゃにしないでくれ。
決議:集会開催
賛成32　可決　総数42
12:30から、保健室前で集会

武蔵中学校　山上学校

武蔵高等学校第24回卒業式　（昭和48年3月）

# あとがきにかえて

本書の発端や狙いについては、座談会などで語られているので、ここではその過程、および今後に言及することで、あとがきにかえたい。

二〇一一年四月、小さな集まりから開始された卒業四〇周年記念論集刊行の企画は、七人の編集委員会が発足することで徐々に形をなしていった。初めての会合が持たれたのが七月三日、以後、月一回のペースで編集会議が開かれた。そこでは、われわれの共通経験である武蔵在学中の日常生活や遭遇した事件等がさまざまな形で検証されていった。その過程で、埋もれていた記憶が次々と掘り起こされ、同時に自分たちが直面している現在と重ねられていった。そこで絞られてきたテーマは、われわれがどのように学び、育ってきたか、とりわけ「教育」の問題だった。一年後の二〇一二年七月に行なった座談会のタイトルを「われわれは何を学んできたのか」としたのも、一年間継続的に議論してきたことの集約点がそこにあったからと考えたからだ。

本書の企画は、われわれが在学した一九六七年から一九七三年の間で起こったさまざまな事象と、その後のわれわれの生き方を重ねることで、この時代と、その後の影響関係を探ることにあった。各々の論稿がそれらの内容をすべて含むわけではないが、全編を通読すると、その全体像が浮かび上がってくるだろう。

そこで、論稿を以下の三つに分類し、章立てした。すなわち、一九六七～一九七三年の文化や芸術の動向、在学中の学びからたどり着いた各々の研究分野の探究、そして学園に投影されたわれわれの心象風景である。これらの通奏低音をクロニクル（年代記）として跡付けた。最後に、先生への取材記事を収載した。

本を編んでいく中で、最初構想した目次は次々と更新され、書かれた原稿も予定枚数を超過し、結果として二八八頁の大著となった。これはうれしい誤算でもあった。

こうして十六人の執筆者による論稿と、三十一名のアンケート回答が寄せられ、結果として四十七名がこの企画に参加したことになる。これはちょうど一クラス（高校は四クラス）分に相当する。

武蔵は今年で創立九〇周年を迎える。われわれは47期生だから、ほぼ折り返し点に当たる。ということは、本書で述べられている〈武蔵的なるもの〉は、学園の長い歴史の半生でしかない。だが歴史とは形を変えて繰り返すものだとしたら、本書で描かれた教育の本質は何十年経とうと変わらないはずだ。論稿の多くが、武蔵の三理想に触れているのも、そこにわれわれの拠って立つ基軸があったからだ。ここにブレない武蔵の理想が確かめられる。

わたしはここ十年以上、演劇を通して高校生たちと付き合ってきた。ほぼ毎年のように、審査というかたちで高校生の演劇に接してみると、一つのことに気づかされた。それは高校生が優れた大人たちに包まれながら生きているということだ。顧問の先生たちの多くはきわめてユニークで誠実だった。その時わたしは、こういう先生に守られている高校生は「大丈夫」だと確信した。高校の先生たちの過酷な仕事環境を知らないわけではない。が、それに屈しない先生たちの闘いが高校演劇を支えてきたことは間違いない。そうした信頼関係は、演劇を通して確かめられた。これは例外的な事柄かもしれない。けれども、こうした小さな現場の無限の連なりこそ、時代を動かしていく原動力ではないか。

わたしは武蔵での経験をリフレインし、明日への希望を感じると同時に、われわれの責任も痛感する。

本書の主調音が〈教育的なるもの〉であるとしたら、この本に関わった編集委員たちが、未曽有の危機の時代に際して、それぞれの立場での危機意識を投影させているからに他ならない。各現場の問題意識において各自が「現役」であることが、それを裏付けている。

この本は3・11東日本大震災を機にスタートした。こうした時期だからこそ、われわれの人生にとってもっとも根源的であった時代に遡って語り継いでいこうと考えたのだ。現代の表層的な危機を憂いていても、何も始まらない。まず過去に立ち返り、考えてみる。それによって初めて未来への提言が可能になるのだろう。中学高校時代を過去へのノスタルジーにしてはならない。過去から現地点を概観することで、ようやく未来を語れるのだ。

最後に、編集委員会名を「武蔵73会（ななさんかい）」としたのは、卒業年が一九七三年であったことに由来している。中学、高校と入口は違っても、出口は一緒である。例外として、中途退学者も含まれていることも付記しておく。

二〇一二年一〇月

「武蔵73会」編集委員を代表して　西谷雅英

# 編集委員

**磯野彰彦**（いその・あきひこ）

政治記者を志したが、社会部でサツ回りや東京地検特捜部担当を経験。社会部に骨を埋めようと思ったころ経済部に出され、以後、経済記者が長い。政治部デスクや労組委員長も経験した。デジタルメディア部門の責任者として新聞の生き残りに知恵を絞り、新聞研究本部長として記事の品質管理に携わったことも。二〇一一年春、五六歳で都内の女子大に転じ、メディア論を教えながら、就活の面倒をみている。

**牛口順二**（うしぐち・じゅんじ）

大学では東洋史に進み、近現代の朝鮮史を専攻。日本社会を、常にアジアの視点を念頭に置いて捉え る習慣は今も続く。ひょんなきっかけで飛び込んだ紀伊國屋書店では、全国の営業所網をつなぐ業務システムの構築や、学術情報のデジタル化への対応などに携わる。その後、話題の電子書籍事業の立ち上げにも関与している。いましばらく「優雅なご隠居生活」は諦め、情報流通の変革の波の中で、翻弄されてみようと思っている。

**宇野求**（うの・もとむ）

建築家・東京理科大学教授。新聞記者の父と編集者の母のあいだに生まれ、東京郊外の豪徳寺、豊島園で育つ。家から近い武蔵中学に。武蔵高校、東大に進学。院生時代友人と建築設計事務所を設立。計算機幾何学の応用研究で工学博士。以来、建築・都市の設計、研究、教育活動に従事。日本建築学会作品選奨、グッドデザイン賞、American Wood Design Award ほか。千葉大、東洋大、鹿児島大、早大、広島大、近畿大、熊本大、慶応大、名古屋大、東大、京大、北大ほかで講師歴任。３１１以来、東日本大震災復興支援活動も。

**岡昭一**（おか・しょういち）

武蔵卒業後ＩＣＵに進学するも、二年生時に米国の南カリフォルニア大学（ＵＳＣ）に留学。そのままＵＳＣから卒業して公認会計士となり、以降日米の大手会計事務所において会計監査、財務コンサルティング、事業再生業務に携わる。二〇一〇年秋から事業再編・再生ファンド、ジャパン・インダ ストリアル・ソルーションズ（株）代表取締役。プライベートではサッカー生涯現役を貫くべく、現在も東京都シニアサッカーリーグでプレー中。

**中村明一**（なかむら・あきかず）
作曲家・尺八演奏家。横浜国立大学卒業。バークリー音楽大学、ニューイングランド音楽院大学院にて作曲とジャズ理論を学ぶ。虚無僧音楽を中心として多くの分野で活動し、世界四〇ヶ国、一五〇都市で演奏。作曲家としても、NHK、ドイツ国営放送など各方面より委嘱作品多数。文化庁芸術祭優秀賞、文化庁舞台芸術創作奨励賞、他受賞多数。CD『虚空』（ビクター）他。著書に『密息で身体が変わる』（新潮社）、『倍音』（春秋社）。洗足学園音楽大学大学院、桐朋学園芸術短大講師。
http://www.kokoo.com

**西谷雅英**（にしたに・まさひで）
大学三年で演劇に出会い、二七歳で演劇評論家としてデビュー。三三歳で初の演劇論集出版。四三歳から近畿大学教員となり、東京—大阪を毎週通う。一九九〇年からH・ミュラー研究と韓国演劇との交流を始める。二〇〇〇年代は演劇誌「シアターアーツ」編集長や国際演劇評論家協会会長を務める。単著九冊、編著三冊他、いずれも西堂行人（にしどうこうじん）の筆名で発表。毎年観劇は一五〇～二〇〇本、サッカー観戦は三〇～五〇試合を三〇年以上継続中。

**前田隆平**（まえだ・りゅうへい）
一九七七年、旧運輸省入省。以来、陸海空広範にわたる運輸関係業務に従事。中では、航空行政、特に国際航空の分野での経験が長く、オープンスカイ政策の導入、羽田の国際化などの政策を推進した。航空局長時代には、日本航空の破綻を経験、その再建に携わった。近年では、鉄道、道路、港湾、空港、水インフラなど国土交通インフラの海外展開に尽力した。二〇一二年九月、国際統括官を最後に、国土交通省を退官。

# 僕らが育った時代

1967-1973


二〇一二年一一月一〇日 発行

編集 武蔵73会©

発行 れんが書房新社

〒一六〇—〇〇〇八
東京都新宿区三栄町一〇日鉄四谷コーポ一〇六
TEL 〇三—三三五八—七五三一
FAX 〇三—三三五八—七五三二

ISBN-978-4-8462-0397-9

装幀・レイアウト　エニカイタスタヂオ 奥秋圭 / 小森はるか

印刷・製本　株式会社栄光